✽EJU

日本留学試験

EJU

실전모의고사

종합과목

일본유학을 준비하는 문과 수험생 여러분, 안녕하세요 시원스쿨 EJU 대표강사 나카가와 쇼타입니다. 본서에는 아스크 출판사에서 출판된 종합과목 모의고사 6회분과 그 상세한 해설의 한국어판이 수록되어 있습니다. 이사지 선생님께서도 지적하셨습니다만, 종합과목은 단지 문제를 풀고, OX를 체크하는 것만으로는 학습 효과가 별로 나지 않습니다. 풀지 못한 문제는 어떤 지식이 있으면 풀 수 있게 될지 생각하면서 해설을 곰곰이 읽어 주세요. 정답을 맞혔다고 해도 해설을 통해 다른 선택지에 대한 지식까지 깊이 고민해야 어려운 문제도 풀어낼 수 있게 됩니다. 또한 애매하게 알고 있던 지식을 재확인하는 것도 중요합니다. 사실 이것은 모든 과목에 공통되는 공부법이지만, 고득점으로 가는 최단 루트는 역시 "정석"에 있습니다.

그렇다면 구체적으로 어떻게 공부해야 할까요? 한국어판 해설자로서 본서의 활용법과 최신 출제 경향에 대해 몇 가지 적어보려고 합니다.

본서의 활용법

우선 처음에는 문제를 제 시간에 풀어보세요. 모르는 문제는 체크해 두면 좋습니다. 문제를 풀 때는 문제마다 키워드가 되는 부분을 체크하면서 풀어보세요. 또한 4가지의 선택지 중 틀린 부분을 찾아내는 연습도 필요합니다. 틀렸다고 생각하는 부분에 X표시를 해봅시다.

문제를 풀고 나서 해설편을 보면서 채점합니다. 틀린 문제는 물론, 풀면서 자신이 없었던 문제 해설도 잘 읽어 주세요. 오답 판단이 안 되는 선택지는 왜 오답인지를 분석해 봅시다. 그래프와 도표 문제는 정답이 되는 근거가 반드시 있습니다. 자신이 생각한 근거와 해설에 기재되어 있는 근거가 같은지도 확인해 주세요.

최신 출제 경향

2022년 6월 시험부터 2023년 6월 시험까지 3회분의 시험을 분석해 보면, 지금까지의 경향을 답습하고 있는 문제가 대부분이지만, 여러 분야가 융합된 문제가 늘고 있다는 새로운 경향도 보입니다. 예를 들어 근현대사 분야의 문제인데 지도를 활용해 정답을 선택하게 하는 문제 등이 나옵니다. 또한 근현대사 분야에서는 보다 세세한 사건이나 흐름을 묻거나 정치 분야에서는 헌법상 어떻게 규정되고 있는지 빈칸 채우기 문제도 출제되고 있습니다. 분야를 막론하고 우리가 사는 사회에서 종합과목에 등장하는 개념들이 어떤 의미를 가지고 있는지, 시사적인 관점에서 학습할 필요가 있습니다. 그런 문제를 풀이내고 고득점을 얻으려면 기초력이 있다는 전제가 필요합니다. 기존의 경향에 근거한 출제가 이루어지고 있으므로 우선은 분야별 기초 문제를 완전히 풀 수 있도록 하는 것부터 시작해 보세요. 인강도 그런 관점에서 기획, 구성했습니다.

본서를 한국에서 일본으로의 유학을 꿈꾸며, 매일 노력을 거듭하는 여러분의 페이스 메이커로서 활용해 주었으면 합니다. 여러분이 목표를 달성할 수 있도록 응원하고 있습니다.

마지막으로 원작자 이사지 야스나리 선생님과 시원스쿨 편집부 여러분께 진심으로 감사의 말씀을 전합니다.

나카가와 쇼타

일본 국, 공립대학과 사립대학의 문과 계열 학부(문학부, 법학부, 경제학부 등) 진학을 희망하는 대부분의 유학생 여러분은, 일본유학시험(EJU) 〈종합과목〉 시험을 치르게 됩니다(수험이 필요하지 않은 사립대학도 있습니다).

〈종합과목〉 시험은, 다문화 이해 시점에서 본 현대 세계와 일본에 관한 주제를 중심으로 정치, 경제, 사회와 지리, 역사 각 분야에서 종합적으로 출제됩니다. 시험 목적은, 유학생이 일본 대학에서 공부할 때 필요한 현대 일본에 대한 기본적 지식을 갖추고, 나아가서 근대와 현대 국제 사회의 기본적 문제에 대해서 논리적으로 생각하고, 판단할 능력이 있는지를 판정하는 데 있습니다.

이렇게 〈종합과목〉 학습 범위는 넓고, 일본어 학습 등과 병행해서 공부해야 해서 유학생 여러분에게는 큰 부담이 되겠죠. 시험에서 사용되는 일본어도, 일본인이 수험하는 대학의 입시 문제와 크게 차이가 나지 않습니다. 일본어 능력이 충분하지 않으면, 문제 의미조차 모르는 일도 발생합니다. 그렇다고는 해도, 이 모의시험을 구매하신 유학생 여러분은, 희망하는 대학교 진학을 목표로 유학 시험에서 높은 점수를 받으려고 노력하고 있을 터입니다. 그러한 노력 성과를 시험하기 위해서라도, 많은 문제를 풀고 출제 경향을 파악하여 학습 대책을 세우는 것이 필요합니다.

이 책에는 6회분의 모의시험과 상세한 해설이 있습니다. 모든 문제를 실제 일본유학시험과 같은 형식으로 작성하였습니다.

이 6회 모의시험을 이용하여, 일본유학시험에서 어떠한 능력이 요구되는지를 확인해 볼 수 있습니다. 문제를 풀고, 정답을 맞히는 것만으로는 실력이 향상되지 않습니다. 틀린 문제에 대해서는, 왜 틀렸는지 그 원인을 확실하게 해 둘 필요가 있습니다. 맞은 문제에 대해서도 조금 더 깊게 이해하고, 관련 사항에 주의하면 더욱더 지식이 늘고 생각하는 힘도 생길 것입니다. 해설을 충분히 활용하여 점수를 올려 주세요. 또한 해설만으로는 정보가 부족하거나, 전체와의 관계가 이해되지 않는 경우도 있습니다. 자매 편에 해당하는 〈하이레벨 종합과목〉을 함께 활용하면, 더 깊이 이해할 수 있습니다.

여러분이 매일 한 공부의 성과가 실제 시험에서 충분히 발휘될 수 있도록, 이 모의시험을 이용해 주세요. 이 책을 통해서, 여러분이 희망하는 대학교로 진학한다는 목표에 조금 더 가까워질 것을 기원하고 있겠습니다.

伊佐治康成

▪ EJU 란?

'Examination for Japanese University'의 약자로, 일본 대학 등에 입학을 희망하는 자에게, 일본 대학 등에서 필요로 하는 일본어 능력 및 기초 학력 평가를 실시할 것을 목적으로 실시하는 시험입니다.

2001년 12월에 폐지된, 일본 대학 등에 입학할 때 일본 대학(학부) 등 고등 교육 기관의 대부분이 수험할 것을 의무로 하고 있었던 '일본어 능력시험'과 '사비 외국인 통일 시험'의 2개 시험이 통합되어 2002년부터 연 2회(6월 및 11월) 일본 및 해외에서 실시되고 있습니다.

▪ 출제 과목

EJU시험의 출제 과목은 일본어, 종합과목, 수학, 이과(화학, 물리, 생물)이며, 각 대학교가 지정하는 수험과목을 선택하여 수험해야 합니다. 또한, 일본어를 제외한 모든 과목은 일본어와 영어 중 출제언어를 선택할 수 있습니다.

▪ 과목별 점수

과목	목적	시간	득점 범위
일본어	일본 대학 등에서의 공부에 대응할 수 있는 일본어 능력을 측정한다 .	125 분 정도	독해 0~200 점
			청독해 · 청해 0~200 점
			기술 0~50 점
이과	일본 대학 등의 이과계열 학부에서의 공부에 대응할 수 있는 기초적 학력을 측정한다 .	80 분	0~200 점
종합과목	일본 대학 등의 문과계열 학부에서의 공부에 대응할 수 있는 기초적 학력을 측정한다 .	80 분	0~200 점
수학	일본 대학 등에서의 공부에 필요한 수학의 기초적인 학력을 측정한다 .	80 분	0~200 점

- 일본어는 기술, 독해, 청독해·청해의 3가지 영역으로 구성되어 있습니다.
- 이과는, 이과 3과목(화학, 물리, 생물) 중, 수험을 희망하는 대학이 지정하는 2과목을 선택해 수험해야 합니다.
- 이과와 종합과목을 동시에 수험하는 것은 불가능합니다.
- 수학은 코스1과 코스2로 구성되며, 수험을 희망하는 대학이 지정하는 코스를 수험해야 하지만, 문과계열 학부 및 수학을 필요로 하는 정도가 비교적 낮은 이과계열 학부에서 많이 필요로 하는 수학 코스1, 수학을 고도로 필요로 하는 학부에서 요구하는 수학 코스2가 있습니다.
- 득점 범위는 일본어 기술을 제외하고, 상대평가로 표시됩니다.

성적 결과

- 성적은 7월말, 12월말에 우편 통지 및 JASSO EJU 홈페이지에서 확인 할 수 있습니다.
- 성적의 유효 기간은 각 대학별로 상이합니다.

▪️ 전체 출제 분석

우선, 〈종합과목〉이 새로운 커리큘럼(출제 범위)로 출제된 2016년 6월 시험부터 2021년 11월 시험까지 10회분(2020년 1회는 중지, 2019년 2회는 비공개) 시험을 분석해 본다. 또한, 문제 수는 1회 시험당 38문제이며, 200점 만점이다. (각 문제 당 평균 5~6점)

1. 출제 분야

2. 각 분야별 출제 비율

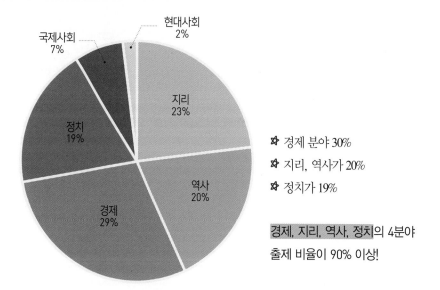

❀ 경제 분야 30%

❀ 지리, 역사가 20%

❀ 정치가 19%

경제, 지리, 역사, 정치의 4분야
출제 비율이 90% 이상!

❀ 1회 시험(총 38문제)당 출제 비율

경제	지리/역사/정치
10~11 문제	각 7~9 문제

✿ 지리가 가장 많을 때도 있고, 국제사회가 조금 많이 출제될 때도 있습니다. 상기 비율의 예시는 단순한 기준치에 지나지 않으니, 어느 분야가 출제되더라도 대처할 수 있도록 제대로 준비해 두는 것이 중요합니다.

3. 출제 문제 타입 분류

• 문장을 읽고 대답하는 문제가 대부분입니다.

• 지리에서는 지도나 도표, 그래프, 경제에서도 도표, 그래프를 사용한 문제도 출제됩니다.

90%	10%
'가장 적당한 것을 , 다음 (아래) ① ~ ④ 중에서 하나 고르세요' 타입	'적당하지 않은 것' , '해당하지 않는 것' 선택 타입 →소수 < 그 외 > '공란에 들어갈 어구를 하나 선택' 하는 타입 '복수의 어구 조합을 고르는' 타입

■. 전반적인 출제 경향

1. 일본에 관한 문제(일본의 지리, 경제, 역사 등)가 많이 나옵니다.

• 유학생에게는 어렵고 모르는 것이 많을 터이니, 일본에 대한 학습에 시간을 많이 할애할 것을 추천합니다.

❀ 어려운 문제는 정답률도 낮아지니 배점도 낮아집니다.

❀ 기초적인 문제로 확실하게 득점하는 것이 중요합니다.

2. 지리나 경제는 많은 데이터를 토대로 출제되지만, 시험 연도 전 해의 데이터가 사용됩니다.

• 예를 들어서 2022년도 시험에는 2021년도 데이터가 사용됩니다.

❀ 과거 기출문제의 데이터는 오래전 데이터라, 경우에 따라서는 지금 문제로서는 성립하지 않는 경우도 있으니 주의가 필요합니다.

❀ 최신 데이터에 관해서는 국제기관이나 정부가 공표하고 있는 신뢰할 수 있는 사이트를 인터넷에서 찾아 보는 것이 좋습니다. 매해 출제되는 〈세계국세국회〉 〈일본 국세 도회〉(모두 야노코타 기념회), 〈데이터 북 오브 더 월드〉(니노미야서점) 등을 서점에서 입수하거나, 도서관에서 찾으면 좋습니다.

■ 각분야별 출제 경향

경제

─(출제 문항 수)─────────────────────────────

-평균 10문제 정도

세부 사항

① 다루는 범위가 상당히 넓습니다.

② 경제 문제는 세계 공통 문제입니다.

③ 지식만이 아니고 논리적으로 생각하면 판단할 수 있는 경우가 있는 점이 빈출 이유 중 하나입니다.

─(빈출 범위)─────────────────────────────

-국제경제

-시장과 가격

-일본 경제의 발자취

대책

① 시장과 가격은 여러 범위의 수요, 공급 곡선 등이 자주 출제되니 확실히 학습해 두어야 합니다.

② 확실한 계산력을 기르기 위해서 반복하여 연습해 두는 것이 필요합니다.

③ 일본 경제의 발자취는 역사와 공통부분을 체크하는 것이 필요합니다. 특히, 2차 세계대 전 이후의 일본경제 발전(특히, 고도 경제성장)은 주의가 필요합니다.

✿ 국제 경제에 관한 문제는 가장 많이 출제 됩니다.

✿ 일본경제의 여러 문제(중소기업, 소비자, 노동문제)는 별로 출제되지 않습니다.

지리

-평균 8~10문제 정도

세부 사항

① 지도나 도표를 사용한 문제가 상당히 많습니다.

② 1회 시험당 평균 5문제 출제됩니다.

③ 지도는 세계지도 특정 지역의 지도 일본 지도가 자주 출제됩니다.

④ 도표는 자원, 사업 등에 관한 문제에 많이 이용됩니다.

빈출 범위

-지도·도표 문제

-전세계를 중심으로 출제

-일본 경제의 발자취

-새로운 커리큘럼 출제 빈도低

대책

① 모르는 나라나 지명이 있다면 꼭 지도로 확인하는 습관을 들입시다.

② 일본에 관한 문제는 그다지 많지 않습니다. 평소부터 전세계의 여러가지 사항에 흥미를 갖도록 하는 것이 좋습니다.

③ '세계의 생활, 문화, 종교'나 '자연환경과 재해, 방재'는 출제 빈도는 낮으나 준비를 해 두어야 합니다.

역사

출제 문항 수

-평균 7~8문제 정도

세부 사항

① 4개의 사건을 오래된 순서로 나열하는 문제

② 세계 1차 대전 이전의 일본사는 출제 빈도低

빈출 범위

냉전과 현대의 세계가 40% 차지

-세계 2차대전 후의 일본사

-세계 1차 대전에 관한 문제

-빈체제와 그 붕괴 등 국민 국가 형성

대책

① 현대를 사는 우리들에게 친근한 문제에 관심을 갖는 것이 필요합니다.

② 역사가 시간의 흐름인 이상, 역사의 흐름을 바르게 이해하는 것이 필요합니다.

③ 역사의 시간적 흐름과 여러 지역을 하나의 시대 안에서 연결하며 이해하는 것이 필요합니다. 연표 등을 사용하여 여러 방향으로 이해하는 것이 좋습니다.

정치

-평균 7~8문제 정도

세부 사항

① 일본에 관한 문제가 증가하고 있습니다.

빈출 범위

-일본의 통치 기구(국회, 내각, 재판소)에 관한 문제

- 일본 헌법

- 민주주의 기본 원리나 전 세계의 정치제도

대책

① 미국의 정치제도나 대통령제는 특히 주의가 필요합니다.

✿ 일본의 정당이나 선거에 대한 문제는, 그다지 많이 출제되지 않습니다.

✿ 일본의 정치 학습은 용어도 어렵기 때문에, 가장 힘든 부분 중의 하나이니 시간을 들여서 학습
하는 것이 좋습니다.

국제 사회

┌─ 출제 문항 수 ─────────────────────────────
-평균 2~4문제 정도

┌─ 빈출 범위 ─────────────────────────────
-지구환경에 관한 문제

- 유엔에 관한 문제

- 민족에 관한 문제

대책

① 국제연합은 국제사회의 평화를 지킨다는 중요한 역할 완수하고 있습니다.

② 민족 문제는 전 세계에서 일어나고 있는 지역분쟁이나 전쟁에 의해서, 많은 난민이 발생하고 있는 것이 문제가 되고 있습니다.

✿ 지구에 사는 우리들 모두에 관련된 문제입니다. : 시험에 출제되니까 배우는 것이 아니고, 친근한 문제로서 평소 적극적으로 임합시다.

✿ 〈종합과목〉의 시험 목적은 '근현대 국제사회의 기본적인 문제에 대해서 논리적으로 생각하고 판단하는' 것이라는 사실을 잘 이해하고 학습하는 것이 중요합니다.

현대 사회

┌─ 출제 문항 수 ─────────────────────────────
가장 출제 비율이 낮은 분야로, 출제되지 않을 때도 있습니다.

┌─ 빈출 범위 ─────────────────────────────
-사회보장제도에 관한 문제

- 식량, 에너지, 환경문제

✿ 지리나 국제사회 분야와 공통점 많음 : 사회보장제도를 중심으로 학습해 둡시다.

목차

본책

중요 용어 리스트

<중요 용어리스트>는, 하기 QR코드로 다운로드 해서 사용하실 수 있습니다.

<50음도순>

<모의고사 회차별 순>

위 학습 부가 자료는 시원스쿨 일본어 홈페이지 (japan.siwonschool.com)의 수강신청 ▶ 교재/ MP3와 학습지원센터 ▶ 공부 자료실에서 다운로드 할 수 있습니다.

목차

별책

핵심 내용 정리

<핵심 내용 정리>는, 하기 QR코드로 다운로드 해서 사용하실 수 있습니다.

위 학습 부가 자료는 시원스쿨 일본어 홈페이지(japan.siwonschool.com)의 수강신청▶교재/MP3와 학습지원센터▶공부 자료실에서 다운로드할 수 있습니다.

일본어 해설집

<ASK사 일본어 해설집>은, 하기 QR코드로 다운로드해서 사용하실 수 있습니다.

위 학습 부가 자료는 시원스쿨 일본어 홈페이지(japan.siwonschool.com)의 수강신청▶교재/MP3와 학습지원센터▶공부 자료실에서 다운로드할 수 있습니다.

第1回
模擬試験

問1 次の文章を読み，下の問い(1)〜(4)に答えなさい。

　2020年以降，新型コロナウイルス感染症（COVID-19）が世界的に広まり，₁世界保健機関（WHO）はパンデミック（pandemic）と認定した。世界全体での感染者は6億人を越え，死者は650万人以上に上っており（2022年9月現在），その影響は₂世界経済を含むさまざまな方面に及んでいる。

　こうしたパンデミックは過去にも繰り返し起こっている。例えば，20世紀の₃第一次世界大戦末期にはインフルエンザ（influenza）が大流行した。参戦国の間では情報統制がなされていたが，₄スペイン（Spain）は中立国であったために流行が大きく報道された。そのため，「スペイン風邪」と呼ばれるようになった。

(1)　下線部1に関して，世界保健機関（WHO）は国際連合（UN）の専門機関の1つである。これと同じ専門機関として正しいものを，次の①〜④の中から一つ選びなさい。

　　　 1

　①　安全保障理事会（Security Council）
　②　国際司法裁判所（ICJ：International Court of Justice）
　③　国際通貨基金（IMF：International Monetary Fund）
　④　経済社会理事会（Economic and Social Council）

(2) 下線部2に関して，次のグラフは日本・中国（China）・アメリカ（USA）・ドイツ（Germany）の実質経済成長率の推移を示したものである。表中のA〜Dに当てはまる国名の組み合わせとして正しいものを，下の①〜④の中から一つ選びなさい。 ┃2┃

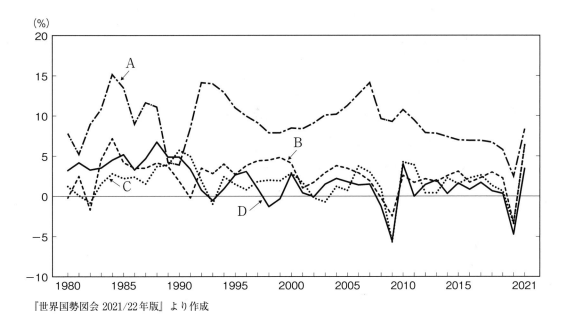

『世界国勢図会 2021/22年版』より作成

	A	B	C	D
①	アメリカ	日本	中国	ドイツ
②	中国	アメリカ	ドイツ	日本
③	アメリカ	日本	ドイツ	中国
④	中国	ドイツ	日本	アメリカ

(3) 下線部3に関して，第一次世界大戦に関する記述として最も適当なものを，次の①〜④の中から一つ選びなさい。 ┃3┃

① サライェヴォ（Sarajevo）でオーストリア（Austria）の帝位継承者夫妻が暗殺されたことをきっかけに，第一次世界大戦が始まった。

② オーストリアと対立するイタリア（Italy）は，当初中立であったが，のちに同盟国側に立って参戦した。

③ ドイツが中立国をも対象として無制限潜水艦作戦を開始したことで，ロシア（Russia）は連合国側に立って参戦した。

④ 日本は日英同盟（Anglo-Japanese Alliance）を名目に連合国側に立って参戦し，ドイツが東南アジア（Southeast Asia）に持っていた植民地を奪った。

(4) 下線部4に関して，スペインの位置として正しいものを，次の地図中の①〜④の中から一つ選びなさい。 ┃4┃

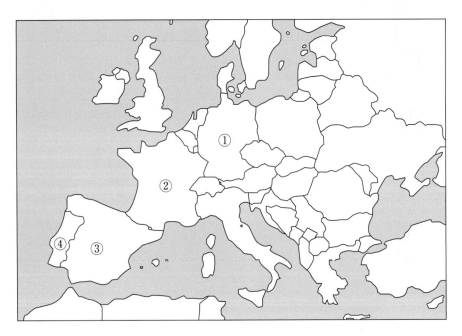

問2 次の文章を読み，下の問い(1)〜(4)に答えなさい。

　現在，地球上の陸地は6つの大陸に分かれているが，2億2500万年前にはパンゲア（Pangaea）という1つの大陸であったと考えられている。ドイツの気象学者であったウェゲナー（Alfred Lothar Wegener）は，₁大西洋の両岸の海岸線の凹凸がよく合致することに着目して，1912年に，パンゲアが分散・移動して現在のような大陸の分布になったという大陸移動説（continental drift theory）を発表し，1915年には『大陸と海洋の起源』を著した。ウェゲナーは，₂世界の気候区分を行ったケッペン（Wladimir Peter Köppen）の娘の夫でもあった。しかし，ウェゲナーの主張は大陸を動かす原動力を合理的に説明できなかったため，受け入れられなかった。

　第二次世界大戦後，古地磁気（paleomagnetism）や地質などの調査・研究の進展によって大陸移動説が復活し，₃プレート・テクトニクス（plate tectonics）の考えへと発展していった。また，プレートを動かす原動力は，マントル対流（mantle convection）と考えられるようになった。プレートの境界では，地震帯・火山帯を伴うが，₄日本列島は4つのプレートがぶつかるという世界に類例のない場所に位置している。そのため，日本は世界でも有数の地震国・火山国であり，これまでに多くの災害に見舞われてきた。

(1)　下線部1に関して，大西洋に面した国の説明として**適当でないもの**を，次の①〜④の中から一つ選びなさい。　　　　　　　　　　　　　　　　　　　5

①　リベリア（Liberia）はアメリカの解放奴隷によって建国され，その国名は「自由」を意味している。

②　ブラジル（Brazil）は南アメリカ最大の面積をもち，経済発展が著しいBRICSの一員でもある。

③　フランス（France）は西ヨーロッパ最大の工業国で，宇宙・航空機産業や原子力産業が発達している。

④　カナダ（Canada）はイギリス連邦（Commonwealth of Nations）の一員で，東部のケベック州（Quebec）では分離・独立運動が起きている。

(2) 下線部2に関して，次の表はケッペンの気候区分の熱帯・乾燥帯・温帯・冷帯（亜寒帯）・寒帯の分布の割合を大陸別に示したものである（南極大陸は除く）。表中のA～Dに当てはまる大陸名の組み合わせとして正しいものを，下の①～④の中から一つ選びなさい。 6

単位：％

大陸	熱帯	乾燥帯	温帯	冷帯	寒帯
A	7.4	26.1	17.5	39.2	9.8
B	5.2	14.4	13.5	43.4	23.5
アフリカ	38.6	46.7	14.7	0	0
C	63.4	14.0	21.0	0	1.6
D	16.9	57.2	25.9	0	0

『データブック オブ・ザ・ワールド 2022年版』より作成

	A	B	C	D
①	北アメリカ	オーストラリア	ユーラシア	南アメリカ
②	オーストラリア	南アメリカ	北アメリカ	ユーラシア
③	南アメリカ	ユーラシア	オーストラリア	北アメリカ
④	ユーラシア	北アメリカ	南アメリカ	オーストラリア

注）北アメリカ（North America），オーストラリア（Australia），ユーラシア（Eurasia），
南アメリカ（South America）

(3) 下線部3に関して，インド亜大陸は，プレートの動きによって北上を続けてユーラシア大陸と衝突した。その際にユーラシア大陸の地層が押し曲げられて形成された山脈として正しいものを，次の①～④の中から一つ選びなさい。 7

① ヒマラヤ山脈（Himalayas）

② アンデス山脈（Andes）

③ ウラル山脈（Ural Mountains）

④ ロッキー山脈（Rocky Mountains）

(4)　下線部4に関して，2011年に東北地方で起こった巨大地震は，海洋プレートが大陸プレートの下に沈み込む境界で発生した海溝型地震であった。この海洋プレートとして正しいものを，次の①～④の中から一つ選びなさい。　 8

①　ユーラシアプレート（Eurasian Plate）
②　フィリピン海プレート（Philippine Sea Plate）
③　北アメリカプレート（North American Plate）
④　太平洋プレート（Pacific Plate）

問3 私企業に分類される日本の会社企業に関する記述として最も適当なものを，次の①〜④の中から一つ選びなさい。 　9

① 株式会社は無限責任社員のみが出資している会社であり，大企業に適している。

② 合名会社は有限責任社員のみが出資している会社であり，小企業に適している。

③ 合同会社は無限責任社員のみが出資している会社であり，大企業に適している。

④ 合資会社は有限責任社員と無限責任社員で組織される会社であり，小企業に適している。

問4 外部不経済の内部化による需要曲線と供給曲線の変化を示すグラフとして最も適当なものを，次の①〜④の中から一つ選びなさい。 　10

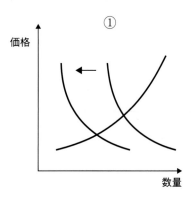

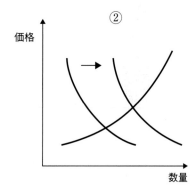

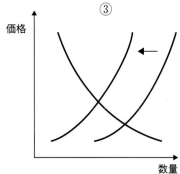

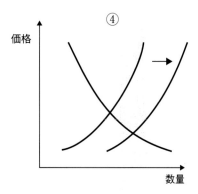

問5　景気変動に関する次の表の空欄 a ～ d に当てはまる語の組み合わせとして最も適当なものを，下の①～④の中から一つ選びなさい。　11

景気の波	周期	要因
a の波	約40か月	企業の在庫の増減
ジュグラーの波	7～10年	c 投資の増減
クズネッツの波	15～25年	d 投資の増減
b の波	約50年	技術革新など

注）ジュグラー（Juglar），クズネッツ（Kuznets）

	a	b	c	d
①	コンドラチェフ	キチン	設備	建築
②	キチン	コンドラチェフ	設備	建築
③	コンドラチェフ	キチン	建築	設備
④	キチン	コンドラチェフ	建築	設備

注）コンドラチェフ（Kondratiev），キチン（Kitchin）

問6　日本銀行の金融政策に関する記述として最も適当なものを，次の①～④の中から一つ選びなさい。　12

① 好況時には政府から直接国債を引き受け，金融緩和を行う。

② 不況時には買いオペレーションを行い，市場に資金を供給する。

③ 好況時には支払準備率を下げて，通貨供給量を減少させる。

④ 不況時にはマイナス金利政策を行い，物価上昇を抑える。

問7　日本の国家予算（歳入・歳出）に関する記述として最も適当なものを，次の①～④の中から一つ選びなさい。　　13

① 国家予算は，1月1日から12月31日までを会計年度として区切っている。

② 予算は内閣が編成し，国会での審議・議決を経て各省庁が執行する。

③ 予算には，一般会計予算と，特別な事業を行うための補正予算がある。

④ 一般会計予算の歳入の不足分は，銀行などからの借り入れで補っている。

問8　日本における労働法制や労働環境に関する記述として最も適当なものを，次の①～④の中から一つ選びなさい。　　14

① 日本国憲法では，すべての労働者に団結権・団体交渉権・団体行動権の労働三権が認められている。

② 労働基準法では，休憩時間を除いて1日12時間，週40時間以内の労働時間が定められている。

③ 現行の男女雇用機会均等法では，女性保護の観点から女性の深夜労働などを禁止している。

④ 最低賃金法によって，使用者は国が定めた全国一律の最低賃金額以上の賃金を払わなければならない。

問9 次のグラフは，日本の高度経済成長期以降の輸出構成の変化を示したものである。グラフ中のa〜dに当てはまる品目の組み合わせとして最も適当なものを，下の①〜④の中から一つ選びなさい。 15

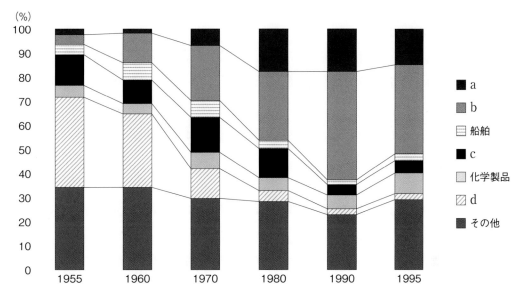

経済企画庁編『戦後日本経済の軌跡』より作成

	a	b	c	d
①	一般機械 電気機器	鉄鋼	自動車	繊維・同製品
②	繊維・同製品	鉄鋼	一般機械 電気機器	自動車
③	自動車	一般機械 電気機器	鉄鋼	繊維・同製品
④	鉄鋼	繊維・同製品	自動車	一般機械 電気機器

問10 1948年に発足した国際協定であるGATT（関税と貿易に関する一般協定）に関わる原則として**適当でないもの**を，次の①〜④の中から一つ選びなさい。　16

① 紛争処理手続きの強化

② 貿易制限の撤廃

③ 交渉成果の全加盟国への適用

④ 多国間での貿易交渉による解決

問11 国際収支（Balance of Payments）に関する記述として最も適当なものを，次の①〜④の中から一つ選びなさい。　17

① 国際収支とは，一国の一定期間における対外経済取引の収支を示したものであり，ストックにかかわる概念である。

② 経常収支は，貿易・サービス収支のほか，政府援助・国際機関への分担金である第一次所得収支などからなる。

③ 貿易・サービス収支ともに，輸出額が輸入額を超過していれば黒字（プラス）となる。

④ 直接投資・証券投資・外貨準備などからなる金融収支は，流出が超過すれば赤字（マイナス）となる。

問12 1967年に発足したヨーロッパ共同体（EC）の原加盟国6か国として**適当でないもの**を，次の①〜④の中から一つ選びなさい。　18

① 西ドイツ（West Germany）

② フランス（France）

③ イタリア（Italy）

④ イギリス（UK）

問13 地図は，目的に合わせてさまざまなものが作製されている。地球上の角度の関係を正しく表現する地図で，海図に利用されるものとして最も適当なものを，次の①～④の中から選びなさい。 **19**

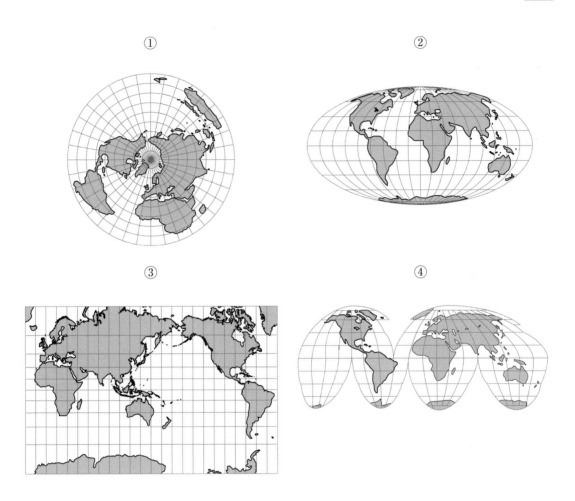

① ②

③ ④

問14　次の表は，2019年の天然ガスの輸出入量の上位5か国とそれぞれの世界計に占める割合を示したものである。A～Dにあてはまる国名の組み合わせとして正しいものを，下の①～④の中から一つ選びなさい。　20

単位：%

	輸出量		輸入量	
1	A	21.4	C	10.1
2	B	10.3	D	8.5
3	カタール	9.7	ドイツ	8.3
4	ノルウェー	8.9	B	6.2
5	オーストラリア	7.8	イタリア	5.7

『世界国勢図会 2021/22年版』より作成
注）カタール（Qatar），ノルウェー（Norway），オーストラリア（Australia），
　　ドイツ（Germany），イタリア（Italy）

	A	B	C	D
①	アメリカ	ロシア	日本	中国
②	アメリカ	ロシア	中国	日本
③	ロシア	アメリカ	日本	中国
④	ロシア	アメリカ	中国	日本

問15　世界の言語人口を示す表中のA，Bに当てはまる言語の組み合わせとして正しいものを，下の①〜④の中から一つ選びなさい。 `21`

単位：100万人

言語	人口
中国語	1,321
A	463
英語	370
ヒンディー語	342
B	339

『地理統計要覧 2022 年版』より作成

	A	B
①	ポルトガル語	ロシア語
②	スペイン語	アラビア語
③	アラビア語	スペイン語
④	ロシア語	ポルトガル語

問16　日本の農林水産業の現状に関する記述として最も適当なものを，次の①〜④の中から一つ選びなさい。 `22`

① 農業従事者や耕地面積の減少によって，主食であるコメの自給率も50％を下回っている。

② 農業における畜産業の割合は高く，牛肉などのブランド化を進めて輸出を増やしている。

③ 国土の約60％を山地が占めるため林業が発達し，安い価格で大量に木材を供給できる。

④ 排他的経済水域（EEZ）は世界有数の面積であるため，遠洋漁業が盛んに行われている。

問17　自由放任主義的な近代国家を「夜警国家」と呼んで批判した19世紀ドイツの国家社会
　　　主義者として正しい人物を，次の①〜④の中から一つ選びなさい。　　　　　　　23

　　　①　ラッサール（Ferdinand Lassalle）

　　　②　マルクス（Karl Marx）

　　　③　ケインズ（John Maynard Keynes）

　　　④　アダム・スミス（Adam Smith）

問18　ロック（John Locke）が『統治二論』（『市民政府二論』）で主張した社会契約説に関す
　　　る内容として最も適当なものを，次の①〜④の中から一つ選びなさい。　　　　24

　　　①　組織や権力が存在しない状態では「万人の万人に対する闘争」が生じるので，人々は
　　　　自己保存のため契約を結んで国家をつくるべきだとした。

　　　②　国家の権力を立法権・行政権・司法権に分け，それぞれ議会・君主・裁判官に分立す
　　　　ることで権力の濫用を防ごうとした。

　　　③　人々は自然権を保護する力を政府に信託するのであり，政府が信託に反して個人の自
　　　　然権を侵害したときには政府を倒す権利があるとした。

　　　④　個人どうしが全員一致の契約によって社会をつくり，政府は人々に共通する一般意志
　　　　によって政治を行うべきだとした。

問19　イギリス（UK）の政治体制に関する説明として最も適当なものを，次の①〜④の中か
　　　ら一つ選びなさい。　　　　　　　　　　　　　　　　　　　　　　　　　　　25

　　　①　国家元首としての国王は，「君臨すれども統治せず」という存在でいかなる権限も有
　　　　していない。

　　　②　議会は上院と下院からなる二院制を採用しており，選挙で選ばれる下院が優越的な地
　　　　位を持っている。

　　　③　議院内閣制と大統領制の混合型であり，直接選挙で選ばれた大統領が首相を任命す
　　　　る。

　　　④　裁判所には違憲立法審査権があるほか，国内法がヨーロッパ人権条約に適合するかを
　　　　審査する。

問20 日本国憲法第32条は裁判を受ける権利について規定している。この権利として最も適当なものを，次の①～④の中から一つ選びなさい。 26

① 請求権
② 自由権
③ 平等権
④ 社会権

問21 日本国憲法第69・70条の内閣総辞職に関して述べた次の文章を読み，文章中の空欄 a ・ b に当てはまる語句の組み合わせとして正しいものを，下の①～④の中から一つ選びなさい。 27

内閣は， a で不信任の決議案が可決され，または信任の決議案が否決されたときは， b 日以内に a を解散しない限り，総辞職をしなければならない。さらに，内閣総理大臣が欠けたとき，または a 議員総選挙の後に初めて国会の召集があったときは，内閣は総辞職をしなければならない。

	a	b
①	参議院	10
②	参議院	30
③	衆議院	10
④	衆議院	30

問22 第二次世界大戦以前の政党政治に関する記述として最も適当なものを，次の①～④の中から一つ選びなさい。 28

① 大日本帝国憲法では，衆議院の多数党の党首が組閣すると規定されていた。
② 最初の政党内閣である第1次大隈重信内閣は，すべての閣僚を政党員で占めた。
③ 大正時代には，貴族院議員でもあった原敬が最初の本格的な政党内閣を組織した。
④ 大正末期から昭和初期に至る約8年間は，「憲政の常道」と呼ばれる政党内閣の時代であった。

問23　日本の地方自治に関する記述として最も適当なものを，次の①～④の中から一つ選び
　　　なさい。　　　　　　　　　　　　　　　　　　　　　　　　　　　　　　　29

　　①　地方自治の基本原則は，団体自治と住民自治からなっている。
　　②　地方議会の議員は住民の直接選挙で選ばれ，首長は間接選挙で選ばれる。
　　③　首長の任期は4年で，議会の解散権は持っていない。
　　④　地方議員には，首長の辞職を請求できるリコール（解職請求権）がある。

問24　2015年に国連で採択された持続可能な開発目標（SDGs：Sustainable Development
　　　Goals）の17のゴールの1つに男女間の平等をめざす「ジェンダー平等」があり，これを
　　　実現することが世界的に求められている。次のグラフは，日本・アイスランド
　　　（Iceland）・アメリカ（US）・韓国（Korea）の4か国の男女平等の度合いを，政治・経
　　　済・健康・教育の分野で示したものであり，これをジェンダーギャップ指数（Gender
　　　Gap Index）という。2021年のデータでは，日本は調査対象となった156か国中120位で，
　　　先進国の中でも最低である。日本を示すグラフとして最も適当なものを，次の①～④の
　　　中から一つ選びなさい。　　　　　　　　　　　　　　　　　　　　　　　30

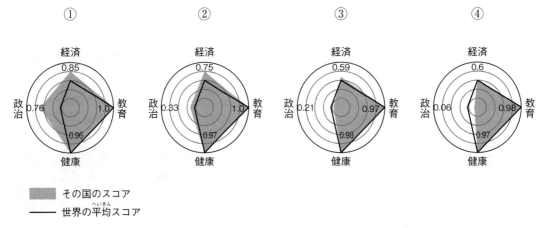

　　　　　　　■■■■■　その国のスコア
　　　　　　　―――――　世界の平均スコア

　　　世界経済フォーラム「Global Gender Gap Report 2021」より作成
　　　注）1に近づくほど男女平等を示す。

問25 開発途上国と先進国間の貿易においては，先進国に有利な構造がある。これを解消するための貿易の仕組みであるフェアトレード（fair trade）の説明として**適当でないもの**を，次の①〜④の中から一つ選びなさい。 31

① 開発途上国でつくられた農産物や製品を適正な価格で買い取ることである。
② 開発途上国の貧困解消や経済的自立をうながすことを目標としている。
③ 開発途上国の劣悪な労働環境や環境破壊などの問題が背景にあった。
④ フェアトレードの認証を受けた商品には，コーヒー豆や医薬品などがある。

問26 産業革命期の綿織物業・交通手段における技術革新に関する人物と発明品などの組み合わせとして最も適当なものを，次の①〜④の中から一つ選びなさい。 32

	人物	発明品など
①	ジョン・ケイ	飛び杼の発明
②	ワット	蒸気船の試運転
③	フルトン	蒸気機関車の製作
④	スティーブンソン	蒸気機関の改良

注）ジョン・ケイ（John Kay），ワット（James Watt），フルトン（Robert Fulton），
スティーブンソン（George Stephenson），飛び杼（flying shuttle）．

問27 ウィーン体制の崩壊に関する記述として最も適当なものを，次の①〜④の中から一つ選びなさい。 33

① フランスではルイ16世（Louis XVI）が処刑され，ルイ・ナポレオン（Louis-Napoleon Bonaparte）が大統領となった。
② イギリスでは名誉革命（Glorious Revolution）が起こり，権利の章典をもとに立憲君主制が始まった。
③ オーストリア（Austria）のウィーン（Vienna）で民衆が蜂起し，宰相のメッテルニヒ（Klemens von Metternich）を追放した。
④ ドイツでは三月革命が起こり，プロイセン（Prussia）国王ヴィルヘルム1世（Wilhelm I）が退位した。

問28　アメリカの大統領に関する記述として最も適当なものを，次の①〜④の中から一つ選びなさい。　34

① アメリカ南部出身のリンカン（Abraham Lincoln）は，南北戦争が始まると奴隷解放宣言を発表した。

② F.ローズヴェルト（Franklin D. Roosevelt）は，ニューディール（New Deal）によって世界恐慌（Great Depression）を克服しようとした。

③ ケネディー（John F. Kennedy）は，キューバ危機（Cuban Missile Crisis）にあたって，ソ連のスターリン（Stalin）にミサイル基地の撤去を要求した。

④ ニクソン（Richard M. Nixon）は北ベトナムへの北爆を行い，ベトナム戦争（Vietnam War）が本格的に始まった。

問29　次の地図は，列強A〜Dによる日清戦争後の中国分割を示したものである。地図中のA〜Dに当てはまる国名の組み合わせとして正しいものを，下の①〜④の中から一つ選びなさい。　35

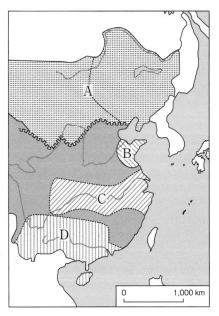

	A	B	C	D
①	イギリス	ドイツ	ロシア	フランス
②	フランス	ロシア	ドイツ	イギリス
③	ロシア	ドイツ	イギリス	フランス
④	フランス	イギリス	ロシア	ドイツ

問30　20世紀前半に起きた次の出来事A〜Dを年代順に並べたものとして正しいものを，下
　　　の①〜④の中から一つ選びなさい。 　　　　　　　　　　　　　　　　　　　　 **36**

　　　A：ロシア革命（Russian Revolution）
　　　B：ナチ党（Nazi Party）の政権獲得
　　　C：インド（India）独立
　　　D：国際連盟（League of Nations）の発足

　　　①　　A→C→D→B
　　　②　　A→D→B→C
　　　③　　C→B→D→A
　　　④　　C→A→B→D

問31　第二次世界大戦後，アラブ諸国とイスラエルとの間で4次にわたって武力衝突が起こっ
　　　た。この戦争に関する記述として最も適当なものを，次の①〜④の中から一つ選びなさ
　　　い。 　　　　　　　　　　　　　　　　　　　　　　　　　　　　　　　　　　　 **37**

　　　①　第1次中東戦争の結果，アラブ人はパレスチナ解放機構（PLO）を結成して抵抗を続
　　　　　けた。
　　　②　第2次中東戦争は6日間で終結し，イスラエルはエルサレム（Jerusalem）を含む地
　　　　　域を占領した。
　　　③　第3次中東戦争は，エジプトがスエズ運河の国有化を宣言したことによって始まっ
　　　　　た。
　　　④　第4次中東戦争では，アラブ諸国が石油戦略を発動したことによって石油危機が起こ
　　　　　った。

問32 冷戦下の中の，米ソ両陣営に属さないアジア（Asia）・アフリカ（Africa）・ラテンアメリカ（Latin America）などの非同盟諸国（Non-aligned countries）である第三世界の連携に関する記述として最も適当なものを，次の①〜④の中から一つ選びなさい。 **38**

① 中華人民共和国の毛沢東（Mao Zedong）と，インドのガンディー（Gandhi）が会談し，平和五原則を発表した。

② インドネシア（Indonesia）のバンドン（Bandung）で，アジア・アフリカ会議（Asian-African Conference）が開かれ，平和十原則が打ち出された。

③ チェコスロヴァキア（Czechoslovakia）の大統領ティトー（Tito）らの呼びかけによって，第1回非同盟諸国首脳会議（Non-Aligned Movement Summit）が開催された。

④ エチオピア（Ethiopia）にアフリカ諸国の首脳が集まり，アフリカ諸国首脳会議が開かれ，アフリカ連合（AU）が結成された。

第2回
模擬試験

問1 次の文章を読み，下の問い(1)～(4)に答えなさい。

オランダ（Netherlands）は立憲君主制の国で，1648年にウェストファリア条約（Treaty of Westphalia）でスペインから独立した。その後，一時₁フランスに併合され，南部のベルギー（Belgium）が独立した。現在，ベルギー・ルクセンブルクとともにベネルクス（Benelux）3国を構成し一体感は強い。

オランダは国土の4分の1が海面下にあり，　a　と呼ばれる干拓地は牧草地が多く酪農が盛んで，世界有数のチーズ・バターの輸出国である。また，海岸砂丘地帯では園芸農業が盛んで，　b　の栽培で知られる。

ロッテルダム（Rotterdam）の近郊には，₂EU（欧州連合）共同の貿易港ユーロポート（Europort）がある。首都は憲法上₃アムステルダム（Amsterdam）となっているが，事実上の首都はハーグ（The Hague）であり，議会・政府・王宮や国際司法裁判所も置かれている。

(1) 下線部1に関して，オランダを併合したナポレオン1世（Napoleon I）が行ったこととして最も適当なものを，次の①～④の中から一つ選びなさい。 **1**

① クーデタによって統領政府を倒し皇帝となった。
② すべての権限を皇帝に委譲するナポレオン法典を公布した。
③ 諸国にイギリス（UK）との通商を禁止する大陸封鎖令を発した。
④ モスクワ（Moscow）遠征を行ってロシアを打ち破った。

(2) 文章中の空欄　a　・　b　に当てはまる語の組み合わせとして最も適当なものを，次の①～④の中から一つ選びなさい。 **2**

	a	b
①	ポルダー	チューリップ
②	ポルダー	バラ
③	デルタ	チューリップ
④	デルタ	バラ

注）ポルダー（polder），デルタ（delta），チューリップ（tulip），バラ（rose）

(3) 下線部2に関して，以下の表は2020年におけるEUの輸出入上位国を示したものである。A〜Cに当てはまる国名の組み合わせとして正しいものを，下の①〜④の中から一つ選びなさい。　3

	輸出上位国	輸出額（兆円）	割合（%）
1	A	43.0	18.3
2	イギリス	33.9	14.4
3	B	24.7	10.5
4	C	17.4	7.4
5	ロシア	9.6	4.1
総額（域外）		235.6	100.0
（域内）		346.7	—

	輸入上位国	輸入額（兆円）	割合（%）
1	B	46.8	22.4
2	A	24.7	11.8
3	イギリス	20.4	9.8
4	C	13.2	6.3
5	ロシア	11.6	5.6
総額（域外）		209.1	100.0
（域内）		339.2	—

外務省「日EU経済関係資料」（2021年12月）より作成

	A	B	C
①	中国	アメリカ	スイス
②	アメリカ	中国	ドイツ
③	中国	アメリカ	ドイツ
④	アメリカ	中国	スイス

注）中国（China），スイス（Switzerland），ドイツ（Germany）

(4) 下線部3に関して，アムステルダムの位置として正しいものを，次の地図中の①〜④の中から一つ選びなさい。　4

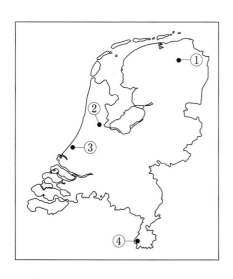

問2 次の文章を読み，下の問い(1)〜(4)に答えなさい。

　第二次世界大戦中に原子爆弾を開発したアメリカは，実験成功直後の1945年8月に日本の 1 2つの都市に原爆を投下した。

　第二次世界大戦後の1949年にソ連（USSR）が原爆開発に成功すると，アメリカは1952年に水爆実験を成功させた。翌年ソ連も水爆実験に成功して，米ソの核兵器開発競争が激化し，核保有国は米ソ以外の国にも広がっていった。1962年の 2 キューバ危機（Cuban Missile Crisis）以降，米ソ両国は緊張緩和の方向に転じ，3 核兵器を国際的に管理しようとする動き も起こった。また，核兵器の拡散や核実験に反対する声が上がったり，科学者による核兵器禁止運動が起こったりした。

　冷戦終結後，米ソ（米ロ）間で核兵器の削減交渉が進められる一方，新たに核を保有する国が現れるなど，核の拡散・競争はおさまっていない。2017年に国連総会で核兵器の使用や開発などを禁止する 4 核兵器禁止条約が採択され，2021年1月に発効したが，今後もいっそうの核兵器廃絶に向けた国際的な取り組みが求められている。

(1)　下線部1の2つの都市の組み合わせとして最も適当なものを，次の①〜④の中から一つ選びなさい。　　　　　　　　　　　　　　　　　　　　　　　　　　 5

① 　広島・神戸

② 　広島・長崎

③ 　横浜・長崎

④ 　横浜・神戸

(2)　下線部2のキューバ危機を含む冷戦の時期に起こった次の出来事A〜Cを年代順に並べたものとして正しいものを，下の①〜④の中から一つ選びなさい。　　　　 6

A：キューバ危機

B：北爆（bombing of North Vietnam）の開始

C：朝鮮戦争（Korean War）の勃発

① 　A→B→C

② 　A→C→B

③ 　C→A→B

④ 　C→B→A

(3) 下欄部3の説明として**適当でないもの**を，次の①〜④の中から一つ選びなさい。 | 7 |

①　大気圏内や宇宙空間などでの核実験を禁止する部分的核実験禁止条約（PTBT）が結ばれた。

②　新たな核保有国があらわれることを防止する核拡散防止条約（NPT）が調印された。

③　地下核実験を禁止する包括的核実験禁止条約（CTBT）が国連総会で採択された。

④　核弾頭数（nuclear warhead）などに上限を設ける戦略兵器削減条約（START）が核保有国の間で結ばれた。

(4)　下線部4の核兵器禁止条約の批准国は60か国余りにすぎないなどの問題点があるが，この条約に参加している国として正しいものを，次の①〜④の中から一つ選びなさい。

| 8 |

①　オーストリア（Austria）

②　日本

③　インド（India）

④　アメリカ

問3　資本主義経済の特徴に関する記述として最も適当なものを，次の①〜④の中から一つ選びなさい。　9

①　土地・機械・工場・資本などの生産手段は，私有が認められている。
②　企業による計画的な経済活動が行われ，景気変動はほとんど起こらない。
③　企業は市場を通じて自由に競争を行い，政府は市場へ介入することはできない。
④　労働者と資本家との関係は対等なので，階級対立はほとんど起こらない。

問4　市場の寡占化（oligopolization）に関する記述として最も適当なものを，次の①〜④の中から一つ選びなさい。　10

①　企業の自由な競争が行われ，価格の自動調節機能が働いている。
②　同一産業部門の企業の間で，価格や生産量などの協定を結ぶトラストが行われる。
③　有力企業が価格を決定し，他企業がそれに追随して管理価格が形成される。
④　価格の下方硬直性が生じ，価格以外の非価格競争も起こらなくなる。

問5　フロー（flow）とストック（stock）に関する説明として最も適当なものを，次の①〜④の中から一つ選びなさい。　11

①　フローとは，過去数年間における財・サービスの合計の平均値である。
②　フローには，対外純資産（net external assets）が含まれる。
③　ストックとは，ある時点における経済主体が保有する資産を集計したものである。
④　ストックには，国内総生産（GDP）が含まれる。

問6　生産性を示す指標の1つに労働生産性がある。これは，就労者1人につきどれだけの付加価値を生み出しているかを示す。この労働生産性は，付加価値の総額である国内総生産（GDP）を全就労者数で割って算出するが，これを高める要因として**適当でないもの**を，次の①〜④の中から一つ選びなさい。 　　12

①　機械など資本設備の増加
②　教育による労働の質の向上
③　技術革新
④　失業率の低下

問7　次の文章中の空欄　a　〜　c　に当てはまる語の組み合せとして最も適当なものを，下の①〜④の中から一つ選びなさい。 　　13

　　金本位制とは，19世紀前半に世界で最初に　a　が採用した通貨制度である。金本位制のもとでは，一国で発行される通貨の基準が金におかれ，金の保有量に応じて通貨を発行する。
　　そのメリットとして，国際収支を均衡させる働きがあげられる。例えば，ある国で物価が上がると　b　が増加して国際収支が赤字となり，その支払いのために金が流出して国内通貨は収縮し，デフレーションとなる。そうすると物価は下がり，　c　が増えるため金の流入が多くなって国際収支は均衡を回復する。そして，　c　の超過が続いて金流入が過剰になれば，インフレーションが起こって物価が上昇し，再び　b　の超過となって金を流出させる。

	a	b	c
①	イギリス	輸入	輸出
②	アメリカ	輸入	輸出
③	イギリス	輸出	輸入
④	アメリカ	輸出	輸入

問8　第二次世界大戦後の占領期における日本の経済政策に関する記述として最も適当なものを，次の①〜④の中から一つ選びなさい。　　　　　　　　　　　　　14

①　巨大独占企業を分割するため独占禁止法を制定し，財閥解体を進めた。

②　鉄鋼・電力などの基礎的部門に，資金・資材を優先的に割り当てる傾斜生産方式が採用された。

③　国民所得倍増計画を発表して，国民総生産（GNP）および一人当たりの国民所得を2倍にすることをめざした。

④　ドッジ・ライン（Dodge Line）によって，固定相場制から変動為場制へと切り換えられた。

問9 次のグラフは，主要5か国の2005年から2020年にかけての財政収支の国際比較（対GNP比）を示したものである。グラフ中の2008年から2009年にかけて，各国とも財政収支が大きく下がっているが，その要因として最も適当なものを，下の①〜④の中から一つ選びなさい。　　15

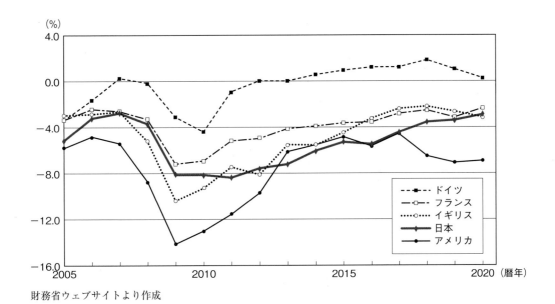

財務省ウェブサイトより作成

① ニクソン・ショック（Nixon Shock）

② リーマン・ショック（Global Financial Crisis）

③ 第1次石油危機（Oil Crisis）

④ アジア通貨危機（Asian Financial Crisis）

問10 現在，世界には3億7000万人もの先住民族がいるとされ，文化的尊厳や権利の回復運動が世界的規模で起きている。そうした中，2007年に国連総会で「先住民族の権利に関する国連宣言（Declaration on the Rights of Indigenous Peoples）」が採択された。これを受けて，日本でも国会で先住民族の存在を認める決議が採択されたが，日本の先住民族として最も適当なものを，次の①～④の中から一つ選びなさい。 16

① マオリ
② イヌイット
③ アボリジニ
④ アイヌ

問11 次の図は，大気大循環を示したものである。図中の矢印で示された，亜熱帯高圧帯から赤道低圧帯へ向かって恒常的に吹く風として最も適当なものを，下の①～④の中から一つ選びなさい。 17

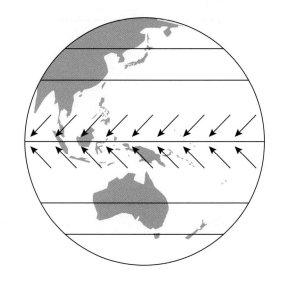

① 季節風
② 極東風
③ 貿易風
④ 偏西風

問12 次の図は，日本，インドネシア（Indonesia），メキシコ（Mexico），ニュージーランド（New Zealand）の国土と排他的経済水域（EEZ：Exclusive Economic Zone）の面積を示したものである。A～Dに当てはまる国名の組み合わせとして正しいものを，下の①～④の中から一つ選びなさい。　18

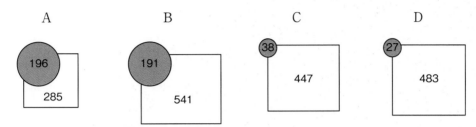

注）丸囲みの数字は国土面積，四角囲みの数字は排他的経済水域の面積を示す。単位は万km²。
　　ここでは排他的経済水域の面積に領海を含めている。

	A	B	C	D
①	メキシコ	インドネシア	日本	ニュージーランド
②	メキシコ	ニュージーランド	日本	インドネシア
③	インドネシア	メキシコ	ニュージーランド	日本
④	インドネシア	日本	メキシコ	ニュージーランド

問13　次のグラフは，2019年における主要作物A〜Dの地域別生産の割合を示したものである。A〜Dに当てはまる作物の組み合わせとして正しいものを，下の①〜④の中から一つ選びなさい。　19

単位：%

地域	A	B	C	D
アジア	14.6	15.9	89.6	41.6
アフリカ	67.1	25.1	5.1	5.0
ヨーロッパ	0	54.2	0.5	0.0
北アメリカ	2.9	1.0	1.5	8.3
南アメリカ	14.5	3.4	3.2	43.3
オセアニア	0.9	0.4	0.0	1.7

『データブック オブ・ザ・ワールド 2022年版』より作成

	A	B	C	D
①	カカオ豆	オリーブ	コメ	サトウキビ
②	サトウキビ	コメ	カカオ豆	オリーブ
③	カカオ豆	サトウキビ	オリーブ	コメ
④	オリーブ	コメ	サトウキビ	カカオ豆

問14　次のグラフは，2021年の中国，日本，フランス（France），カナダ（Canada）の一次
　　　エネルギーの国内供給量に占める割合を示したものである。A〜Dに当てはまる国名の
　　　組み合わせとして正しいものを，下の①〜④の中から一つ選びなさい。　　　　20

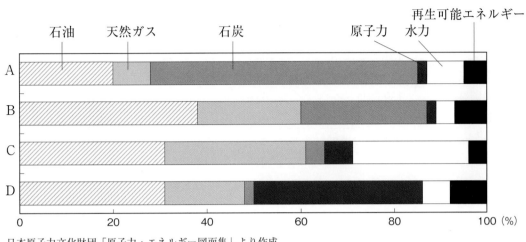

日本原子力文化財団「原子力・エネルギー図面集」より作成

	A	B	C	D
①	日本	フランス	中国	カナダ
②	中国	日本	カナダ	フランス
③	中国	カナダ	日本	フランス
④	カナダ	フランス	日本	中国

問15　次の表は，日本の最東端である南鳥島と最西端である与那国島の経度と緯度を示した
　　　ものである。この2つの島の日の出・日の入について，その時間差とどちらの島が早いの
　　　かの組み合わせとして最も適当なものを，下の①〜④の中から一つ選びなさい。

　　　　21

区分	場所	経度	緯度
最東端	東京都南鳥島	東経153度59分	北緯24度16分
最西端	沖縄県与那国島	東経122度55分	北緯24度27分

①　2時間・南鳥島

②　2時間・与那国島

③　3時間・南鳥島

④　3時間・与那国島

問16　次の表は，2020年の各都道府県における，乗用車の100世帯当たり保有台数を示したものである。大阪府に当てはまるものを，下の①〜④の中から一つ選びなさい。　22

都道府県	保有台数	都道府県	保有台数
福井県	172.2	愛知県	125.4
群馬県	161.1	C	109.2
A	154.0	北海道	100.7
鳥取県	145.9	京都府	82.0
静岡県	139.1	D	63.9
B	132.3	東京都	42.9

『データでみる県勢 2022年版』より作成

①　A　　　②　B　　　③　C　　　④　D

問17　次の表は，2018年における日本の三大工業地帯における製造品出荷額等の構成割合を示したものである。A〜Cに当てはまる工業地帯の組み合わせとして最も適当なものを，下の①〜④の中から一つ選びなさい。　23

単位：%

工業地帯	金属	機械	化学	食品	繊維	その他
A	8.7	49.6	22.6	11.0	0.4	7.7
B	20.8	37.8	23.4	11.0	1.2	5.8
C	9.5	69.3	12.0	4.6	0.7	3.9

『データブック オブ・ザ・ワールド 2022年版』より作成
注）金属とは鉄鋼・金属製品，機械とは一般機械・電気機械・輸送用機械（自動車・船舶など）・情報通信機械など，化学には石油製品など，その他には印刷などを含む。

	A	B	C
①	京浜	阪神	中京
②	中京	京浜	阪神
③	阪神	中京	京浜
④	京浜	中京	阪神

問18 法の支配（rule of law）に関する説明として最も適当なものを，次の①〜④の中から一つ選びなさい。 24

① エドワード・コーク（Edward Coke）が，コモン・ロー（common law）優位の立場から国王も法に従うべきだと主張した。

② 統治する者ではなく，統治される者は法に従うべきだとする考え方である。

③ 政治は法に基づいて行われるべきだという，ドイツ（Germany）で発達した理論である。

④ 悪法であってもその内容は問われず，正当性もまったく必要としない法律万能主義的な考え方である。

問19 アメリカの大統領に関する記述として最も適当なものを，次の①〜④の中から一つ選びなさい。 25

① 大統領は国民の直接選挙によって選ばれる。

② 大統領の任期は4年で，三選まで認められている。

③ 議会に立法・予算審議を勧告する教書送付権がある。

④ 議会への法案提出権や議会の解散権がある。

問20 日本国憲法に規定された社会権に関する記述として最も適当なものを，次の①〜④の中から一つ選びなさい。 26

① 健康で文化的な最低限度の生活を営む権利がある。

② 裁判所において裁判を受ける権利がある。

③ 思想・良心・学問・信教の自由が保障されている。

④ 勤労の権利があり，その義務を負っている。

問21　衆議院の優越に関して**適当でないもの**を，次の①～④の中から一つ選びなさい。　　27

① 条約の承認
② 法律案の審議
③ 予算の議決
④ 内閣総理大臣の指名

問22　2009年から日本に導入された裁判員制度に関する記述として最も適当なものを，次の①～④の中から一つ選びなさい。　　28

① 裁判員は，毎年作成される裁判員候補名簿に記載された25歳以上の国民から選ばれる。
② 対象となる裁判は，殺人などの刑事事件以外の軽微な犯罪や民事事件に限られる。
③ 裁判は地方裁判所で行う第一審のみで，その判決は上級裁判所でも覆せない。
④ 裁判員制度はアメリカの陪審制度と異なり，裁判員は裁判官とともに有罪・無罪および量刑を判断する。

問23　日本では選挙のたびに，有権者の一票の価値に格差が生じる「一票の格差」が問題となっている。次の表から，A選挙区と最も「一票の格差」の大きい選挙区として正しいものを，下の①～④の中から一つ選びなさい。　　29

単位：人

選挙区	有権者数	議員定数
A	500,000	6
B	700,000	5
C	600,000	4
D	800,000	3
E	500,000	2

① B選挙区　　② C選挙区　　③ D選挙区　　④ E選挙区

問24 2015年にフランスのパリで開催された第21回気候変動枠組条約締約国会議（COP21）において、2020年以降の温室効果ガス排出削減等のための新たな国際枠組みとして採択されたパリ協定（Paris Agreement）に関する記述として最も適当なものを、次の①〜④の中から一つ選びなさい。 [30]

① 産業革命前の平均気温に戻すことを、世界共通の長期目標とする。

② 2030年までに世界の温室効果ガスの排出を実質ゼロにすることを目標とする。

③ 温室効果ガスの削減目標が達成できない場合は、罰則が課される。

④ 先進国は気候変動への取り組みを支援するため、発展途上国へ資金を提供する。

問25 次の条文は、1945年10月に発効した国際連合憲章第1条の国際連合の目的に関する規定の一部である。条文中の空欄 a ・ b に当てはまる語の組み合わせとして最も適当なものを、下の①〜④の中から一つ選びなさい。 [31]

> 国際の平和及び安全を維持すること。そのために、平和に対する脅威の防止及び除去と侵略行為その他の平和の破壊の鎮圧とのため有効な a 措置をとること並びに平和を破壊するに至る虞(おそれ)のある国際的の紛争又は事態の調整又は解決を平和的手段によって且つ正義及び b の原則に従って実現すること。

国際連合広報センター「国連憲章テキスト」（https://www.unic.or.jp/info/un/charter/text_japanese/）より

	a	b
①	集団的	国際法
②	個別的	国際法
③	集団的	国内法
④	個別的	国内法

問26 アメリカ独立戦争（War of American Independence）の一因ともなった茶の販売権を
めぐる事件が起こったボストンの位置として正しいものを，次の地図中の①〜④の中か
ら一つ選びなさい。　32

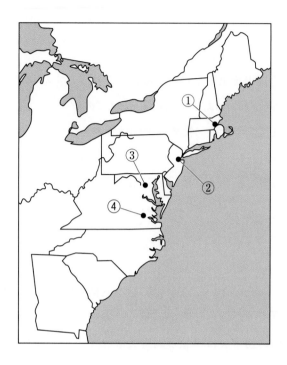

問27 クリミア戦争（Crimean War）に関する記述として最も適当なものを，次の①〜④の
中から一つ選びなさい。　33

① ロシアは黒海（Black Sea）・アラビア半島（Arabian Peninsula）への進出をめざし，
オスマン帝国（Ottoman Empire）と開戦した。

② イギリスやフランス，サルデーニャ（Sardinia）がオスマン帝国側についた。

③ 大敗したロシアはロンドン条約（London Treaty）によって，黒海の中立化などを受
け入れた。

④ クリミア戦争の敗北をきっかけに，ロシアでは大規模な反乱が次々に起こった。

問28 19世紀後半，ヨーロッパ諸国によってアフリカ植民地化の原則を定めた会議がベルリンで開かれた。この会議の開催を提唱した人物として最も適当なものを，次の①〜④の中から一つ選びなさい。 34

① メッテルニヒ（Klemens von Metternich）
② チャーチル（Winston Churchill）
③ ビスマルク（Otto von Bismarck）
④ カヴール（Camillo Benso, Count of Cavour）

問29 日本は，欧米列強の圧力のもとで19世紀半ばに開国し，次いで貿易を開始したが，それらは日本にとって不平等な内容であった。そのため，条約改正を実現し欧米列強との対等条約を結ぶことが大きな課題となった。半世紀にわたる条約改正に関する記述として最も適当なものを，次の①〜④の中から一つ選びなさい。 35

① 条約改正とは，関税自主権の撤廃と領事裁判権の獲得をめざすことである。
② 不平等条約は，最初にアメリカとの間で結ばれた。
③ 日露戦争の直前に，イギリスとの間で不平等条約の一部が改正された。
④ ヴェルサイユ条約によって，条約改正が実現した。

問30 第一次世界大戦の終結後から第二次世界大戦が起こるまでの出来事A〜Dを年代順に並べたものとして正しいものを，下の①〜④の中から一つ選びなさい。 36

A：ナチ党（Nazi Party）の政権獲得
B：日中戦争（Second Sino-Japanese War）の勃発
C：国際連盟（League of Nations）の設立
D：パリ不戦条約（Kellogg-Briand Pact）の締結

① A→C→D→B   ② A→D→B→C
③ C→B→D→A   ④ C→D→A→B

問31 ソ連のゴルバチョフ（Mikhail Gorbachev）に関する記述として最も適当なものを，次の①～④の中から一つ選びなさい。 37

① 「新思考外交」を唱えてアフガニスタン（Afghanistan）へ侵攻した。

② ソ連解体後，ロシア連邦の初代大統領となった。

③ アメリカのレーガン大統領とのマルタ会談で，冷戦の終結を宣言した。

④ ペレストロイカ（perestroika）と呼ばれる国内の改革を行った。

問32 第二次世界大戦後の日本の首相と在任中の出来事についての記述として最も適当なものを，次の①～④の中から一つ選びなさい。 38

① 吉田茂は，全交戦国との間でサンフランシスコ平和条約に調印して日本の主権を回復した。

② 鳩山一郎は，日米安全保障条約の改定を進めたが，安保闘争が激化したため断念した。

③ 田中角栄は，日本列島改造政策を進めたが，石油危機が重なって激しいインフレが発生した。

④ 中曽根康弘は，行財政改革を推進し，国鉄（現在のJR）や郵政民営化などを断行した。

- memo -

- memo -

第３回
模擬試験

問1 次の文章を読み，下の問い(1)～(4)に答えなさい。

　2020年，アメリカ合衆国の₁ミネソタ州ミネアポリスで黒人男性が警察官に殺害される事件が起こった。これを契機に，全米や世界各地で₂黒人に対する暴力や人種差別（systemic racism）に抗議する運動が広がった。その際に使われた「ブラック・ライブズ・マター(Black Lives Matter)」というスローガンには，「白人と同じように黒人の命も大切だ」という意味が込められている。

　アメリカは移民の国といわれるほど，多くの移民からなる多民族国家である。₃移民の多くは若年層で，アメリカの人口の約20%を₄ヒスパニック系が占めている。こうした移民によって，世界中から多様な文化がもたらされ社会や経済に活力を与えている。しかし，不法移民も少なくなく，ときに摩擦を引き起こすこともある。

(1)　下線部1に関して，ミネソタ州は酪農が盛んなほか，飼料作物の大豆やトウモロコシの栽培地でもある。特に，アメリカ中西部はこうした農業が盛んでコーンベルト（Corn Belt）と呼ばれている。この地域に広がる長い丈の草原として最も適当なものを，次の①～④の中から一つ選びなさい。　　　　　　　　　　　　　　　　　　　　　　　　　　 **1**

①　プレーリー
②　ステップ
③　パンパ
④　セルバ

(2)　下線部2に関して，こうした背景にはアメリカが抱えてきた長年の問題があるが，アメリカで起こった人種・民族差別に関する記述として最も適当なものを，次の①～④の中から一つ選びなさい。　　　　　　　　　　　　　　　　　　　　　　　　　　 **2**

①　独立戦争（War of American Independence）の最中，ワシントン（Washington）大統領は奴隷解放宣言を出した。
②　第一次世界大戦中には，敵国となった日本人移民を強制収容所に送った。
③　キング牧師（Martin Luther King Jr.）は，黒人差別に抗議する公民権運動を組織した。
④　湾岸戦争（Gulf War）が起こると，イスラム教を信じる人々に対する差別が急速に広がった。

(3) 下線部3に関して，アメリカの人口ピラミッドとして最も適当なものを，次の①～④の中から一つ選びなさい。 3

①

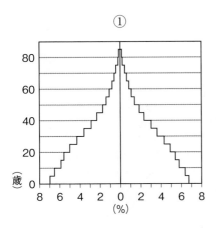

②

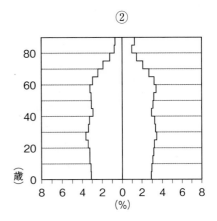

③

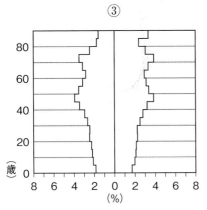

④

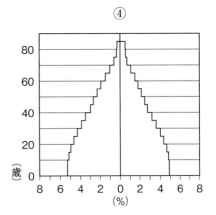

『データブック オブ・ザ・ワールド 2022年版』より作成
注) ①④は2019年，②は2018年，③は2021年のデータ。

(4) 下線部4に関して，ヒスパニック系の人口の多い地域として正しいものを，下の①～④
の中から一つ選びなさい。　　　　　　　　　　　　　　　　　　　　　　4

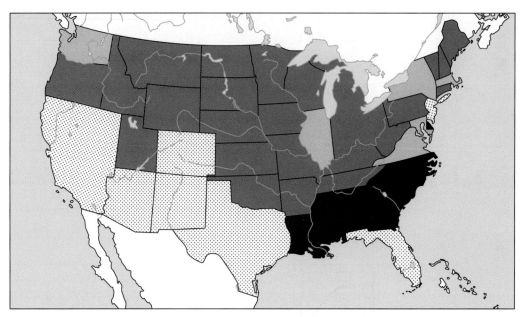

「U.S.Census Bureau 2016」より作成

① ■■■■　で示された地域
② ▨▨▨▨　で示された地域
③ ▧▧▧▧　で示された地域
④ ▦▦▦▦　で示された地域

問2　次の文章を読み，下の問い(1)〜(4)に答えなさい。

　アルプス山脈中に位置するスイス（Switzerland）は₁連邦共和制の国であり，周囲を5か国に囲まれた内陸国で，4000メートル級の高山が連なっている。1648年のウェストファリア条約によって神聖ローマ帝国から独立し，1815年の₂ウィーン会議（Congress of Vienna）の議定書で永世中立が認められた。

　首都はベルン（Bern）に置かれているが，多くの国連機関の本部があるジュネーヴ（Geneva）や国際金融市場であるチューリヒ（Zurich）といった都市もよく知られている。

　原材料に乏しいため他国との貿易関係を重視しており，観光収入も多く，世界有数の外貨準備高を誇る国である。日本との関係では，₃ともに貿易・技術立国として国際貿易・経済における利害の一致が多く，2009年に₄経済連携協定（EPA）を締結した。

(1)　下線部1に関して，スイスと同様に連邦共和制を採用している国として最も適当なものを，次の①〜④の中から一つ選びなさい。　　　5

　　①　カナダ（Canada）
　　②　イギリス（UK）
　　③　フランス（France）
　　④　ドイツ（Germany）

(2)　下線部2に関して，議定書で取り決められたことの説明として最も適当なものを，次の①〜④の中から一つ選びなさい。　　　6

　　①　オーストリア（Austria）がイタリア（Italy）北部の実質的統治権を認められた。
　　②　フランスではナポレオン3世（Napoleon Ⅲ）が皇帝となることが認められた。
　　③　イギリスがフランスからケープ植民地（Cape Colony）などを獲得した。
　　④　オランダ（Netherlands）がオーストリア領であったプロイセン（Prussia）を併合した。

⑶　下線部3に関して，次の表は4か国の主要な輸出品とその割合を示したものである。このうちスイスに当てはまるものを，次の①～④の中から一つ選びなさい。　　7

①		単位：%
1	機械類	19.5
2	航空機	9.4
3	自動車	9.0
4	医薬品	6.4
5	精密機械	2.8

②		単位：%
1	大豆	11.6
2	原油	10.7
3	鉄鉱石	10.1
4	肉類	7.2
5	機械類	7.2

③		単位：%
1	原油	82.3
2	液化天然ガス	9.9
3	船舶	2.4
4	石油ガス	0.8
5	液化石油ガス	0.5

④		単位：%
1	医薬品	27.7
2	金（非貨幣用）	19.8
3	機械類	11.4
4	精密機械	10.2
5	有機化合物	5.5

『世界国勢図会2021/22年版』より作成

⑷　下線部4に関する記述として最も適当なものを，次の①～④の中から一つ選びなさい。　　8

①　物品の関税やサービス貿易の障壁等について，削減・撤廃することを目的とする。

②　無差別原則等のルールを規定し，貿易の自由化を促進することを目的とする。

③　投資や人の移動，知的財産の保護など様々な分野で経済関係の強化を目的とする。

④　広範な分野での国際的ルールを確立し，紛争解決手続きの強化を目的とする。

問3 J.M.ケインズ（John Maynard Keynes）が主張した政策に関する説明として最も適当なものを，次の①～④の中から一つ選びなさい。　<u>**9**</u>

① 市場の自動調整作用を重視する「小さな政府」の実現を主張した。

② 完全雇用の実現には，政府による有効需要の創出が必要であると主張した。

③ 適切に貨幣数量を管理して，物価や経済を安定させることが重要だと主張した。

④ 後進国の工業化をはかるため，政府による保護貿易の必要性を主張した。

問4 中央銀行による金融緩和政策が行われた場合の需要・供給曲線として最も適当なものを，次の①～④の中から一つ選びなさい。　<u>**10**</u>

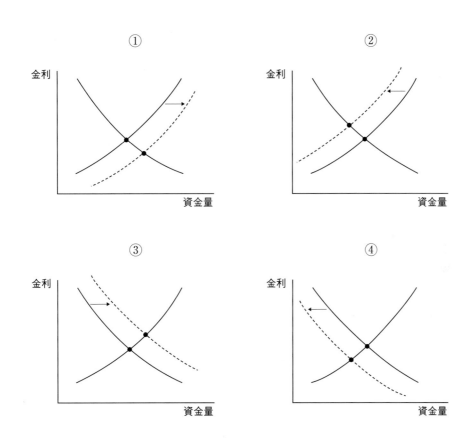

問5　ある市中銀行が1200万円の預金を受け入れた場合，この預金をもとに市中銀行全体で生み出される信用創造総額はいくらになるか。最も適当なものを，次の①〜④の中から一つ選びなさい。なお，支払準備率は20%とする。　　　　　　　　　　　　　　　**11**

①　2400万円　　②　3600万円　　③　4800万円　　④　6000万円

問6　国や地方公共団体の経済活動を財政というが，その機能として**適当でないもの**を，次の①〜④の中から一つ選びなさい。　　　　　　　　　　　　　　　　　　　　　　**12**

①　資源の配分調整機能
②　価格の自動調節機能
③　所得の再配分機能
④　景気の調整機能

問7 次のグラフは，1885年と1899年における日本の主要な品目別の輸出入の割合を示したものである。表中のA～Cに当てはまる語の組み合わせとして最も適当なものを，下の①～④の中から一つ選びなさい。　<u>**13**</u>

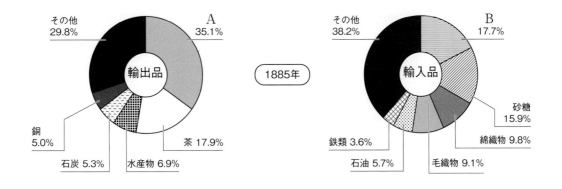

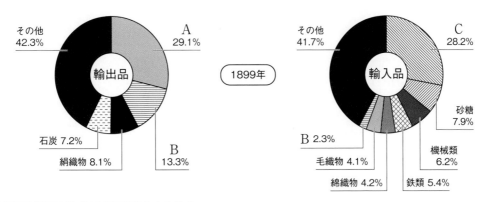

東洋経済新報社編『日本貿易精覧』より作成

	A	B	C
①	綿糸	生糸	綿花
②	生糸	綿糸	綿花
③	綿糸	綿花	生糸
④	生糸	綿花	綿糸

問8 日本の中小企業に関する説明として**適当でないもの**を，次の①〜④の中から一つ選びなさい。 14

① 全事業所の中で，従業員299人以下の中小企業事業所の占める割合は約50%である。

② 大企業と中小企業との間には賃金や生産性などで大きな経済格差があり，これを経済の二重構造という。

③ 中小企業は好況の場合に増産を求められ，不況の場合に注文が減らされるなど，大企業の景気変動の調整弁ともされる。

④ 1999年の中小企業基本法改正によって，中小企業者の経営の革新，創造的な事業活動の促進などが政策の基本方針として掲げられた。

問9 次の表は，2019年の6か国のGDPとGDPに対する輸出入額の割合である貿易依存度を示したものである。A〜Dに当てはまる国名の組み合わせとして正しいものを，下の①〜④の中から一つ選びなさい。 15

	GDP (百万ドル)	貿易依存度（%）	
		輸出	輸入
日本	5,082,466	13.9	14.2
A	372,074	105.0	96.5
B	21,433,226	7.7	11.7
中国	14,342,934	17.4	14.4
C	445,075	78.1	70.1
D	364,684	65.3	56.2

『世界国勢図会2021/22年版』より作成

	A	B	C	D
①	シンガポール	アメリカ	オランダ	マレーシア
②	オランダ	シンガポール	マレーシア	アメリカ
③	オランダ	アメリカ	シンガポール	マレーシア
④	シンガポール	マレーシア	アメリカ	シンガポール

注）シンガポール（Singapore），オランダ（Netherlands），マレーシア（Malaysia）

問10 円とドルとの為替相場の変化に関する説明として最も適当なものを，次の①〜④の中から一つ選びなさい。 <u>16</u>

① 1ドルが200円から150円になると，ドルに対する円の価値は下がる。
② 1ドルが150円から200円になると，円に対するドルの価値は下がる。
③ ドルに対して円が高くなると，国内製造業の輸出競争力が高まる。
④ ドルに対して円が安くなると，国内製造業の輸出競争力が高まる。

問11 次の表は，X国とY国において，工業製品と農産物をそれぞれ1単位生産するために必要とされる労働量を示したものである。比較生産費説に基づいてX国とY国の2国間で貿易が行われる場合，貿易はどのようなものになるか。最も適当なものを，下の①〜④の中から一つ選びなさい。 <u>17</u>

	工業製品	農産物
X国	50人	100人
Y国	300人	150人

① 工業製品・農産物ともX国に比較優位があるので，Y国はX国からの輸入に依存する。
② 工業製品・農産物ともY国に比較優位があるので，X国はY国からの輸入に依存する。
③ X国は農産物，Y国は工業製品に比較優位があるので，X国はY国へ農産物を，Y国はX国へ工業製品を輸出する。
④ X国は工業製品，Y国は農産物に比較優位があるので，X国はY国へ工業製品を，Y国はX国へ農産物を輸出する。

次の文を読み，文中の空欄 a ～ c に当てはまる語の組み合せとして最も適当なものを，下の①～④の中から一つ選びなさい。　　　　　　　　　18

　地球の地軸は公転面に対して約 a 度傾いている。そのため，季節によって太陽から受ける光の量が変化する。北半球が b のとき，太陽は北緯 a 度の北回帰線の真上を通過する。反対に北半球が c のとき，太陽は南緯 a 度の南回帰線の真上を通過する。

	a	b	c
①	15	夏至	冬至
②	15	冬至	夏至
③	23	夏至	冬至
④	23	冬至	夏至

注）夏至：summer solstice，冬至：winter solstice

問13　次の図は，北緯35〜40度付近の北アメリカ大陸の断面図である。図中のA〜Dに当たる都市・山脈の組み合わせとして最も適当なものを，下の①〜④の中から一つ選びなさい。 19

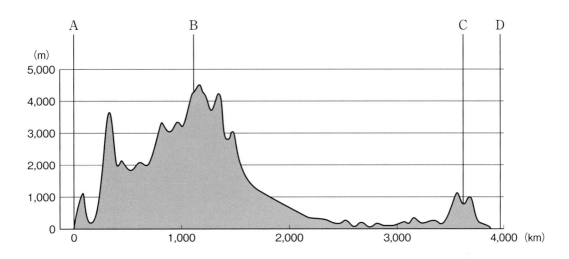

	A	B	C	D
①	ワシントンD.C.	ロッキー山脈	アパラチア山脈	サンフランシスコ
②	ワシントンD.C.	アパラチア山脈	ロッキー山脈	サンフランシスコ
③	サンフランシスコ	ロッキー山脈	アパラチア山脈	ワシントンD.C.
④	サンフランシスコ	アパラチア山脈	ロッキー山脈	ワシントンD.C.

注）サンフランシスコ（San Francisco），ワシントンD.C.（Washington D.C.），
　　ロッキー山脈（Rocky Mountains），アパラチア山脈（Appalachian Mountains）

問14　次の表は，日本，アメリカ，中国，ドイツの鉄道の営業キロ（2019年）と旅客・貨物別の輸送量（2018年）を示したものである。このうち，アメリカにあたるものとして最も適当なものを，次の①〜④の中から一つ選びなさい。 20

	鉄道営業キロ（千km）	鉄道輸送量	
		旅客（億人キロ）	貨物（億トンキロ）
①	150.5	320	23,641
②	33.4	980	1,131
③	27.8	4,416	194
④	68.1	13,457	28,821

『世界国勢図会2021/22年版』より作成
注）輸送人キロ（passenger-kilometer）とは，旅客数に旅客が乗車した距離を乗じたもの。輸送トンキロ（ton-kilometer）とは，各輸送貨物のトン数にその輸送した距離を乗じたもの。

問15 日本は世界有数の地震国である。揺れの大きさを示す震度は，震度0から震度7まで10の階級に区分されている（震度5と6はそれぞれ強弱に2分）。次のA〜Dは各震度についての揺れの状況説明である。これを震度の小さいものから大きいものへ順に並べたとき正しいものを，下の①〜④の中から一つ選びなさい。 21

A：棚にある食器類や本で，落ちるものが多くなる。
B：大きな地割れが生じたり，大規模な地すべりが発生したりすることがある。
C：耐震性の低い鉄筋コンクリート造の建物では，倒れるものが多くなる。
D：固定していない家具の大半が移動し，倒れるものもある。

① A→D→B→C　　② B→A→C→D
③ C→B→D→A　　④ D→C→A→B

問16 日本海側の気候を示す1991〜2020年平均の雨温図を，次の①〜④の中から一つ選びなさい。 22

①
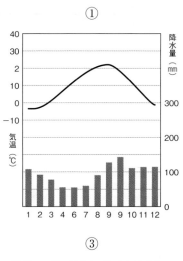

②
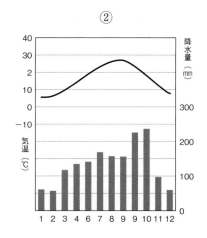

③
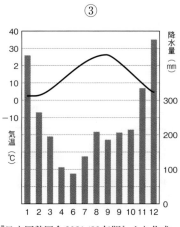

④
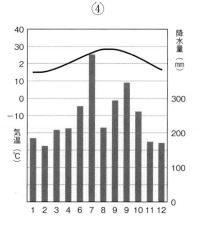

『日本国勢図会2021/22年版』より作成

問17 次の表は，2019年度の日本の品目別の食料自給率（カロリーベース）を示したものである。A〜Cに当てはまる語の組み合わせとして正しいものを，下の①〜④の中から一つ選びなさい。 23

単位：％

A	97	肉類	52
小麦	65	鶏卵	96
いも類	73	牛乳・乳製品	59
大豆	6	C	56
B	79	総合	38
果物	38		

『日本国勢図会2021/22年版』より作成

	A	B	C
①	野菜	魚介類	コメ
②	コメ	野菜	魚介類
③	魚介類	コメ	野菜
④	コメ	魚介類	野菜

問18 国家の権力を3つに分け，それぞれを異なる機関に担当させる三権分立の重要性を説いた人物とその著作の組み合わせとして最も適当なものを，次の①～④の中から一つ選びなさい。 `24`

	人物	著作
①	ロック（John Locke）	『市民政府二論』（『統治二論』）
②	ルソー（Jean-Jacques Rousseau）	『社会契約論』
③	マックス・ヴェーバー（Max Weber）	『支配の社会学』
④	モンテスキュー（Charles Montesquieu）	『法の精神』

問19 アメリカの議会制度や大統領との関係に関する記述として**適当でないもの**を，次の①～④の中から一つ選びなさい。 `25`

① 連邦議会は，各州から人口比例で選出された上院と，各州2名の代表からなる下院で構成される。

② 上院は高級官吏の任命，条約締結および連邦最高裁判所裁判官の任命において，下院に対して優越している。

③ アメリカの大統領は議会が可決した法案への拒否権と，議会に対して政策を示す教書送付権がある。

④ 議会は立法権・予算議決権とともに，大統領が拒否した法案を再可決する権限を持っている。

問20 次の文を読み，文中の空欄 `a` ， `b` に当てはまる語の組み合せとして最も適当なものを，下の①～④の中から一つ選びなさい。 `26`

最初の総理大臣にもなった `a` を中心に憲法の制定が進められ，1889年に君主の権限が強い `b` の憲法理論を参考とした大日本帝国憲法が公布された。

	a	b
①	伊藤博文	ドイツ
②	伊藤博文	イギリス
③	大隈重信	ドイツ
④	大隈重信	イギリス

問21 日本における「新しい人権」に関する次の裁判所の判決要旨から，その権利の名前として最も適当なものを，下の①〜④の中から一つ選びなさい。 27

　人間として生存する以上，平等，自由で人間たる尊厳にふさわしい生活を営むことも，最大限尊重されるべきものとして，個人の生命，身体，精神および生活に関する利益の総体としての人格権に基づいて，原告の請求どおり，夜9時からの飛行差し止めと損害賠償を認める。

① 社会権　　② 環境権　　③ プライバシーの権利　　④ 平和的生存権

問22 日本国憲法下の内閣と国会との関係に関する説明として最も適当なものを，次の①〜④の中から一つ選びなさい。 28

① 内閣総理大臣と国務大臣は，すべて国会議員の中から選出される。
② 内閣の不信任決議権は，衆議院にのみ与えられた権限である。
③ 国会には，内閣提出の法案が憲法に違反していないかを審査する権限がある。
④ 内閣総理大臣は，必要と判断すれば衆議院・参議院を解散できる。

問23 オンブズマン（ombudsman）制度に関する記述として最も適当なものを，次の①〜④の中から一つ選びなさい。 29

① 国民や住民の立場から行政活動を監視し，行政の公正化などをめざす。
② 議会の下に国政調査権を代行する機関として，アメリカで初めて創設された。
③ オンブズマンは，弁護士など法律の専門家が選ばれるのが一般的である。
④ 日本では国や地方の行政を監視するために，積極的に導入されている。

問24　オランダのハーグに設置された国際刑事裁判所（International Criminal Court：ICC）が裁判の対象とする重大な犯罪として**適当でないもの**を，次の①〜④の中から一つ選びなさい。　　　　30

① 大量虐殺（genocide）
② 国家間の紛争
③ 人道に対する罪
④ 戦争犯罪

問25　非政府組織（NGO）に関する記述として最も適当なものを，次の①〜④の中から一つ選びなさい。　　　　31

① 利益追求を目的としつつ，貧困・飢餓など世界的な問題解決に取り組む団体である。
② 国連などの国際組織とは別に活動し，国際平和に大きな貢献をしている。
③ NGOの活動に対して，ノーベル平和賞が授与されたこともある。
④ 人権侵害などをなくす活動にあたるグリーンピースは，代表的なNGOである。

問26　17世紀のイギリスで起こった市民革命に関する記述として最も適当なものを，次の①〜④の中から一つ選びなさい。　　　　32

① イギリス議会は，専制支配を強める国王に対し議会が同意しない課税や不当な逮捕の停止を求める権利の宣言を可決した。
② 国王は議会との対立を深め，国王を支持するピューリタン（Puritans）のクロムウェル（Cromwell）が改革の推進を支持する議会派を破った。
③ 軍事独裁を行ったクロムウェルの死後，王政が復活したが，再び議会と対立したため，議会は審査法などを制定した。
④ 絶対王政の復活をはかる国王に対して，議会は権利の請願を受け入れた国王の娘夫妻を国王に迎えた。

問27 スペイン（Spain）・ポルトガル（Portugal）の植民地であったラテンアメリカ（Latin America）では，19世紀初めから1820年代にかけて相次いで独立国が誕生した。スペインから独立した国として**適当でないもの**を，次の①〜④の中から一つ選びなさい。 <u>**33**</u>

① アルゼンチン（Argentina）

② ペルー（Peru）

③ メキシコ（Mexico）

④ ブラジル（Brazil）

問28 アメリカの南北戦争（Civil War）の要因ともなった，南部と北部の経済構造の違いに関する次の表の空欄 a 〜 c に当てはまる語の組み合わせとして最も適当なものを，下の①〜④の中から一つ選びなさい。 <u>**34**</u>

	南部	北部
経済基盤	大農園制	商工業
生産物	a	工業製品
貿易政策	b 主義	c 主義
奴隷制度	賛成	反対
国家体制	州権主義	連邦主義

	a	b	c
①	生糸	自由	保護
②	生糸	保護	自由
③	綿花	自由	保護
④	綿花	保護	自由

問29　近代以降の日本の領土拡大に関する出来事A～Dを年代順に並べたものとして正しい
　　　ものを，下の①～④の中から一つ選びなさい。　　　　　　　　　　　　　　　35

　　　A：韓国併合条約を結び，韓国を併合した。
　　　B：琉球を沖縄県とする琉球処分を行った。
　　　C：ポーツマス条約を結び，ロシアから樺太の南半分などを獲得した。
　　　D：下関条約を結び，中国から台湾を獲得した。

　　　①　D→A→B→C　　　　　　　②　B→D→C→A
　　　③　A→C→B→D　　　　　　　④　B→D→A→C

問30　第一次世界大戦後の国際協調に関する次の文章中の空欄　a　～　c　に当てはまる
　　　語の組み合わせとして最も適当なものを，下の①～④の中から一つ選びなさい。　　36

　　　　1919年にパリで講和会議が開かれ，連合国とドイツとの間で　a　条約が調印された。
　　　また，この条約で，アメリカの　b　大統領が提唱した国際連盟の設置も決まった。こ
　　　うしてヨーロッパの新しい国際秩序である　a　体制がつくられた。また，1921～22年
　　　にはワシントン会議が開かれ，太平洋諸島の現状維持を約した　c　条約が結ばれるな
　　　ど，アジア・太平洋地域の国際秩序であるワシントン体制が形成された。

	a	b	c
①	ロカルノ	トルーマン	九カ国
②	ロカルノ	ウィルソン	九カ国
③	ヴェルサイユ	トルーマン	四カ国
④	ヴェルサイユ	ウィルソン	四カ国

　　　注）ロカルノ（Locarno），ヴェルサイユ（Versailles），
　　　　　トルーマン（Harry Truman），ウィルソン（Thomas Woodrow Wilson）

問31　北大西洋条約機構（NATO）に関する記述として最も適当なものを，次の①〜④の中から一つ選びなさい。　37

① 第二次世界大戦後，ワルシャワ条約機構に対抗して設立された。
② 本部は，イギリスのロンドンに置かれている。
③ 加盟国が外部から攻撃された場合，集団的自衛権を行使する。
④ アメリカ以外の加盟国は，すべてヨーロッパの国である。

問32　1980年代終わりから1990年代初めにかけて，東ヨーロッパの社会主義諸国で起こった東欧革命についての記述として最も適当なものを，次の①〜④の中から一つ選びなさい。　38

① ルーマニア（Romania）では，ワレサ（Lech Walesa）を主導者とする「連帯」が総選挙に圧勝し，新たな連立政権が発足した。
② ユーゴスラヴィア（Yugoslavia）では，ティトー（Tito）の死後，国内で民族対立が起こり，連邦の解体が進んだ。
③ ポーランド（Poland）では，チャウシェスク（Ceausescu）大統領が独裁体制を敷いていたが，反政府派に処刑された。
④ 東ドイツでは，ホネカー（Honecker）書記長が退陣し東西ドイツの統一が実現すると，ベルリンの壁（Berlin Wall）が開放された。

- memo -

第4回
模擬試験

問1 次の文章を読み，下の問い(1)〜(4)に答えなさい。

₁北ヨーロッパ（North Europe）の国々とは，一般的にスカンディナビア（Scandinavia）三国とも呼ばれるデンマーク（Denmark）・ノルウェー（Norway）・スウェーデン（Sweden）に加えて，フィンランド（Finland）・アイスランド（Iceland）の5か国を指す。₂それぞれの国家の形成は歴史的にさまざまな経緯をたどってきたが，これらの国々は1953年に北欧会議（Nordic Council）を発足させ，現在に至るまで多くの分野で協力を進めている。

この地域は，かつて大陸氷河におおわれていたために₃氷河地形が多く残されている。気候は，夏は短くて冷涼であり，冬は長いが高緯度のわりに比較的温暖である。また，生活水準は高く，₄社会福祉が充実している国が多いことでも知られる。

(1) 下線部1に関して，次の地図中のa〜cに当てはまる国名の組み合わせとして正しいものを，下の①〜④の中から一つ選びなさい。 | 1 |

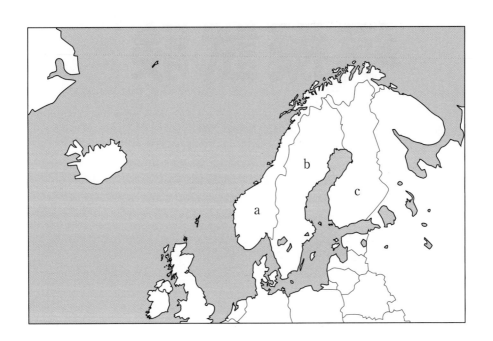

	a	b	c
①	デンマーク	ノルウェー	スウェーデン
②	スウェーデン	フィンランド	デンマーク
③	フィンランド	デンマーク	ノルウェー
④	ノルウェー	スウェーデン	フィンランド

(2)　下線部2に関して，フィンランドは第一次世界大戦後に民族自決の原則のもとロシアか
らの独立を果たしたが，同じようにロシアから独立した国として正しいものを，次の①〜
④の中から一つ選びなさい。　　　　　　　　　　　　　　　　　　　　　　　　　**2**

①　ベルギー（Belgium）

②　ギリシャ（Greece）

③　スイス（Switzerland）

④　ポーランド（Poland）

(3)　下線部3に関して，氷河地形として**適当でないもの**を，次の①〜④の中から一つ選びな
さい。　　　　　　　　　　　　　　　　　　　　　　　　　　　　　　　　　　　**3**

①　フィヨルド（fjord）

②　エスチュアリー（estuary）

③　モレーン（moraine）

④　カール（cirque）

(4)　下線部4に関して，社会保障制度の発展に関する記述として最も適当なものを，次の①
〜④の中から一つ選びなさい。　　　　　　　　　　　　　　　　　　　　　　　　**4**

①　ドイツでは，第一次世界大戦後にワイマール憲法（Weimar Constitution）が制定さ
れ，世界で最初の社会保障制度を整備した。

②　アメリカでは，ニューディール（New Deal）のもとで社会保障法が制定されて以来，
公的な社会保障制度が充実している。

③　イギリスでは，1942年のベバリッジ報告（Beveridge Report）が出され，「ゆりかご
から墓場まで」をスローガンとした社会保障制度が整備された。

④　国際連合の総会において，1944年にフィラデルフィア宣言（Declaration of
Philadelphia）が採択され，社会保障の国際的基準を示した。

問2 次の会話を読み，下の問い(1)～(4)に答えなさい。

学生：アフリカ（Africa）の国々については，日本から遠く離れているためか，多くの日本人にとっては馴染みが薄いですね。エジプト（Egypt）や ₁南アフリカ（South Africa）について少し知っている程度です。だから，アフリカについて勉強してみようと思っています。

先生：現在（2022年時点），アフリカには54の独立国があり，そのほとんどの国がかつて ₂ヨーロッパ諸国の植民地だったことは知っているよね。

学生：世界史の授業で習った覚えがあります。確か，₃第二次世界大戦後に次々に独立していったのではなかったでしょうか。

先生：その通りです。しかし，植民地だったことは ₄今でも経済面に大きな影響を残しているし，部族紛争の要因ともなっているね。そして，内戦や飢餓などによって政情不安な国も多く，決して独立によって平和な国家になったわけではないんだよ。こうしたことも考えながら，勉強していくといいでしょうね。

(1) 下線部1に関して，南アフリカに関する記述として最も適当なものを，次の①～④の中から一つ選びなさい。　　　　　　　　　　　　　　　　　　 5

① 白人を優遇する白豪主義が廃止されると，マンデラ（Nelson Mandela）が黒人として初めて大統領となった。

② 経済発展が著しく，ブラジル（Brazil）やインドネシア（Indonesia）などとともにBRICSと呼ばれる一国を構成する。

③ 金・ダイヤモンドやレアメタルの白金（platinum）などの鉱産資源が豊富で，外貨の収入源ともなっている。

④ 南西部にある首都のケープタウン（Cape Town）周辺は西岸海洋性気候で，夏期には高温乾燥な天候が続く。

(2) 下線部2に関して，19世紀末から20世紀初めにかけてのヨーロッパ諸国によるアフリカ分割に関する記述として最も適当なものを，次の①～④の中から一つ選びなさい。

6

① フランスとイギリスが衝突したファショダ（Fashoda）事件の結果，エチオピア（Ethiopia）はイギリスの植民地となった。

② アフリカ分割をめぐって，3B政策をとるイギリスと3C政策をとるドイツが衝突し，第一次世界大戦が起こった。

③ ドイツはフランスのモロッコ（Morocco）支配に挑戦するモロッコ事件を起こしたが失敗し，フランスはモロッコを保護国とした。

④ イタリアはアメリカの支援を受けて建国されたリベリア（Liberia）に侵入し，これを植民地とした。

(3) 下線部3に関して，1960年は「アフリカの年」と呼ばれて17の国が独立した。このうちの1つであるナイジェリア（Nigeria）の位置を，地図（地図は2022年現在のもの）中の①～④の中から一つ選びなさい。

7

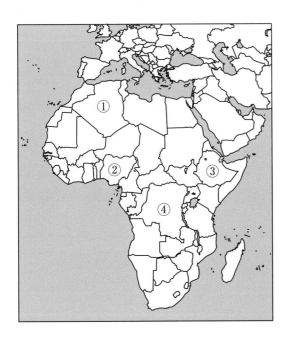

(4) 下線部**4**に関して，植民地化されたアフリカやアジアの国々の多くは第二次世界大戦後に独立したが，これらの国の多くは南半球に位置していた。これらの国々では，植民地時代に先進国に単一の商品作物を栽培するモノカルチャー経済を強いられたため独立後も経済的自立が遅れ，北半球の先進国との経済格差からさまざまな問題が起こった。こうした南北問題に取り組む国連機関として正しいものを，次の①〜④の中から一つ選びなさい。

8

① UNCTAD
② UNICEF
③ UNESCO
④ UNHCR

問3 資本主義経済における経済主体の説明として**適当でないもの**を，次の①〜④の中から一つ選びなさい。 　9

① 国民経済を構成する経済主体は，家計・企業・政府であり，それぞれの関係はフロー循環によって示される。

② 家計は政府に累進課税による租税や社会保険料を納め，政府は家計に社会保障給付を行う。

③ 企業は家計から労働力や資本などの提供を受ける対価として，賃金や配当の支払いを義務付けられる。

④ 政府は家計・企業から租税や公債などによって資金を調達し，道路や公園などの公共財を提供する。

問4 需要・供給の価格弾力性とは，ある商品の価格が一定幅で変化した場合，その商品の需要量・供給量がどのくらい変化するのかを示す比率のことである。生活必需品の価格弾力性を示すグラフとして最も適当なものを，次の①〜④の中から一つ選びなさい。 　10

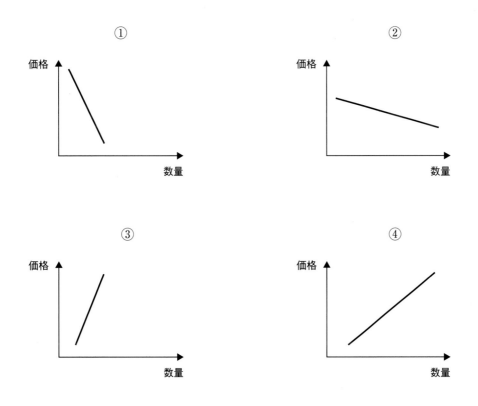

問5 次の文を読み，文中の空欄 [a] ～ [c] に当てはまる語の組み合わせとして最も適当なものを，下の①～④の中から一つ選びなさい。 **11**

国民所得は，生産・[a]・支出面から捉えることができる。国民が生産した付加価値（財・サービス）は，[b]や企業の収益などの形で誰かの所得となり，それらはすべて[c]や投資に使われる。つまり，国民所得は捉える局面が異なるだけで，生産・[a]・支出面から見た数値は等しくなる。これを三面等価の原則という。

	a	b	c
①	分配	貯蓄	消費
②	消費	賃金	分配
③	消費	貯蓄	分配
④	分配	賃金	消費

問6 景気は下の図のようにa→b→c→dのように循環する。a～dそれぞれの局面における記述として最も適当なものを，下の①～④の中から一つ選びなさい。 **12**

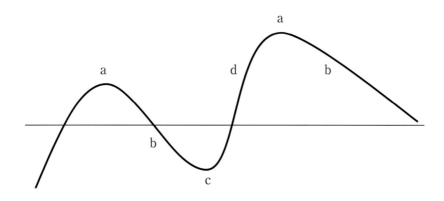

① aの局面では雇用・所得が増えるが，デフレーションになりやすい。

② bの局面では，一般に超過供給から価格が下落し，生産は縮小する。

③ cの局面では倒産や失業者が増え，インフレーションになりやすい。

④ dの局面では，在庫が増えて価格が上昇し，生産は増大する。

問7　民間の銀行である市中銀行の三大業務として**適当でないもの**を，次の①～④の中から一つ選びなさい。　13

① 兌換業務

② 預金業務

③ 貸出業務

④ 為替業務

問8　1955～73年にかけての日本の高度経済成長に関する記述として最も適当なものを，次の①～④の中から一つ選びなさい。　14

① 朝鮮戦争が始まったことによって，高度経済成長が始まった。

② GNP（国民総生産）は，アメリカを抜いて世界第1位となった。

③ 国土開発が進展し，東京オリンピックの開会にあわせて新幹線が開通した。

④ 水俣病などの四大公害訴訟が起こされたが，原告側（被害者側）は敗訴した。

問9　次の表は，ある国の国際収支を示したものである。このうち金融収支Xの値として正しいものを，下の①～④の中から一つ選びなさい。　15

単位：億円

経常収支	10,000
資本移転等収支	-500
金融収支	X
誤差脱漏	-5,000

① 2,500

② 3,000

③ 4,500

④ 5,000

問10　次の模式図に示された地形A，地形Bに関する下の記述の正誤についての正しい組み
合わせを，下の①〜④の中から一つ選びなさい。　　　　　　　　　　　　16

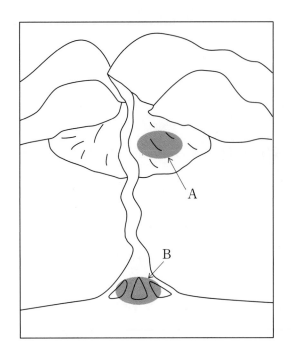

地形A：河川が山地から平地に出るところにできた扇状地で，河川の水が地下水となって流
　　　　れる中央部は畑や果樹園などに利用される。

地形B：氷河の侵食によって形成されたU字谷に海水が侵入してできたフィヨルド（fjord）
　　　　で，水深が深いので良港が立地しやすい。

	地形A	地形B
①	正	正
②	正	誤
③	誤	正
④	誤	誤

問11 次の地図は，海上で発生する主な移動性熱帯低気圧の発生域と経路を示したものである。このうちサイクロン（cyclone）に当たるものを，次の図中の①～④の中から一つ選びなさい。　　　　　　　　　　　　　　　　　　　　　　　　　　17

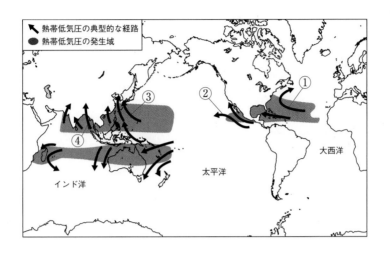

問12 西岸海洋性気候を示すハイサーグラフ（hythergraph）として正しいものを，次の①～④の中から一つ選びなさい。　　　　　　　　　　　　　　　　　　　　　　　　　　18

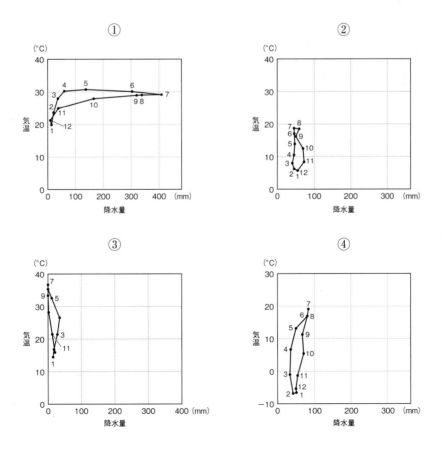

問13　次の三角図は，1965 ～ 2018年における日本，アメリカ，フィリピン（Philippine），中
　　　国の産業別就業人口構成比（％）を示したものである。フィリピンに当てはまるものと
　　　して最も適当なものを，次の三角図中の①～④の中から一つ選びなさい。　　　　19

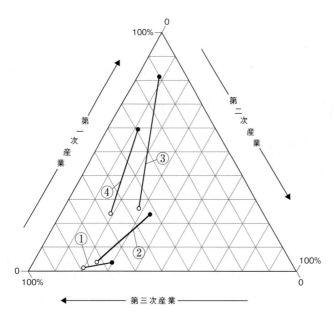

ILO資料などより作成

問14　次の表は，アメリカ，中国，日本，ドイツ（Germany）の新エネルギー供給量（2019年）を比較したものである。表中の国名A〜Dの組み合わせとして正しいものを，下の①〜④の中から一つ選びなさい。　　20

国	風力	太陽光	地熱	バイオ燃料
A	10,358	6,230	256	726
B	6,082	4,896	4	64
C	21,048	20,549	3	50
D	379	6,184	53	−
世界計	62,270	58,642	1,393	1,842

『地理統計要覧2022年版』より作成

注）風力・太陽光・地熱発電の供給量の単位は万kW，バイオ燃料供給量の単位は一日あたりの生産量である（石油換算千バレル）。

	A	B	C	D
①	アメリカ	ドイツ	中国	日本
②	アメリカ	日本	中国	ドイツ
③	中国	ドイツ	アメリカ	日本
④	中国	日本	アメリカ	ドイツ

問15　次の表は，世界の主要都市における人口と人口予測を示したものである。表中のA〜Dの中でバングラディシュ（Bangladesh）のダッカ（Dhaka）を示すものはどれか。正しいものを，下の①〜④の中から一つ選びなさい。　　21

単位：千人

都市	2010年	2020年	2030年
A	36,860	37,393	36,574
B	14,731	21,006	28,076
C	18,365	18,804	19,958
D	10,460	11,017	11,710

『世界国勢図絵2021/22年版』より作成

①　A　　②　B　　③　C　　④　D

問16　2022年現在，環太平洋経済連携協定（TPP）に**参加していない国**を，地図中の①〜④の中から一つ選びなさい。　　　　　　　　　　　　　　 22

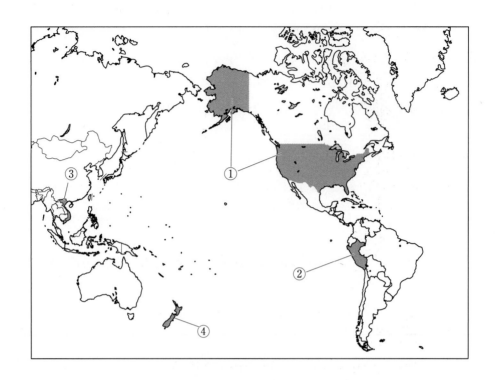

問17　1980年代に主張された新自由主義（新保守主義）に関する記述として最も適当なものを，次の①〜④の中から一つ選びなさい。　　　　　　　　　　　　　　 23

①　冷戦の激化を背景として，社会主義国家に対抗するために国防予算を大幅に増やすことを主張した。

②　自由放任主義的な市場原理を改め，国家は積極的に市場経済に介入するべきだと主張した。

③　行政の肥大化を招く福祉国家政策を批判し，市場における規制の緩和や財政支出の削減を行った。

④　イギリスのサッチャー（Margaret Thatcher）政権やアメリカのオバマ（Barack H. Obama）政権が，新自由主義的な政策を行った。

問18　議院内閣制に関する記述として最も適当なものを，次の①〜④の中から一つ選びなさい。　24

① 革命を経たフランスで，国王の専制を防ぐために最初に採用された。
② 内閣総理大臣は国民の直接選挙で選ばれ，議会に対して責任を負わない。
③ 議会は内閣に対して不信任決議権を持つが，内閣には拒否権がある。
④ 政治の安定のためにも，議会の多数派が内閣を組織することが一般的である。

問19　日本国憲法は，占領政策を担当していた連合国軍総司令官総司令部（GHQ／SCAP）の最高司令官であったマッカーサー（Douglas MacArthur）が示した三原則に基づいた草案を原案として制定された。この三原則として**適当でないもの**を，次の①〜④の中から一つ選びなさい。　25

① 天皇制を存続させること
② 共産主義者を公職から追放すること
③ 戦争を放棄すること
④ 封建的な諸制度を廃止すること

問20　日本国憲法で規定されている，国会議員に与えられている特権として**適当でないもの**を，次の①〜④の中から一つ選びなさい。　26

① 国会の会期中は逮捕されない。
② 納税の義務を負わない。
③ 国から歳費を受ける。
④ 院内での発言などについては院外で責任を問われない。

問21　日本の司法権の独立と裁判所に関する記述として最も適当なものを，次の①〜④の中から一つ選びなさい。　27

①　司法権は，すべて最高裁判所および下級裁判所に属している。

②　裁判所に関する内部規律は，立法機関である国会によって制定される。

③　裁判官に不正の疑いがあれば，特別裁判所を設置して辞めさせることができる。

④　最高裁判所は，下級裁判所と異なり違憲審査権（judicial review）を持つ。

問22　日本の戦後政治を形づくった「55年体制」に関する記述として最も適当なものを，次の①〜④の中から一つ選びなさい。　28

①　その始まりは，分裂していた日本社会党の再統一を受けて保守政党も合同して自由民主党を結成したことによる。

②　日本社会党と自由民主党が，国会の議席を二分する二大政党制を形づくって，ほぼ交替で政権を担当した。

③　自由民主党は憲法擁護と非武装中立を，日本社会党は憲法改正と再軍備を主張して対立した。

④　自由民主党が前首相の逮捕によって分裂し，総選挙にも敗北したことで，55年体制は終わった。

問23 日本の選挙制度に関する次の文章を読み，文中の空欄 a ～ c に当てはまる語の組み合わせとして最も適当なものを，下の①〜④のうちから一つ選びなさい。 **29**

　衆議院では a 比例代表並立制，参議院では選挙区制と比例代表制を採用している。 a 制は選挙費用が少なくてすみ， b の候補者が当選しやすく政局の安定化にもつながる。その反面， c が多くなり，少数者の意見を反映しにくくなる傾向がある。

	a	b	c
①	小選挙区	小政党	棄権
②	小選挙区	大政党	死票
③	大選挙区	小政党	死票
④	大選挙区	大政党	棄権

問24 2015年に国連サミットで採択された「持続可能な開発目標（Sustainable Development Goals：SDGs）」に関する記述として最も適当なものを，次の①〜④の中から一つ選びなさい。 **30**

① 「世界を変えるための17の目標」が示され，地球上の「誰一人取り残さない（leave no one behind）」ことを誓った。

② 2030年までに持続可能でよりよい世界をめざす17の目標は，先進国が率先して取り組むことを求めている。

③ アメリカは自国産業の発展に悪影響が出るとの理由で，SDGsの採択には加わらなかった。

④ 17の目標には貧困の解消やジェンダー平等などのほか，「平和と公正をすべての人に」として核兵器を禁止することも示された。

問25 1787年に制定された合衆国憲法に関する記述として最も適当なものを，次の①〜④の中から一つ選びなさい。　31

① フランス革命の影響を受け，ジェファソン（Thomas Jefferson）らが起草した。
② 世界で初めて，個人の生命や身体の自由などを保障する社会権を規定した。
③ 大統領に大きな権限が与えられ，各州の自治は大幅に制限された。
④ 憲法に基づいてワシントン（George Washington）が初代の大統領となった。

問26 プロイセン（Prussia）の首相で，ドイツ帝国の宰相をつとめたビスマルク（Otto von Bismarck）に関する記述として最も適当なものを，次の①〜④の中から一つ選びなさい。　32

① ナポレオン戦争の戦後処理のため，ウィーン会議（Congress of Vienna）を主催した。
② プロイセン国王のもと，ドイツ統一をはかる鉄血政策を進めた。
③ ドイツ帝国の宰相として社会主義運動を擁護し，社会保険制度を整備した。
④ 第一次世界大戦に敗れた責任をとって，首相の辞任を余儀なくされた。

問27 日清戦争（First Sino-Japanese War）・日露戦争（Russo-Japanese War）に関する記述として最も適当なものを，次の①〜④の中から一つ選びなさい。　33

① 日清戦争はアメリカの仲介によって終結し，ポーツマス条約（Treaty of Portsmouth）が結ばれた。
② 日清戦争後，三国干渉（Triple Intervention）によって香港（Hong Kong）の中国への返還を余儀なくされた。
③ ロシアの南下政策に対抗するため，日英同盟（Anglo-Japanese Alliance）が結ばれた。
④ 日露戦争後，日本の満州（Manchuria）進出によってイギリスとの関係は悪化した。

問28　13世紀末に中央アジアから移住したトルコ人（Turks）によって建国され，東ヨーロッパ・西アジア・北アフリカを支配した大帝国であるオスマン帝国（Ottoman Empire）に関する記述として最も適当なものを，次の①〜④の中から一つ選びなさい。　34

①　ギリシャ独立戦争（Greek War of Independence）では，ウィーン体制の維持をはかるイギリスやフランスの支援を受けて勝利し，ギリシャの独立を阻止した。

②　南下政策を進めるロシアとのクリミア戦争（Crimean War）では，イギリス・フランスの支援を受けて勝利し，ロシアの南下を阻止した。

③　第一次世界大戦の直前に起こった第1次バルカン戦争（First Balkan War）でオーストリア（Austria）に敗れ，バルカン半島の領土のほとんどを失った。

④　第一次世界大戦に敗れた後，ムスタファ・ケマル（Mustafa Kemal）を指導者とするトルコ革命が起こり，スルタン制が復活した。

問29　第一次世界大戦と第二次世界大戦の間に起きたスペイン内戦に関する記述として適当でないものを，次の①〜④の中から一つ選びなさい。　35

①　反ファシズムの人民戦線内閣が成立すると，フランコ（Francisco Franco）将軍らが反乱を起こした。

②　内戦に対してソ連は人民戦線内閣を支援し，各国も義勇軍を送って反乱軍を鎮圧した。

③　反乱軍を支援するドイツがゲルニカ（Guernica）を爆撃したことに対し，ピカソ（Picasso）はその怒りを絵画作品で表現した。

④　義勇軍として内戦に参加したヘミングウェイ（Ernest Miller Hemingway）は，その経験をもとに小説を書いた。

問30 日本経済は第一次世界大戦後から10年ほどの間に，相次いで恐慌に見舞われた。この間の出来事A〜Dを年代順に並べたものとして正しいものを，下の①〜④の中から一つ選びなさい。 36

A：ワシントン会議（Washington Conference）の開催
B：世界恐慌（Great Depression）の波及
C：関東大震災
D：パリ不戦条約（Kellogg-Briand Pact）の締結

① A→C→D→B   ② B→A→C→D
③ C→D→A→B   ④ D→B→C→A

問31 スターリン（Stalin）が死去した後にフルシチョフ（Nikita Khrushchev）が実現に努力した平和共存政策として最も適当なものを，次の①〜④の中から一つ選びなさい。 37

① コミンフォルム（Cominform）の解散
② 非同盟諸国首脳会議（Conference of Non-Aligned Nations）への参加
③ 中距離核戦力（INF）全廃条約の調印
④ バルト三国（Baltic States）の独立を承認

問32 21世紀に入って以降の世界の動きに関する記述として最も適当なものを，次の①〜④の中から一つ選びなさい。 38

① イラン（Iran）で革命が起こると，イラク（Iraq）のフセイン（Saddam Hussein）大統領は国境紛争を理由にイランと戦争を起こした。
② イスラーム急進派による同時多発テロ事件後，アメリカは多国籍軍を組織してアフガニスタン（Afghanistan）へ侵攻した。
③ チュニジア（Tunisia）で起きた大規模な民主化運動は，リビア（Libya）・エジプト（Egypt）などのアラブ（Arab）諸国に及んだ。
④ ウクライナ（Ukraine）が北大西洋条約機構（NATO）へ加盟すると，ロシア（Russia）のプーチン（Vladimir Putin）大統領はクリミア（Crimea）を併合した。

- memo -

- memo -

第5回
模擬試験

問1 次の文章を読み，下の問い(1)～(4)に答えなさい。

　冷戦終結以降，地域紛争が増加したこともあって人権保障はこれまで以上に国際的に大きな課題となっている。

　₁人権保障の歴史は長いが，特に₂第二次世界大戦における自由と人権の抑圧，戦争の惨禍に対する反省をふまえて，1945年に設立された国際連合の憲章には，国際平和と人権尊重のための国際協力が目的として掲げられた。

　その後も，₃国際連合では人権保障のための規約や多くの条約が採択されている。現在では，2006年に設立された国連人権理事会（UNHRC）を中心に国際的な人権保障の動きも強まっている。また，1961年に設立されたNGOの₄アムネスティ・インターナショナル（Amnesty International）は，人権擁護についての国際協力を行っている。

(1)　下線部1に関して，第二次世界大戦前に出された人権保障に関わる宣言や法律A～Dを年代順に並べたものとして正しいものを，下の①～④の中から一つ選びなさい。　　│ 1 │

　　A：アメリカ独立宣言
　　B：権利の章典
　　C：フランス人権宣言
　　D：ワイマール憲法（Weimar Constitution）

　　①　A → D → C → B
　　②　B → A → C → D
　　③　C → B → D → A
　　④　D → C → A → B

⑵　下線部2に関して，世界平和を守るためには基本的人権の保障が不可欠だと認識され，第二次世界大戦中の1941年にアメリカのローズヴェルト（Franklin Roosevelt）大統領は4つの自由（Four Freedoms）を提唱した。4つの自由に含まれるものとして正しいものを，次の①～④の中から一つ選びなさい。　　　　　　　　　　　　　**2**

①　貿易の自由

②　学問の自由

③　恐怖からの自由

④　政府を倒す自由

⑶　下線部3に関して，国際連合で採択された人権保障に関する宣言・条約に関する記述として最も適当なものを，次の①～④の中から一つ選びなさい。　　　　　　　　　**3**

①　世界人権宣言（Universal Declaration of Human Rights）は，世界で最初に基本的人権の尊重，国民主権や所有権の保障などを盛り込んだ。

②　国際人権規約（International Covenants on Human Rights）は，世界人権宣言を条約化して実施を各国に義務付けたが，法的拘束力はない。

③　第三世界の台頭を背景に，人種などによる差別を禁止する人種差別撤廃条約が採択され，南アフリカのアパルトヘイトが撤廃された。

④　批准国に立法措置を義務化する女子差別撤廃条約が採択され，日本では男女雇用機会均等法が制定された。

⑷　下線部4に関して，アムネスティ・インターナショナルは拷問・死刑の廃止を各国の政府に求めてきた。その活動の成果として，1989年には国連で死刑廃止条約が採択され，これ以降，死刑を廃止した国や事実上行っていない国が増加している。こうした状況の中で，依然として死刑制度を維持している国として正しいものを，次の①～④の中から一つ選びなさい。　　　　　　　　　　　　　　　　　　　　　　　　　　　　　　**4**

①　アメリカ

②　韓国（South Korea）

③　ドイツ（Germany）

④　イギリス

問2　次の文章を読み，下の問い(1)〜(4)に答えなさい。

　1853年，アメリカのペリー（Mattew Perry）が日本に来航し，翌年に日米和親条約が結ばれた。1858年には，₁日米修好通商条約が結ばれて貿易が開始された。その後，日米関係は良好に推移していたが，日露戦争後の南満州の権益をめぐって日米関係は悪化した。1914年に₂第一次世界大戦が勃発すると日本も参戦し，中国への軍事的圧力を強めた。こうしたこともあって，大戦終結後にアジア・太平洋地域の新たな秩序を確立するためにワシントン会議が開かれ，日米の協調がはかられた。しかし，日本が中国への侵略を進めると再び日米関係は悪化し，1941年12月に日米は開戦してアジア・太平洋戦争に突入した。

　1945年8月，₃日本は連合国に無条件降伏し，事実上，アメリカの単独占領の下に置かれた。1951年に₄サンフランシスコ平和条約が調印され，翌年4月に条約が発効すると日本は独立国としての主権を回復した。しかし，アメリカ軍に占領された沖縄などは返還されず，国内でのアメリカ軍の駐留も認めた。

(1)　下線部1に関して，この条約は日本にとって不利な不平等条約であった。その内容や日本国内に与えた影響に関する記述として最も適当なものを，次の①〜④の中から一つ選びなさい。　　　　　　　　　　　　　　　　　　　　　　　　　　　　　　　　5

①　外国人の犯罪には，裁判官の半分以上を外国人とすることを認めた。

②　日本側に関税自主権がなかったため，アヘンが大量に輸入された。

③　貿易港は横浜のみが開かれ，アメリカとの貿易が最も多かった。

④　当初，貿易は輸出超過であり，主に生糸や茶などが輸出された。

(2) 下線部2に関して，次の年表は第一次世界大戦の推移に関するものである。年表中の空欄 ［ a ］～［ c ］ に当てはまる語の組み合わせとして最も適当なものを，下の①～④の中から一つ選びなさい。 $\boxed{6}$

1914年　オーストリア（Austria）の帝位継承者夫妻が暗殺される ［ a ］ 事件が起こる

　　　　　日本が日英同盟を理由にドイツ（Germany）に宣戦布告

1915年　イタリア（Italy）がオーストリアに宣戦布告

1917年　ドイツが無制限潜水艦作戦を開始し， ［ b ］ がドイツに宣戦布告

　　　　　ロシア（Russia）の ［ c ］ が指導して革命が起こり，ソヴィエト（Soviet）政権が成立

1918年　［ b ］ のウィルソン（Thomas Woodrow Wilson）が「十四カ条の平和原則」を発表

　　　　　ソヴィエト政権がドイツなどと単独講和する

　　　　　ドイツが休戦協定に調印し，第一次世界大戦が終わる

	a	b	c
①	サライェヴォ	イギリス	スターリン
②	サライェヴォ	アメリカ	レーニン
③	セルビア	イギリス	レーニン
④	セルビア	アメリカ	スターリン

注）サライェヴォ（Sarajevo），セルビア（Serbia），スターリン（Stalin），
　　レーニン（Lenin）

(3) 下線部3に関して，日本はポツダム宣言を受け入れて無条件降伏したが，この宣言が発せられた場所として正しいものを，下の地図中の①〜④の中から一つ選びなさい。 ７

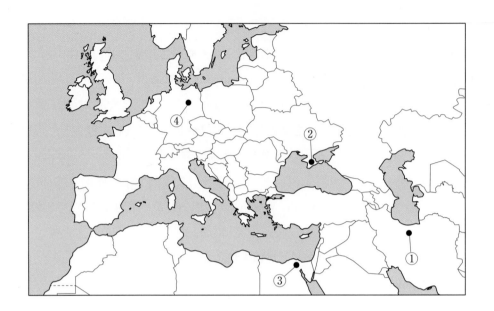

(4) 下線部4に関して，講和会議に出席したものの条約の調印を拒否した国として正しいものを，次の①〜④の中から一つ選びなさい。 ８

① 中国（China）

② チェコスロヴァキア（Czechoslovakia）

③ インド（India）

④ ドイツ（Germany）

問3 現代の企業には，利益を追求するだけでなく社会的な責任を果たすことが求められている。企業の社会的責任に関するものとして最も適当なものを，次の①～④の中から一つ選びなさい。　9

① 投資判断に必要な経営や財務状況などの情報を開示するコンプライアンス
② 芸術文化活動や，それを通した教育・福祉などの社会貢献を行うメセナ
③ 法律や規則にしたがって企業活動するコーポレート・ガバナンス
④ 慈善事業への援助などの社会的貢献活動であるディスクロージャー

問4 次の図のように，曲線が右にシフトする要因として正しいものを，下の①～④の中から一つ選びなさい。　10

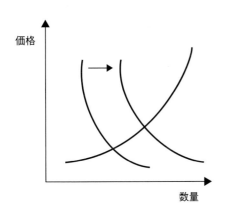

① 原材料費が値上がりした。
② 可処分所得が減少した。
③ 代替財が値上がりした。
④ 農産物が豊作となった。

問5　市場の失敗（market failure）に関する記述として**適当でないもの**を，次の①〜④の中から一つ選びなさい。　**11**

① 道路・港湾・公園などの公共財は，民間企業によっては供給されない。

② 環境破壊によって，ある経済主体の活動がほかの経済主体に不利益を与える。

③ 円安によって輸出が増えたことで，国内の製造業が大きな利益を得た。

④ 市場の寡占化によって，価格競争が行われずに消費者に不利益を与える。

問6　次の文章を読み，国内総生産（GDP）の値として最も適当なものを，下の①〜④の中から一つ選びなさい。　**12**

　　ある農家は今年収穫した小麦のすべてを100万円で製粉会社に売却し，製粉会社はこれを原料として150万円分の小麦粉を生産した。パン工場はこの小麦粉を買い取って，パンを生産して年内に小売業者に200万円で売った。

① 150万円　　② 200万円　　③ 300万円　　④ 450万円

問7　インフレ（inflation）に関する記述として最も適当なものを，次の①〜④の中から一つ選びなさい。　**13**

① インフレが進むと深刻な不況に陥り，物価の上昇が続くようになる。

② インフレの要因として，円高による輸入原材料価格の低下がある。

③ インフレは，年金生活者など経済的に弱い立場の人の生活に打撃を与える。

④ インフレ対策として，通貨供給量を増やし，増税を行うなどの政策がとられる。

問8 日本は毎年巨額の国債発行を続けたため，債務残高はGDPの2倍を超えて，主要先進国の中で最も高い水準にある。国債発行の問題点に関する記述として最も適当なものを，次の①～④の中から一つ選びなさい。 14

① 発行される通貨の多くが国債の返済に使われるため，デフレーションを招きやすい。

② 国債費の割合が増えるため，社会保障関係費に使える予算が減少するなど財政の硬直化を招く。

③ 国債の大量発行によって金利が下がり，民間が投資できる資金が減少するクラウディング・アウトが生じる。

④ 国債は将来の世代まで返済し続けることになり，数世代にわたって等しく債務を負うことになる。

問9　次のグラフは，1956 ～ 2020年度の実質GDPの増減率と対ドルの為替レートの推移を示したものである。このグラフに関する記述として最も適当なものを，下の①～④の中から一つ選びなさい。　15

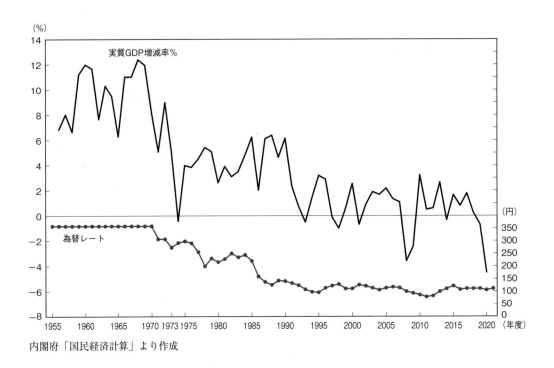

内閣府「国民経済計算」より作成

①　1955 ～ 70年代初頭にかけて高度経済成長が続き，実質GDPも高い水準を維持したが，その一因には円安もあった。

②　第一次石油危機の影響によって実質GDPは急激に落ち込み，円高が進んだこともあって1974年には実質GDPはマイナスとなった。

③　G5が円高是正をめざすプラザ合意を発表すると，1980年代後半には急速に円安が進行し不況が深刻化していった。

④　2000年代後半には，東日本大震災の影響によって実質GDPはこれまでにないマイナスを記録し，円安も進行した。

注）G5とは，アメリカ・イギリス・西ドイツ・フランス・日本の先進5か国蔵相・中央銀行総裁会議のこと。

問10　ヨーロッパにおける地域統合に関する記述として最も適当なものを，次の①〜④の中
　　　から一つ選びなさい。　　　　　　　　　　　　　　　　　　　　　　　　　**16**

① リスボン条約（Treaty of Lisbon）が結ばれ，ヨーロッパ経済共同体（EEC）が設立
　された。

② EECにイギリスやデンマーク（Denmark）などが加わって，ヨーロッパ共同体
　（EC）が発足した。

③ マーストリヒト条約（Treaty of Maastricht）が結ばれ，翌年にヨーロッパ連合
　（EU）が発足した。

④ ヨーロッパ連合の加盟国は増加を続け，全域でユーロ（EURO）という共通通貨が導
　入された。

問11　次のA～Dの4つの島国のうち，世界の島の面積では第4位で，かつてフランスの植民地であった国を，下の①～④の中から一つ選びなさい。ただし，地図の縮尺は統一していない。（緯度・経度は首都の位置を示す）　　　　　17

A

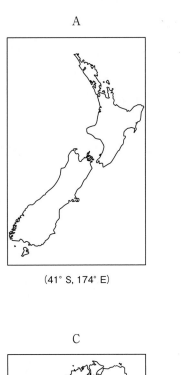

(41° S, 174° E)

B

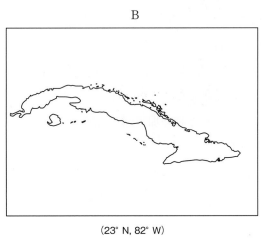

(23° N, 82° W)

C

(53° N, 6° W)

D

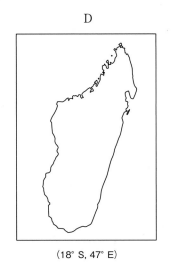

(18° S, 47° E)

① A

② B

③ C

④ D

問12 次の文を読み，文中の空欄 a ～ d に当てはまる語の組み合せとして最も適当なものを，下の①～④の中から一つ選びなさい。 **18**

　　赤道付近の東太平洋海域で貿易風が弱まり，1年近くにわたって海水温が平年より a なる現象を b という。日本では冷夏や暖冬になりやすい。逆に，同じ海域で貿易風が強まり，海水温が平年より c なる現象を d といい，日本では猛暑や寒冬になる。この2つの現象は，それぞれ数年おきに発生する。

	a	b	c	d
①	高く	エルニーニョ	低く	ラニーニャ
②	高く	ラニーニャ	低く	エルニーニョ
③	低く	エルニーニョ	高く	ラニーニャ
④	低く	ラニーニャ	高く	エルニーニョ

問13 世界最長の河川であるナイル川の流域国は10か国に及ぶが，それに**当てはまらない国**を，次の①～④の中から一つ選びなさい。 **18**

① エチオピア（Ethiopia）

② ケニア（Kenya）

③ ナイジェリア（Nigeria）

④ エジプト（Egypt）

問14 次の表A～Dは，世界の宗教について特徴と主な分布域を示したものである。A～D に当てはまる宗教の組み合わせとして正しいものを，下の①～④の中から一つ選びなさい。

20

宗教	特　　徴	主な分布域
A	ガウタマ（ブッダ）が創始し，現在では中央アジアから中国・日本まで広く信仰されている。	東南アジア，スリランカ，中国，日本
B	ローマ教会のもとで発展し，信者は12億人を越える。バチカンのローマ教皇を最高指導者とする。	南・東ヨーロッパ，ラテンアメリカ
C	預言者ムハンマドが創始し，唯一神アッラーを信仰し，聖典のコーランに書かれた厳しい教えを守る。	西アジア，北アフリカ，インドネシア
D	世界最大の民族宗教で，インドの70％の人々が信仰している。牛は神の使いとされている。	インド，ネパール，バリ島

	A	B	C	D
①	仏教	カトリック	イスラーム教	ヒンドゥー教
②	仏教	プロテスタント	ヒンドゥー教	イスラーム教
③	ヒンドゥー教	カトリック	イスラーム教	仏教
④	ヒンドゥー教	プロテスタント	イスラーム教	仏教

注）カトリック（Catholic）とはキリスト教の旧教，プロテスタント（Protestant）とは新教のこと。

問15　次の表A〜Dは，2020年における4つの品目の日本の輸入相手国とその割合を示した
ものである。A〜Dに当てはまる輸入品の組み合わせとして正しいものを，下の①〜④
の中から一つ選びなさい。 21

<table>
<tr><td colspan="3">A　　　　　単位：%</td></tr>
<tr><td>1</td><td>チリ</td><td>38.0</td></tr>
<tr><td>2</td><td>オーストラリア</td><td>19.5</td></tr>
<tr><td>3</td><td>ペルー</td><td>11.8</td></tr>
<tr><td>4</td><td>カナダ</td><td>9.1</td></tr>
<tr><td>5</td><td>インドネシア</td><td>5.9</td></tr>
</table>

<table>
<tr><td colspan="3">B　　　　　単位：%</td></tr>
<tr><td>1</td><td>アメリカ</td><td>46.9</td></tr>
<tr><td>2</td><td>カナダ</td><td>36.5</td></tr>
<tr><td>3</td><td>オーストラリア</td><td>16.2</td></tr>
<tr><td>4</td><td>フランス</td><td>0.3</td></tr>
<tr><td>5</td><td>ドイツ</td><td>0.01</td></tr>
</table>

<table>
<tr><td colspan="3">C　　　　　単位：%</td></tr>
<tr><td>1</td><td>オーストラリア</td><td>40.2</td></tr>
<tr><td>2</td><td>マレーシア</td><td>13.1</td></tr>
<tr><td>3</td><td>カタール</td><td>11.3</td></tr>
<tr><td>4</td><td>ロシア</td><td>7.8</td></tr>
<tr><td>5</td><td>アメリカ</td><td>7.0</td></tr>
</table>

<table>
<tr><td colspan="3">D　　　　　単位：%</td></tr>
<tr><td>1</td><td>ドイツ</td><td>31.7</td></tr>
<tr><td>2</td><td>アメリカ</td><td>9.6</td></tr>
<tr><td>3</td><td>タイ</td><td>8.9</td></tr>
<tr><td>4</td><td>イギリス</td><td>8.7</td></tr>
<tr><td>5</td><td>イタリア</td><td>7.2</td></tr>
</table>

『データブック オブ・ザ・ワールド2022年版』より作成
注）チリ（Chile），オーストラリア（Australia），ペルー（Peru），インドネシア（Indonesia），
　　マレーシア（Malaysia），カタール（Qatar），タイ（Thailand）

	A	B	C	D
①	小麦	銅鉱	自動車	液化天然ガス
②	小麦	自動車	銅鉱	液化天然ガス
③	銅鉱	液化天然ガス	小麦	自動車
④	銅鉱	小麦	液化天然ガス	自動車

注）小麦（wheat），銅鉱（copper ore），液化天然ガス（LNG：liquefied natural gas）

問16　次の地図は，日本の世界文化遺産の所在地を示したものである。地図中の a 〜 c の組み合わせとして正しいものを，下の①〜④の中から一つ選びなさい。　22

	a	b	c
①	富士山	古都京都の文化財	原爆ドーム
②	古都京都の文化財	富士山	原爆ドーム
③	富士山	原爆ドーム	古都京都の文化財
④	原爆ドーム	古都京都の文化財	富士山

問17　イギリスは，統治機構などについて体系的に規定した成文憲法が存在しない不文憲法の国と言われる。実質的な憲法としては，コモン・ロー（慣習法），議会の制定法，慣例のほか歴史的に形成された法律や文書がある。それに**当てはまらない**ものを，次の①〜④の中から一つ選びなさい。　23

① 権利の章典

② マグナ＝カルタ（Magna Carta）

③ 人権宣言

④ 権利の請願

問18 世界の選挙制度に関する説明として最も適当なものを，次の①～④の中から一つ選びなさい。 24

① オーストラリアは投票を義務化し，違反者には罰金が課される。

② アメリカは，外国人に対して国政選挙での参政権を認めている。

③ フランスは，世界で最初に国政選挙での女性の普通選挙権を認めた。

④ 日本では，20歳以上の国民に選挙権を認めている。

問19 次の日本国憲法第9条の空欄 a ， b に当てはまる語の組み合わせとして最も適当なものを，下の①～④の中から一つ選びなさい。 25

> 日本国民は，正義と秩序を基調とする国際平和を誠実に希求し，国権の発動たる a と，武力による威嚇又は武力の行使は，国際紛争を解決する手段としては，永久にこれを放棄する。
>
> ② 前項の目的を達するため，陸海空軍その他の戦力は，これを保持しない。国の b は，これを認めない。

	a	b
①	侵略	交戦権
②	侵略	自衛権
③	戦争	交戦権
④	戦争	自衛権

問20 日本の国会に関する説明として最も適当なものを，次の①～④の中から一つ選びなさい。 26

① 国会は国権の最高機関であり，国の唯一の行政機関でもある。

② 衆議院と参議院の二院制を採用しており，衆議院に対して参議院が優越する。

③ 国会には，毎年1月から150日間にわたって開かれる特別国会などがある。

④ 国会での最終的議決に先立って，常任委員会での審議と採決が行われる。

問21　政党政治に関する説明として最も適当なものを，次の①〜④の中から一つ選びなさい。

　27

①　イギリスのブライス（James Bryce）は『市民政府二論』の中で，政党なしに代議政治は行えないと述べた。

②　日本やアメリカなどのような二大政党制の国では，政局は安定しやすいが政権交代によって政策の連続性が失われる。

③　フランスやイタリア（Italy）のような多党制の国では，国民のさまざまな意見を政治に反映しやすいが，連立政権のため大胆な政策が行いにくい。

④　中国やロシア（Russia）などのような一党制の国では，長期間にわたって強力な政治が実現できるが，独裁・腐敗政治になりやすい。

問22　世論とマス・メディア（mass media）に関する説明として最も適当なものを，次の①〜④の中から一つ選びなさい。

　28

①　民主政治は民意によって行われるため，世論は国の政策決定に大きな影響を与える。

②　マス・メディアは世論の形成に大きな役割を果たしているため，第3の権力ともいわれている。

③　マス・メディアは政府・権力から中立なので，情報操作や世論操作が行われる危険は少ない。

④　メディアに対して，国民が積極的に反論・接近できる「請求権」の拡充が求められている。

問23 次のグラフは，経済協力開発機構（OECD）開発援助委員会（DAC）加盟国である日本，アメリカ，イギリス，ドイツの政府開発援助（ODA）実績の推移を示したものである。グラフ中のA〜Dに当てはまる国の組み合わせとして最も適当なものを，下の①〜④の中から一つ選びなさい。 　29

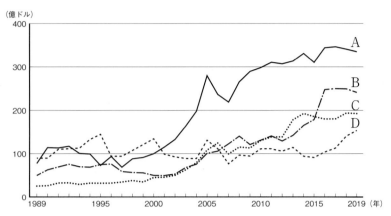

『日本国勢図会2021/22年版』より作成

	A	B	C	D
①	アメリカ	日本	ドイツ	イギリス
②	日本	アメリカ	イギリス	ドイツ
③	アメリカ	ドイツ	イギリス	日本
④	ドイツ	日本	アメリカ	イギリス

問24 世界では，現在も民族・地域紛争が絶えない。それらは，宗教・言語的な対立や領土・資源問題などが複雑に絡み合っていることも多い。こうした問題に関する記述として最も適当なものを，次の①〜④の中から一つ選びなさい。 　30

① カナダ（Canada）のケベック（Quebec）州ではフランス語系住民が多く，分離・独立運動もさかんである。

② トルコ（Turkey）やイラク（Iraq）などに住むユダヤ人（Judeans）は，自治を要求して政府と対立している。

③ ベルギー（Belgium）では，北部のオランダ語（Dutch）と南部の英語系住民との対立が続いている。

④ カシミール（Kashmir）地方の領有をめぐって，インド（India）とネパール（Nepal）との間で紛争が続いている。

問25　国際連合憲章では5つの公用語が規定されているが，これに**当てはまらない**ものを，次の①～④の中から一つ選びなさい。　31

①　英語
②　中国語
③　ドイツ語
④　フランス語

問26　『支配の社会学』の中で，近代社会の特色としての官僚制について論じたドイツの社会学者として正しいものを，次の①～④の中から一つ選びなさい。　32

①　リカード（David Ricardo）
②　フロム（Erich Fromm）
③　リスト（Friedrich List）
④　ヴェーバー（Max Weber）

問27　18世紀後半に始まった産業革命の影響に関する記述として最も適当なものを，次の①～④の中から一つ選びなさい。　33

①　都市へ人口が集中し，綿工業の中心都市のロンドンにはスラムが形成された。
②　深刻な労働・社会問題が発生し，マルクス（Karl Marx）らによって共産党が結成された。
③　失業を恐れた手工業者らは，機械を打ちこわすラダイト運動を起こした。
④　産業革命はすぐにアメリカに波及し，その後ヨーロッパ諸国に広がった。

問28　19世紀の世界における次の出来事A〜Dを年代順に並べたものとして正しいものを，下の①〜④の中から一つ選びなさい。　34

A：イタリア王国（Kingdom of Italy）の成立
B：クリミア戦争（Crimean War）
C：ウィーン会議（Congress of Vienna）の開催
D：アヘン戦争（First Opium War）

①　B→A→C→D　　　②　B→D→A→C
③　C→D→B→A　　　④　C→B→A→D

問29　次の図は，1914年時点におけるアメリカ，ドイツ（Germany），イギリス，フランスの本国と植民地の面積を表したものである。図中のA〜Dの中でフランスを示すものはどれか。正しいものを，下の①〜④の中から一つ選びなさい。　35

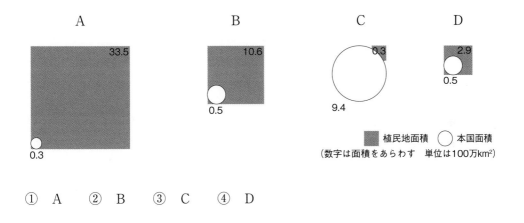

A　　　　　　　B　　　　　　　C　　　　　　　D

33.5　　　　　10.6　　　　　　0.3　　　　　　2.9
　　　　　　　　　　　　　　　　　　　　　　　0.5
0.3　　　　　　0.5　　　　　　9.4

　　　■ 植民地面積　○ 本国面積
（数字は面積をあらわす　単位は100万km²）

①　A　　②　B　　③　C　　④　D

問30　イギリスのインド（India）支配に関する記述として適当でないものを，次の①〜④の中から一つ選びなさい。　36

①　プラッシーの戦い（Battle of Plassey）でフランスに勝利し，インドの植民地支配の基礎を築いた。
②　ヴィクトリア女王（Victoria）がインド皇帝となり，インド帝国が成立した。
③　第一次世界大戦中に，インドに対して広範な自治を認めた。
④　第二次世界大戦後に，インド独立法が制定されてイギリスから独立した。

問31　第二次世界大戦の敗戦国に対する連合国の戦後処理に関する記述として最も適当なものを，次の①〜④の中から一つ選びなさい。　37

①　ドイツはアメリカ・ソ連・イギリスの3か国によって分割占領され，首都のベルリン（Berlin）は分割管理された。

②　ニュルンベルク（Nuremberg）に国際軍事裁判所が設置され，ナチ党（Nazi Party）・ドイツの指導者による戦争犯罪が追及された。

③　日本はアメリカ軍による事実上の単独占領下におかれ，連合国軍最高司令官総司令部（GHQ／SCAP）が直接軍政を行った。

④　東京に極東国際軍事裁判所が設置されたが，占領政策を円滑に進めるため戦犯は全員無罪となった。

問32　「偉大な社会」計画を提唱したものの，北爆を開始してベトナム戦争への介入を拡大するなど，戦争をめぐった社会の深刻な分裂を招いたアメリカ大統領を，次の①〜④の中から一つ選びなさい。　38

①　リンドン・ジョンソン（Lyndon B. Johnson）
②　ロナルド・レーガン（Ronald Reagan）
③　ジョン・ケネディ（John F. Kennedy）
④　リチャード・ニクソン（Richard M. Nixon）

- memo -

- memo -

第6回
模擬試験

問1 次の文章を読み，下の問い(1)～(4)に答えなさい。

今，われわれの住む地球の環境が急速に悪化し，多くの深刻な問題が起こっている。その背景には，産業革命以降の先進国による急速な工業化がある。石炭・石油などの化石燃料の使用量増加は，酸性雨や₁地球温暖化を引き起こした。その結果，南極大陸の氷床が解けて₂海面上昇が進んでいるほか，集中豪雨や洪水などの気象災害が多発するようになった。

このほかにも，₃森林伐採が進んだことで多様な生態系が崩壊し，二酸化炭素の吸収量が減少している。また，人為的な要因も加わって乾燥した草原地帯では砂漠化が進んでいる。

地球環境の悪化の影響は大きく，人々の生活をも脅かすことになる。安全な生活を守るためにも，₄地球環境問題は先進国・途上国が一体となって取り組まなければならない。

(1) 下線部1に関して，次の表は主な国の1971年・1990年・2019年における，地球温暖化の要因である二酸化炭素排出量を示したものである。A～Cに当てはまる国の組み合わせとして正しいものを，下の①～④の中から一つ選びなさい。 1

	温室効果ガス排出量 （百万t）		
	1971年	1990年	2019年
A	911	2,361	10,619
B	4,581	5,112	5,264
EU諸国	–	3,550	2,730
インド	210	602	2,422
C	–	2,685	2,209
日本	762	1,064	1,071
世界計	16,121	23,242	37,630

『日本のすがた 2020』より作成

	A	B	C
①	中国	ロシア	アメリカ
②	中国	アメリカ	ロシア
③	アメリカ	ロシア	中国
④	ロシア	中国	アメリカ

注）中国（China），ロシア（Russia）

(2)　下線部2に関して，海面上昇によって水没の危機に直面しているポリネシア
　　（Polynesia）にある島国として正しいものを，次の①〜④の中から一つ選びなさい。

2

　　①　マルタ（Malta）
　　②　モルディブ（Maldives）
　　③　ハイチ（Haiti）
　　④　ツバル（Tuvalu）

(3)　下線部3に関して，アマゾン川流域では大規模な熱帯林の破壊が進んでいる。その理由
　　として適当でないものを，次の①〜④の中から一つ選びなさい。

3

　　①　コーヒー豆栽培の土地を拡大するため
　　②　大規模な大豆栽培地を確保するため
　　③　肉牛の飼育牧場を開発するため
　　④　鉄鉱石などの鉱産資源の開発のため

(4) 下線部4に関して，次の年表は環境問題への国際的な取り組みの動きを示したものである。年表中の空欄 a ， b に当てはまる語の組み合わせとして最も適当なものを，下の①～④の中から一つ選びなさい。 4

1972年　国連人間環境会議で「人間環境宣言」を採択

1992年　国連環境開発会議（地球サミット）で a 条約などを採択

1997年　地球温暖化防止京都会議（COP3）で京都議定書を採択

2002年　環境開発サミットの開催

2015年　気候変動枠組み条約締結国会議（COP21）で b 協定採択

	a	b
①	生物多様性	ヤルタ
②	生物多様性	パリ
③	砂漠化防止	ヤルタ
④	砂漠化防止	パリ

注）パリ（Paris），ヤルタ（Yalta）

問2　次の文章を読み，下の問い(1)～(4)に答えなさい。

　　第一次世界大戦中の1917年，レーニン（Lenin）らを中心とするロシア革命が起こり，史上初の社会主義政権であるソヴィエト政権（ソヴィエト＝ロシア）が誕生した。1922年には，₁ロシアを中心とするソヴィエト社会主義共和国連邦（ソ連）が結成された。

　　1924年にレーニンが死去すると，₂権力を握ったスターリン（Stalin）が全面的な社会主義の建設をめざしたが，多くの人々を粛清するなど独裁体制を固めていった。1941年にドイツが不可侵条約を破って独ソ戦が始まると，ソ連はアメリカ・イギリスなどと連合国を構成した。

　　第二次世界大戦は，1945年に連合国の勝利で終わった。しかし，戦争終結から数年して，世界は米ソの二大陣営に分かれて対立する₃「冷戦」の時代へ入っていった。1989年，米ソ両首脳によるマルタ会談で冷戦の終結が宣言されたが，翌年にはバルト三国が一方的に独立を宣言するなど連邦制が動揺し始め，₄ロシア（Russia）共和国を中心に独立国家共同体（CIS）が結成されたことにより，1991年にソ連邦は解体した。

(1)　下線部1に関して，1918年以降，ソ連の首都となったモスクワ（Moscow）の位置として正しいものを，次の地図中①～④の中から一つ選びなさい。　　　　5

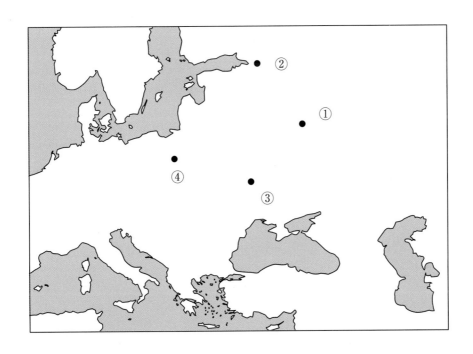

(2) 下線部2に関して，次のグラフは1928年から1935年の主要国の工業生産の推移を示したものである。A～Cに当てはまる国の組み合わせとして正しいものを，下の①～④の中から一つ選びなさい。 6

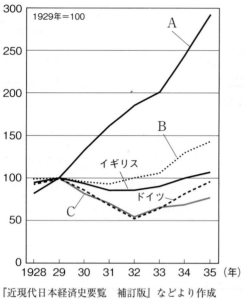

『近現代日本経済史要覧　補訂版』などより作成

	A	B	C
①	アメリカ	日本	ソ連
②	ソ連	日本	アメリカ
③	アメリカ	ソ連	日本
④	ソ連	アメリカ	日本

(3) 下線部3に関して，冷戦時代のソ連に関する記述として最も適当なものを，次の①〜④の中から一つ選びなさい。 | 7 |

① 自由化路線を進めたチェコスロヴァキア（Czechoslovakia）へ侵攻し，「プラハ（Prague）の春」を弾圧した。

② ゴルバチョフ（Gorbachev）は，アフガニスタン（Afghanistan）支配をめぐる内戦に軍事介入した。

③ ソ連がキューバ（Cuba）にミサイル基地を建設したため，アメリカ軍がキューバへ侵攻した。

④ ドイツが東西に分裂すると，ソ連はベルリン（Berlin）を封鎖して「ベルリンの壁」を築いた。

(4) 下線部4に関して，ロシアの大統領制に関する記述として最も適当なものを，次の①〜④の中から一つ選びなさい。 | 8 |

① 国民の間接選挙によって選出される。

② 首相の任命・解任権を持つ。

③ 議会の法案に対して拒否権を持つ。

④ 任期は4年で，3選が禁止されている。

問3 次の表は，代表的な経済学者とその主張を組み合わせたものである。その組み合わせとして正しいものを，次の①～④の中から一つ選びなさい。 9

	経済学者	主　張
①	マルサス	国際分業と自由貿易に関する比較生産費説を唱えた。
②	リスト	人口は道徳的に抑制することが必要であると唱えた。
③	リカード	後進工業国では保護貿易が必要であると主張した。
④	シュンペーター	技術革新が経済発展の大きな要因になると主張した。

注）マルサス（Thomas Malthus），リスト（Friedrich List），リカード（David Ricardo），
シュンペーター（Joseph Schumpeter）

問4 寡占に関して述べた次の文章を読み，文章中の空欄 a ～ c に当てはまる語句の組み合わせとして正しいものを，下の①～④の中から1つ選びなさい。 10

　寡占市場においては，自由な競争が十分に行われず，価格の自動調節機能が働かない。そして，有力企業がプライスリーダーとなって価格を設定し，それに他企業が追随して a 価格が形成され，価格の b 硬直性が起こる。そして企業間の競争は，広告・宣伝・サービスなどの競争である c 競争が激しくなる。

	a	b	c
①	管理	下方	非価格
②	独占	上方	非価格
③	独占	下方	価格
④	管理	上方	価格

問5　ある国では，今年度の名目GDPが150億ドル，前年度の名目GDPが120億ドルであり，物価水準は15％上昇した。今年度の実質経済成長率として最も適当な値を，次の①～④の中から一つ選びなさい。なお，小数点以下は切り捨てること。　　　　11

① 　5％

② 　8％

③ 　10％

④ 　15％

問6　次のグラフは，2021年度における日本の一般会計の歳出入の割合を示したものである。A～Dに当てはまるものの組み合わせとして最も適当なものを，次の①～④の中から一つ選びなさい。　　　　12

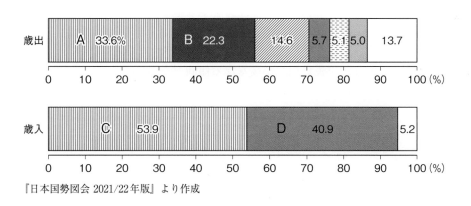

『日本国勢図会 2021/22年版』より作成

	A	B	C	D
①	国債費	公債金	社会保障関係費	租税・印紙
②	公債金	社会保障関係費	国債費	租税・印紙
③	社会保障関係費	公債金	租税・印紙	国債費
④	社会保障関係費	国債費	租税・印紙	公債金

問7　第二次世界大戦以前の日本経済に関する説明として最も適当なものを，次の①～④の中から一つ選びなさい。 　　13

① 明治政府は殖産興業政策を進め，日清戦争後に官営の八幡製鉄所を設立した。
② 19世紀後半から始まった産業革命で，石炭から石油へのエネルギー革命が進展した。
③ 第一次世界大戦中には世界的な船舶不足などによって，海運・造船業が発展した。
④ 戦後恐慌以来の慢性的不況を克服し，貿易を促進するため金本位制から管理通貨制度へ移行した。

問8　日本の租税に関する記述として最も適当なものを，次の①～④の中から一つ選びなさい。 　　14

① 所得税や消費税は直接税に，法人税は間接税に分類される。
② 税収全体に占める割合は，直接税より間接税の方が大きい。
③ 所得税・法人税は，所得・利益に応じた累進課税の対象となる。
④ 消費税は，低所得者ほど租税負担率が高くなる傾向がある。

問9　世界ではヨーロッパ連合（EU）に代表されるように，地域的経済統合の動きが進んでいる。これに関する記述として最も適当なものを，次の①～④の中から一つ選びなさい。 　　15

① アメリカ・カナダ（Canada）・メキシコ（Mexico）の3か国による協定（USMCA）によって，自由貿易を促進することが決められた。
② 東南アジア諸国連合（ASEAN）加盟国に日本や中国も加わって，ASEAN自由貿易地域（AFTA）が創設された。
③ ブラジル（Brazil）やキューバ（Cuba）など南米諸国が参加して，南米南部共同市場（MERCOSUR）が創設された。
④ アフリカ統一機構（OAU）から発展・改組されてアフリカ連合（AU）が発足し，高度な政治的・経済的統合などの実現をめざしている。

問10 次の図は南極大陸を示したものである。南極大陸には日本の昭和基地があり，その位置は南緯69度00分，東経39度35分である。この場所として正しいものを，下の地図中の①～④の中から一つ選びなさい。 16

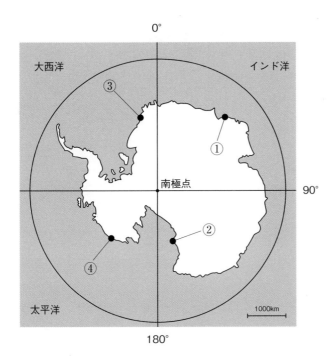

問11　次のA〜Dは，日本の春・夏・秋・冬の天気図である。このうち，冬の天気図として
　　　最も適当なものを，下の①〜④の中から一つ選びなさい。　　　　　　　　　17

A

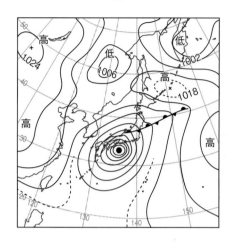

B

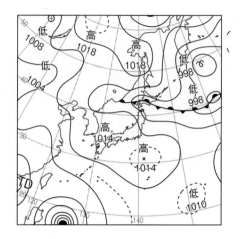

C

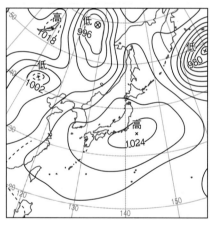

D

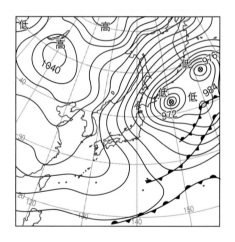

気象庁ウェブサイトより作成

①　A

②　B

③　C

④　D

問12　次のA〜Dはアメリカの都市に関する記述である。A〜Dに該当する組み合わせとして正しいものを，下の①〜④の中から一つ選びなさい。　18

A：ウォール街（Wall Street）は国際金融市場の中心地であり，国際連合の本部が置かれている。

B：ミシガン湖（Lake Michigan）南岸の合衆国第3の都市で，農畜産物の集散地である。

C：近郊のシリコンヴァレー（Silicon Valley）は，世界最大の先端技術産業の集積地である。

D：サンベルト（Sun Belt）の中心都市の1つで，航空宇宙産業が発達している。

	A	B	C	D
①	ニューヨーク	ヒューストン	シカゴ	サンフランシスコ
②	ヒューストン	サンフランシスコ	ニューヨーク	シカゴ
③	サンフランシスコ	ニューヨーク	ヒューストン	シカゴ
④	ニューヨーク	シカゴ	サンフランシスコ	ヒューストン

注）ニューヨーク（New York），シカゴ（Chicago），ヒューストン（Houston），
サンフランシスコ（San Francisco）

問13　次の表は，日本，中国（China），エジプト（Egypt），アメリカの1950年と2020年の年齢3区分別人口割合を示したものである。中国に当てはまるものを，次の①〜④の中から一つ選びなさい。　19

単位：%

	1950年			2020年		
	0〜14歳	15〜64歳	65歳以上	0〜14歳	15〜64歳	65歳以上
①	26.8	65.0	8.2	18.4	65.0	16.6
②	35.4	59.7	4.9	12.4	59.2	28.4
③	38.8	58.2	3.0	33.9	60.7	5.3
④	34.0	61.5	4.4	17.7	70.3	12.0

『データブック オブ・ザ・ワールド2022年版』より作成

問14　次の図は世界各国の主食のうち，三大穀物の分布を示したものである。図中のA〜C
　　の穀物の組み合わせとして正しいものを，下の①〜④の中から一つ選びなさい。　| 20 |

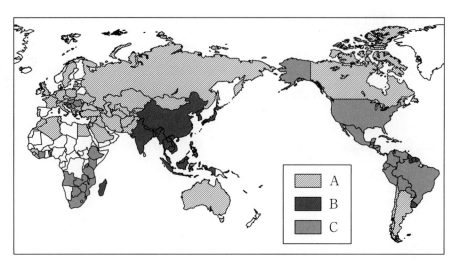

国連食糧農業機関「FAOSTAT」より作成

	A	B	C
①	トウモロコシ	コメ	小麦
②	コメ	トウモロコシ	小麦
③	小麦	コメ	トウモロコシ
④	トウモロコシ	小麦	コメ

問15　ひとたび火山が大噴火すると，溶岩や火山灰・火山ガスなどの噴出物を大量に地上に噴出し，甚大な災害を引き起こし，ときには地球環境にも大きな影響を与える。その一方で，火山は多くの恵みを与えてくれる。火山の恵みとして**適当でないもの**を，次の①〜④の中から一つ選びなさい。　　　　　　　　　　　　　　　　　　　　　　　　　　　　　　21

① 周辺に多くの温泉がわき出る。

② 火力発電のエネルギー源となる。

③ 山麓では地下水に恵まれる。

④ 美しい景観により観光資源となる。

問16　次の表A～Dは，青森県・静岡県・鹿児島県・京都府の主要生産物とその収穫量や生産量，漁獲量の全国順位を示したものである。静岡県に当たるものを，下の①～④の中から一つ選びなさい。

A

生産物	全国順位
ピアノ	1位（2019年）
茶	1位（2020年）
かつお類	1位（2019年）
軽・小型乗用車	…（2019年）
紙・パルプ工業	1位（2019年）

B

生産物	全国順位
養殖うなぎ	1位（2019年）
さとうきび	2位（2020年）
かんしょ	1位（2020年）
肉用牛	2位（2021年）
豚（飼養頭数）	1位（2021年）

C

生産物	全国順位
絹織物	1位（2019年）
既成和服・帯	1位（2020年）
宗教用具	1位（2019年）
清酒	2位（2019年度）
和生菓子	1位（2019年）

D

生産物	全国順位
にんにく	1位（2020年）
りんご	1位（2020年）
さば缶詰	…（2019年）
ごぼう	1位（2020年）
いか類	1位（2019年）

『データでみる県勢2022年版』より作成
注）「全国順位」が「…」となっているものは出荷額を示す。
　　かつお（skipjack），うなぎ（eel），かんしょ（sweet potato），にんにく（garlic），さば（mackerel），
　　ごぼう（burdock），いか（squid）

① A
② B
③ C
④ D

問17 近代国際社会成立の指標とされる三十年戦争（1618〜48年）を終結させた条約として最も適当なものを，次の①〜④の中から一つ選びなさい。 `23`

① マーストリヒト条約（Maastricht Treaty）
② ブレスト・リトフスク条約（Treaties of Brest-Litovsk）
③ ウェストファリア条約（Treaty of Westphalia）
④ ヴェルサイユ条約（Treaty of Versailles）

問18 日本国憲法は1946年の制定以後，今日まで一度も改正されていない。近年，改憲への動きが加速しているが，憲法改正の手続きに関する記述として最も適当なものを，次の①〜④の中から一つ選びなさい。 `24`

① 憲法改正の原案は，有識者などから構成される憲法審査会によって審査される。
② 憲法改正のための発議には，衆議院・参議院の総議員の3分の2以上の賛成が必要である。
③ 国会で憲法改正が発議されると国民投票が行われ，有権者の過半数の賛成で改正される。
④ 憲法改正が実現すると，直ちに天皇は自らの名において新しい憲法を公布する。

問19 国政調査権に関する記述として**適当でないもの**を，次の①〜④の中から一つ選びなさい。 `25`

① 国政全般を調査するため，衆議院にのみ認められている。
② 審査や調査のために議員を現地へ派遣することができる。
③ 内閣などに報告や記録の提出を求めることができる。
④ 必要に応じて証人の出頭を求め，証人尋問を行うことができる。

問20　日本の司法制度に関する記述として最も適当なものを，次の①〜④の中から一つ選び
　　　なさい。　　　　　　　　　　　　　　　　　　　　　　　　　　　　　　　26

　　①　最高裁判所の裁判官は，任命後最初の衆議院議員総選挙の際に，その後は10年ごと
　　　に国民審査を受ける。
　　②　原則として三審制が採用されているが，判決が確定したあとの再審請求は認められて
　　　いない。
　　③　裁判は公開の法廷で行うことを原則としているが，特別裁判所が設置された場合は秘
　　　密裁判で行われる。
　　④　民事裁判の第一審に限って，国民が裁判官とともに裁判に当たる裁判員制度が導入さ
　　　れている。

問21　第二次世界大戦後の日本の政党政治にする記述として最も適当なものを，次の①〜④
　　　の中から一つ選びなさい。　　　　　　　　　　　　　　　　　　　　　　　27

　　①　アメリカによる事実上の単独占領の下で，日本共産党の結成は認められなかった。
　　②　自由民主党と日本社会党が議席の半分を分け合う55年体制が形成された。
　　③　革新政党の日本社会党が政権を担当したことは一度もなかった。
　　④　衆議院議員総選挙に圧勝した民主党が，戦後初めて政権交代を実現した。

問22　国際連盟（League of Nations）と国際連合（United Nations）に関する記述として最
　　　も適当なものを，次の①〜④の中から一つ選びなさい。　　　　　　　　　28

　　①　国際連盟では，日本がアメリカやイギリスなどとともに常任理事国となった。
　　②　国際連盟総会・理事会での表決の手続きは，一国一票による多数決方式によった。
　　③　国際連合の安全保障理事会の表決では，5大国が拒否権を持っている。
　　④　国際連合の活動を支える分担金の負担率は，国内総生産（GDP）によって決まる。

問23　日本の国連平和維持活動（PKO）に関する記述として最も適当なものを，次の①〜④の中から一つ選びなさい。　　　　　　　　　　　　　　29

①　湾岸戦争の勃発により，PKO協力法を制定して自衛隊をペルシア湾へ派遣した。

②　PKO協力法による自衛隊の海外派遣には，国会の承認は必要とされない。

③　PKO参加のためには，受け入れ国の同意や紛争当事者間の停戦合意などが必要である。

④　PKO部隊の主な任務は，選挙の監視や後方支援であり，いかなる場合でも武器は使用できない。

問24　現在も世界各地で多くの人々が，紛争や迫害・人権侵害などによって国や家を追われている。このなかには，他国へ逃れる難民や，国外に逃れることができず，国内で避難生活を余儀なくされる国内避難民などがいる。その数は，2020年末現在，難民申請を行っていない人々も含めると9000万人以上にもなる。次の図は，2020年末現在の難民らの受入国を地域別に示したものである。A〜Dに当てはまる地域の組み合わせとして正しいものを，下の①〜④の中から一つ選びなさい。　　　　　　　　　　　　　30

A 40.2%	B 32.3	C 7.6	D 20.0

『世界国勢図会 2021/22年版』より作成

	A	B	C	D
①	南北アメリカ	アフリカ	ヨーロッパ	アジア・オセアニア
②	アフリカ	アジア・オセアニア	南北アメリカ	ヨーロッパ
③	アジア・オセアニア	アフリカ	南北アメリカ	ヨーロッパ
④	アフリカ	アジア・オセアニア	ヨーロッパ	南北アメリカ

問25 『孤独な群衆』において，人間の性格を時代・社会のあり方と関連させて3つの型に分類したアメリカの社会学者として正しいものを，次の①～④の中から一つ選びなさい。

31

① リースマン（David Riesman）
② モンテスキュー（Charles-Louis de Montesquieu）
③ ロック（John Locke）
④ ルソー（Jean-Jacques Rousseau）

問26 アメリカ独立戦争（War of American Independence）に関する記述として最も適当なものを，次の①～④の中から一つ選びなさい。

32

① ヨークタウン（Yorktown）でイギリス本国との戦争が始まると，植民地側は連合軍を組織してワシントンを総司令官に任じた。
② 独立戦争が始まると，ジェファソン（Thomas Jefferson）の起草した独立宣言が公布され，「自由・平等・博愛」が掲げられた。
③ フランスやスペインが植民地側を支持・支援したこともあってイギリスは敗北し，パリ条約で植民地の独立が認められた。
④ 独立承認後，フランスの人権宣言の影響を受けた合衆国憲法が制定され，世界で初めての大統領制国家が誕生した。

問27 19世紀から20世紀初めの時期に，ヨーロッパ諸国は市場や資源を求めて東南アジアの植民地化を進めた。こうした中にあっても独立を維持した国として正しいものを，次の地図中の①〜④の中から一つ選びなさい。 33

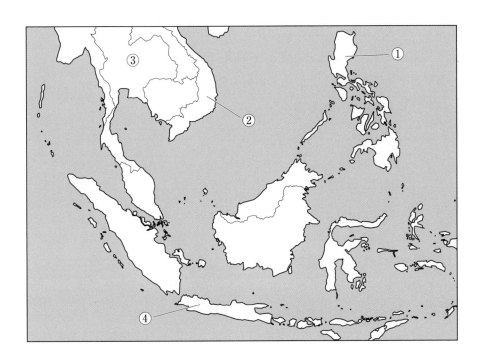

問28 アメリカ・スペイン戦争（Spanish-American War）で，アメリカがスペインから獲得した領土として**適当でないもの**を，下の①〜④の中から一つ選びなさい。 34

① フィリピン（Philippine）
② グアム島（Guam）
③ ハワイ（Hawaii）
④ プエルトリコ（Puerto Rico）

問29 第一次世界大戦は各国が総力戦体制をとったが，その影響は戦中・戦後にさまざまな形で現れた。これに関する記述として最も適当なものを，次の①〜④の中から一つ選びなさい。 35

① インドでは非暴力・不服従運動が広がり，フランスの植民地支配に抵抗した。

② ドイツでは革命によって帝国が崩壊し，共和国政府が樹立された。

③ アメリカでは労働党が勢力を伸ばし，初の労働党内閣が成立した。

④ イタリアでは多額の賠償への不満から，ファシスタ党が勢力を拡大した。

問30 近代日本の歴史は，領土拡大の歴史でもあったが，第二次世界大戦の敗戦によってすべてを失うことになった。日本の領土拡大に関する記述として最も適当なものを，次の①〜④の中から一つ選びなさい。 36

① 日清戦争の講和条約である下関条約によって，中国東北部の満州を獲得した。

② 日露戦争の講和条約であるポーツマス条約によって，樺太全島を獲得した。

③ 韓国併合条約によって，韓国を日本に併合し朝鮮総督府を設置して支配した。

④ 第一次世界大戦後のヴェルサイユ条約によって，旧ドイツ領の遼東半島を譲渡された。

問31　1960年代後半以降，アジアやラテンアメリカなどの発展途上国で経済発展を目的に国民の政治参加を制限した独裁体制として最も適当なものを，次の①〜④の中から一つ選びなさい。　37

①　軍事独裁
②　共産主義
③　開発独裁
④　全体主義

問32　かつて独立国家であった琉球は，明治時代に沖縄県が設置されて日本領となった。その後，苦難の道を歩むことになるが，第二次世界大戦期以降の沖縄に関する記述として最も適当なものを，次の①〜④の中から一つ選びなさい。　38

①　第二次世界大戦末期，沖縄で日本とアメリカとの唯一の地上戦が行われた。
②　第二次世界大戦後，沖縄はアメリカの間接統治下に置かれた。
③　サンフランシスコ平和条約によって，沖縄は日本へ返還された。
④　現在も沖縄には，日本にあるアメリカ軍基地の約50％が集中している。

- memo -

- memo -

出題分野と内容一覧

分野欄の国社は国際社会，現社は現代の社会，総合は複合問題を示す。
問題番号欄の網掛け   は地図やグラフ・表を用いた問題を示す。

●第1回

問題	問題番号	分野	出題内容
問1 (1)	1	国社	国連機関
(2)	2	経済	実質経済成長率
(3)	3	歴史	第一次世界大戦
(4)	4	地理	スペイン
問2 (1)	5	総合	大西洋岸の国々
(2)	6	地理	大陸の気候分布
(3)	7	地理	山脈の形成
(4)	8	地理	プレート境界
問3	9	経済	日本の会社企業
問4	10	経済	外部不経済の内部化
問5	11	経済	景気変動の波
問6	12	経済	日本銀行の金融政策
問7	13	経済	国家予算
問8	14	経済	日本の労働法制・労働環境
問9	15	経済	1955～95年の日本の輸出品
問10	16	経済	GATT
問11	17	経済	国際収支
問12	18	経済	EU
問13	19	地理	さまざまな図法

問題	問題番号	分野	出題内容
問14	20	地理	天然ガスの輸出入国
問15	21	地理	世界の言語人口
問16	22	地理	日本の農林水産業
問17	23	政治	夜警国家
問18	24	政治	社会契約説
問19	25	政治	イギリスの政治制度
問20	26	政治	日本国憲法の請求権
問21	27	政治	内閣総辞職
問22	28	政治	戦前の日本の政党政治
問23	29	政治	日本の地方自治
問24	30	現社	ジェンダー
問25	31	国社	フェアトレード
問26	32	歴史	産業革命
問27	33	歴史	ウィーン体制の崩壊
問28	34	歴史	アメリカの大統領
問29	35	歴史	列強の中国分割
問30	36	歴史	20世紀前半の出来事
問31	37	歴史	中東戦争
問32	38	歴史	第三世界の連携

●第2回

問題	問題番号	分野	出題内容
問1 (1)	1	歴史	ナポレオン
(2)	2	地理	干拓地と園芸農業
(3)	3	経済	EUの貿易相手国
(4)	4	地理	アムステルダム
問2 (1)	5	国社	原爆投下
(2)	6	歴史	冷戦
(3)	7	国社	核兵器の国際管理
(4)	8	国社	核兵器禁止条約
問3	9	経済	資本主義経済の特徴
問4	10	経済	寡占市場
問5	11	経済	フローとストック
問6	12	経済	労働生産性
問7	13	経済	金本位制
問8	14	経済	占領期の経済政策
問9	15	経済	リーマン・ショック
問10	16	現社	世界の先住民族
問11	17	地理	貿易風
問12	18	地理	国土面積とEEZ
問13	19	地理	地域別の農産物割合

問題	問題番号	分野	出題内容
問14	20	地理	一次エネルギー割合
問15	21	地理	時差
問16	22	地理	自動車保有台数
問17	23	地理	三大工業地帯
問18	24	政治	法の支配
問19	25	政治	アメリカの大統領制・権限
問20	26	政治	日本国憲法の社会権
問21	27	政治	衆議院の優越
問22	28	政治	裁判員制度
問23	29	政治	一票の格差
問24	30	国社	パリ協定
問25	31	国社	国際連合憲章
問26	32	歴史	ボストン茶会事件
問27	33	歴史	クリミア戦争
問28	34	歴史	アフリカの分割
問29	35	歴史	条約改正
問30	36	歴史	戦間期の出来事
問31	37	歴史	ゴルバチョフ
問32	38	歴史	戦後日本の首相と主な出来事

●第3回

問題	問題番号	分野	出題内容
問1 (1)	1	地理	プレーリー
(2)	2	歴史	人種・民族差別
(3)	3	地理	人口ピラミッド
(4)	4	地理	アメリカのヒスパニック
問2 (1)	5	政治	連邦共和制
(2)	6	歴史	ウィーン議定書
(3)	7	地理	スイスの主要輸出品
(4)	8	経済	EPA
問3	9	経済	ケインズ
問4	10	経済	金融緩和策と供給曲線
問5	11	経済	信用創造
問6	12	経済	財政の機能
問7	13	経済	日本の産業革命
問8	14	経済	日本の中小企業
問9	15	経済	貿易依存度
問10	16	経済	為替相場の変化
問11	17	経済	比較生産費説
問12	18	地理	地軸の傾きと季節の変化
問13	19	地理	大陸断面図

問題	問題番号	分野	出題内容
問14	20	地理	世界の鉄道輸送
問15	21	地理	震度と揺れの状況
問16	22	地理	日本の気候
問17	23	地理	日本の食料自給率
問18	24	政治	モンテスキュー
問19	25	政治	アメリカの議会制度
問20	26	政治	大日本帝国憲法
問21	27	政治	新しい人権
問22	28	政治	内閣と国会の関係
問23	29	政治	オンブズマン
問24	30	国社	国際刑事裁判所
問25	31	国社	NGO
問26	32	歴史	イギリスの市民革命
問27	33	歴史	ラテンアメリカ諸国の独立
問28	34	歴史	南北戦争の要因
問29	35	歴史	日本の領土拡大
問30	36	歴史	第一次大戦後の新秩序
問31	37	歴史	NATO
問32	38	歴史	東欧革命

●第4回

問題	問題番号	分野	出題内容
問1 (1)	1	地理	北欧諸国の位置
(2)	2	歴史	民族自決
(3)	3	地理	氷河地形
(4)	4	現社	社会保障制度
問2 (1)	5	政・経	南アフリカ
(2)	6	歴史	アフリカ分割
(3)	7	地理	アフリカの年
(4)	8	国社	南北問題
問3	9	経済	3つの経済主体
問4	10	経済	価格弾力性
問5	11	経済	三面等価の原則
問6	12	経済	景気変動
問7	13	経済	銀行の三大業務
問8	14	経済	高度経済成長
問9	15	経済	国際収支の計算
問10	16	地理	扇状地と三角州
問11	17	地理	熱帯低気圧
問12	18	地理	ハイサーグラフ
問13	19	地理	各国の産業別人口構成

問題	問題番号	分野	出題内容
問14	20	地理	新エネルギー供給量
問15	21	地理	世界の大都市圏の人口
問16	22	地理	TPP参加国
問17	23	政治	新自由主義
問18	24	政治	議院内閣制
問19	25	政治	マッカーサー三原則
問20	26	政治	国会議員の特権
問21	27	政治	司法権の独立と裁判所
問22	28	政治	55年体制
問23	29	政治	衆議院の選挙制度
問24	30	現社	SDGs
問25	31	歴史	合衆国憲法
問26	32	歴史	ビスマルク
問27	33	歴史	日清戦争と日露戦争
問28	34	歴史	オスマン帝国
問29	35	歴史	スペイン内戦
問30	36	歴史	相次ぐ恐慌期の出来事
問31	37	歴史	フルシチョフの平和共存政策
問32	38	歴史	21世紀の世界

●第5回

問題	問題番号	分野	出題内容
問1 (1)	1	政治	近代の人権保障
(2)	2	政治	4つの自由
(3)	3	政治	国連採択の人権保障条約
(4)	4	政治	死刑制度
問2 (1)	5	歴・経	日米修好通商条約
(2)	6	歴史	第一次世界大戦
(3)	7	歴・地	ポツダム宣言
(4)	8	歴史	サンフランシスコ平和条約
問3	9	経済	企業の社会的責任
問4	10	経済	需給曲線のシフト
問5	11	経済	市場の失敗
問6	12	経済	GDP
問7	13	経済	インフレーション
問8	14	経済	国債発行の問題点
問9	15	経済	高度経済成長以降の日本経済
問10	16	経済	ヨーロッパの地域統合
問11	17	地理	4つの島国
問12	18	地理	エルニーニョとラニーニャ
問13	19	地理	ナイル川の流域国

問題	問題番号	分野	出題内容
問14	20	地理	世界の宗教
問15	21	地理	日本の輸入品の輸入相手国
問16	22	地理	日本の世界遺産
問17	23	政治	イギリスの不文憲法
問18	24	政治	世界の選挙制度
問19	25	政治	日本国憲法第9条
問20	26	政治	日本の国会
問21	27	政治	政党政治
問22	28	政治	世論とマス・メディア
問23	29	国社	ODA
問24	30	国社	世界の民族問題・地域紛争
問25	31	国社	国連の公用語
問26	32	現社	マックス・ヴェーバー
問27	33	歴史	産業革命の影響
問28	34	歴史	19世紀の出来事
問29	35	歴史	植民地の領有面積
問30	36	歴史	イギリスのインド支配
問31	37	歴史	ドイツと日本の戦後処理
問32	38	歴史	ジョンソン大統領

●第6回

問題	問題番号	分野	出題内容
問1 (1)	1	国社	二酸化炭素排出
(2)	2	地理	海面上昇
(3)	3	国社	アマゾンの森林伐採
(4)	4	国社	環境問題の国際的な取り組み
問2 (1)	5	地理	モスクワの位置
(2)	6	歴史	ソ連の経済発展
(3)	7	歴史	冷戦下のソ連
(4)	8	政治	ロシアの大統領制
問3	9	経済	経済思想
問4	10	経済	寡占市場
問5	11	経済	経済成長率
問6	12	経済	一般会計の歳出入
問7	13	経済	戦前の日本経済
問8	14	経済	租税の仕組み
問9	15	経済	地域的経済統合
問10	16	地理	南極大陸
問11	17	地理	日本の天気図
問12	18	地理	アメリカの都市
問13	19	地理	年齢3区分別人口割合

問題	問題番号	分野	出題内容
問14	20	地理	世界の三大穀物の分布
問15	21	地理	火山の恵み
問16	22	地理	県の主要生産物
問17	23	政治	近代国際社会の成立
問18	24	政治	日本国憲法の改正手続き
問19	25	政治	国政調査権
問20	26	政治	日本の司法制度
問21	27	政治	戦後の政党政治
問22	28	国社	国際連盟と国際連合
問23	29	国社	PKO
問24	30	国社	難民
問25	31	現社	リースマン
問26	32	歴史	アメリカ独立戦争
問27	33	歴史	東南アジアの植民地化
問28	34	歴史	アメリカ・スペイン戦争
問29	35	歴史	総力戦の影響
問30	36	歴史	日本の領土拡大
問31	37	歴史	開発独裁
問32	38	歴史	戦中・戦後の沖縄

日本留学試験
EJU
실전모의고사
종합과목

초판 1쇄 발행 2024년 3월 20일

지은이 이사지 야스나리
펴낸곳 (주)에스제이더블유인터내셔널
펴낸이 양홍걸 이시원

홈페이지 japan.siwonschool.com
주소 서울시 영등포구 영신로 166 시원스쿨
교재 구입 문의 02)2014-8151
고객센터 02)6409-0878

ISBN 979-11-6150-825-2
Number 1-311111-25252500-08

EJU

日本留学試験

EJU

실전모의고사 종합과목

해설집

시원스쿨닷컴 × ask

日本留学試験　模試と解説　解答用紙

総合科目　　　第1回

受験番号
Examinee Registration Number

名前
Name

解答番号	解答 Answer
1	① ② ③ ④
2	① ② ③ ④
3	① ② ③ ④
4	① ② ③ ④
5	① ② ③ ④
6	① ② ③ ④
7	① ② ③ ④
8	① ② ③ ④
9	① ② ③ ④
10	① ② ③ ④
11	① ② ③ ④
12	① ② ③ ④
13	① ② ③ ④
14	① ② ③ ④
15	① ② ③ ④
16	① ② ③ ④
17	① ② ③ ④
18	① ② ③ ④
19	① ② ③ ④
20	① ② ③ ④

解答番号	解答 Answer
21	① ② ③ ④
22	① ② ③ ④
23	① ② ③ ④
24	① ② ③ ④
25	① ② ③ ④
26	① ② ③ ④
27	① ② ③ ④
28	① ② ③ ④
29	① ② ③ ④
30	① ② ③ ④
31	① ② ③ ④
32	① ② ③ ④
33	① ② ③ ④
34	① ② ③ ④
35	① ② ③ ④
36	① ② ③ ④
37	① ② ③ ④
38	① ② ③ ④
39	① ② ③ ④
40	① ② ③ ④

解答番号	解答 Answer
41	① ② ③ ④
42	① ② ③ ④
43	① ② ③ ④
44	① ② ③ ④
45	① ② ③ ④
46	① ② ③ ④
47	① ② ③ ④
48	① ② ③ ④
49	① ② ③ ④
50	① ② ③ ④
61	① ② ③ ④
62	① ② ③ ④
63	① ② ③ ④
64	① ② ③ ④
65	① ② ③ ④
66	① ② ③ ④
67	① ② ③ ④
68	① ② ③ ④
69	① ② ③ ④
60	① ② ③ ④

日本留学試験 模試と解説 解答用紙

総合科目

第2回

受験番号
Examinee Registration Number

名前
Name

解答番号	解答 Answer				解答番号	解答 Answer				解答番号	解答 Answer			
	1	2	3	4		1	2	3	4		1	2	3	4
1	①	②	③	④	21	①	②	③	④	41	①	②	③	④
2	①	②	③	④	22	①	②	③	④	42	①	②	③	④
3	①	②	③	④	23	①	②	③	④	43	①	②	③	④
4	①	②	③	④	24	①	②	③	④	44	①	②	③	④
5	①	②	③	④	25	①	②	③	④	45	①	②	③	④
6	①	②	③	④	26	①	②	③	④	46	①	②	③	④
7	①	②	③	④	27	①	②	③	④	47	①	②	③	④
8	①	②	③	④	28	①	②	③	④	48	①	②	③	④
9	①	②	③	④	29	①	②	③	④	49	①	②	③	④
10	①	②	③	④	30	①	②	③	④	50	①	②	③	④
11	①	②	③	④	31	①	②	③	④	61	①	②	③	④
12	①	②	③	④	32	①	②	③	④	62	①	②	③	④
13	①	②	③	④	33	①	②	③	④	63	①	②	③	④
14	①	②	③	④	34	①	②	③	④	64	①	②	③	④
15	①	②	③	④	35	①	②	③	④	65	①	②	③	④
16	①	②	③	④	36	①	②	③	④	66	①	②	③	④
17	①	②	③	④	37	①	②	③	④	67	①	②	③	④
18	①	②	③	④	38	①	②	③	④	68	①	②	③	④
19	①	②	③	④	39	①	②	③	④	69	①	②	③	④
20	①	②	③	④	40	①	②	③	④	60	①	②	③	④

注意事項 Note

1. 必ず鉛筆（HB）で記入してください。

2. この解答用紙を汚したり折ったりしてはいけません。

3. マークは下のよい例のように、○わく内を完全にぬりつぶしてください。

よい例	悪い例
●	⊗ ⊘ ⊖ ◐ ○

4. 訂正する場合はプラスチック消しゴムで完全に消し、消しくずを残してはいけません。

5. 解答番号は1から60まであ りますが、問題のあるところまで答えて、あとはマークしないでください。

6. 所定の欄以外には何も書いてはいけません。

7. この解答用紙はすべて機械で処理しますので、以上の1から6までが守られていないと採点されません。

日本留学試験　模試と解説　解答用紙

総合科目　第3回

受験番号
Examinee Registration Number

名前
Name

解答番号	解答 Answer 1	2	3	4
1	①	②	③	④
2	①	②	③	④
3	①	②	③	④
4	①	②	③	④
5	①	②	③	④
6	①	②	③	④
7	①	②	③	④
8	①	②	③	④
9	①	②	③	④
10	①	②	③	④
11	①	②	③	④
12	①	②	③	④
13	①	②	③	④
14	①	②	③	④
15	①	②	③	④
16	①	②	③	④
17	①	②	③	④
18	①	②	③	④
19	①	②	③	④
20	①	②	③	④

解答番号	解答 Answer 1	2	3	4
21	①	②	③	④
22	①	②	③	④
23	①	②	③	④
24	①	②	③	④
25	①	②	③	④
26	①	②	③	④
27	①	②	③	④
28	①	②	③	④
29	①	②	③	④
30	①	②	③	④
31	①	②	③	④
32	①	②	③	④
33	①	②	③	④
34	①	②	③	④
35	①	②	③	④
36	①	②	③	④
37	①	②	③	④
38	①	②	③	④
39	①	②	③	④
40	①	②	③	④

解答番号	解答 Answer 1	2	3	4
41	①	②	③	④
42	①	②	③	④
43	①	②	③	④
44	①	②	③	④
45	①	②	③	④
46	①	②	③	④
47	①	②	③	④
48	①	②	③	④
49	①	②	③	④
50	①	②	③	④
61	①	②	③	④
62	①	②	③	④
63	①	②	③	④
64	①	②	③	④
65	①	②	③	④
66	①	②	③	④
67	①	②	③	④
68	①	②	③	④
69	①	②	③	④
60	①	②	③	④

日本留学試験　模試と解説　解答用紙

総合科目

第4回

受験番号
Examinee Registration Number

名前
Name

解答番号	解答 Answer 1 2 3 4
1	① ② ③ ④
2	① ② ③ ④
3	① ② ③ ④
4	① ② ③ ④
5	① ② ③ ④
6	① ② ③ ④
7	① ② ③ ④
8	① ② ③ ④
9	① ② ③ ④
10	① ② ③ ④
11	① ② ③ ④
12	① ② ③ ④
13	① ② ③ ④
14	① ② ③ ④
15	① ② ③ ④
16	① ② ③ ④
17	① ② ③ ④
18	① ② ③ ④
19	① ② ③ ④
20	① ② ③ ④

解答番号	解答 Answer 1 2 3 4
21	① ② ③ ④
22	① ② ③ ④
23	① ② ③ ④
24	① ② ③ ④
25	① ② ③ ④
26	① ② ③ ④
27	① ② ③ ④
28	① ② ③ ④
29	① ② ③ ④
30	① ② ③ ④
31	① ② ③ ④
32	① ② ③ ④
33	① ② ③ ④
34	① ② ③ ④
35	① ② ③ ④
36	① ② ③ ④
37	① ② ③ ④
38	① ② ③ ④
39	① ② ③ ④
40	① ② ③ ④

解答番号	解答 Answer 1 2 3 4
41	① ② ③ ④
42	① ② ③ ④
43	① ② ③ ④
44	① ② ③ ④
45	① ② ③ ④
46	① ② ③ ④
47	① ② ③ ④
48	① ② ③ ④
49	① ② ③ ④
50	① ② ③ ④
61	① ② ③ ④
62	① ② ③ ④
63	① ② ③ ④
64	① ② ③ ④
65	① ② ③ ④
66	① ② ③ ④
67	① ② ③ ④
68	① ② ③ ④
69	① ② ③ ④
60	① ② ③ ④

日本留学試験 模試と解説 解答用紙

総合科目

第5回

受験番号
Examinee Registration Number

名前
Name

注意事項 Note

1. 必ず鉛筆(HB)で記入してください。

2. この解答用紙を汚したり折ったりしてはいけません。

3. マークは下のよい例のように、○わく内を完全にぬりつぶしてください。

よい例	悪い例
●	⊗ ⊖ ◎ ◖ ○

4. 訂正する場合はプラスチック消しゴムで完全に消し、消しくずを残してはいけません。

5. 解答番号は1から60まであ ますが、問題のあるところまで答えて、あとはマークしないでください。

6. 所定の欄以外には何も書いてはいけません。

7. この解答用紙はすべて機械で処理しますので、以上の1から6までが守られていないと採点されません。

解答番号	解答 Answer				解答番号	解答 Answer				解答番号	解答 Answer			
	1	2	3	4		1	2	3	4		1	2	3	4
1	①	②	③	④	21	①	②	③	④	41	①	②	③	④
2	①	②	③	④	22	①	②	③	④	42	①	②	③	④
3	①	②	③	④	23	①	②	③	④	43	①	②	③	④
4	①	②	③	④	24	①	②	③	④	44	①	②	③	④
5	①	②	③	④	25	①	②	③	④	45	①	②	③	④
6	①	②	③	④	26	①	②	③	④	46	①	②	③	④
7	①	②	③	④	27	①	②	③	④	47	①	②	③	④
8	①	②	③	④	28	①	②	③	④	48	①	②	③	④
9	①	②	③	④	29	①	②	③	④	49	①	②	③	④
10	①	②	③	④	30	①	②	③	④	50	①	②	③	④
11	①	②	③	④	31	①	②	③	④	61	①	②	③	④
12	①	②	③	④	32	①	②	③	④	62	①	②	③	④
13	①	②	③	④	33	①	②	③	④	63	①	②	③	④
14	①	②	③	④	34	①	②	③	④	64	①	②	③	④
15	①	②	③	④	35	①	②	③	④	65	①	②	③	④
16	①	②	③	④	36	①	②	③	④	66	①	②	③	④
17	①	②	③	④	37	①	②	③	④	67	①	②	③	④
18	①	②	③	④	38	①	②	③	④	68	①	②	③	④
19	①	②	③	④	39	①	②	③	④	69	①	②	③	④
20	①	②	③	④	40	①	②	③	④	60	①	②	③	④

日本留学試験　模試と解説　解答用紙

総合科目

第6回

受験番号
Examinee Registration Number

名前
Name

解答番号	解答 Answer 1 2 3 4	解答番号	解答 Answer 1 2 3 4	解答番号	解答 Answer 1 2 3 4
1	① ② ③ ④	21	① ② ③ ④	41	① ② ③ ④
2	① ② ③ ④	22	① ② ③ ④	42	① ② ③ ④
3	① ② ③ ④	23	① ② ③ ④	43	① ② ③ ④
4	① ② ③ ④	24	① ② ③ ④	44	① ② ③ ④
5	① ② ③ ④	25	① ② ③ ④	45	① ② ③ ④
6	① ② ③ ④	26	① ② ③ ④	46	① ② ③ ④
7	① ② ③ ④	27	① ② ③ ④	47	① ② ③ ④
8	① ② ③ ④	28	① ② ③ ④	48	① ② ③ ④
9	① ② ③ ④	29	① ② ③ ④	49	① ② ③ ④
10	① ② ③ ④	30	① ② ③ ④	50	① ② ③ ④
11	① ② ③ ④	31	① ② ③ ④	61	① ② ③ ④
12	① ② ③ ④	32	① ② ③ ④	62	① ② ③ ④
13	① ② ③ ④	33	① ② ③ ④	63	① ② ③ ④
14	① ② ③ ④	34	① ② ③ ④	64	① ② ③ ④
15	① ② ③ ④	35	① ② ③ ④	65	① ② ③ ④
16	① ② ③ ④	36	① ② ③ ④	66	① ② ③ ④
17	① ② ③ ④	37	① ② ③ ④	67	① ② ③ ④
18	① ② ③ ④	38	① ② ③ ④	68	① ② ③ ④
19	① ② ③ ④	39	① ② ③ ④	69	① ② ③ ④
20	① ② ③ ④	40	① ② ③ ④	60	① ② ③ ④

*EJU

日本留学試験
EJU

실전모의고사 종합과목

해설집

별책(해답 해설) 사용법

Point [지리] 여러 도법

問 13 **19** ③

메르카토르 도법은 경선 · 위선이서로 수직으로 교차하는 평행선으로 그린다. 거리 · 면적을 정확하게 나타낼 수 없으며 고위도로 갈수록 거리와 면적이 크게 나타나, 왜곡된다. 두 지점을 잇는 최단거리 (대권코스) 는 곡선으로 나타난다. 항상 경선과 일정한 각도로 교차하는 항로 (등각 코스) 는 직선으로 나타나기 때문에 해도로 이용된다.

① 정거방위도법은 그림의 중점과 임의의 점을 연결하는 직선이 최단 거리 (대권코스) 를 나타낸다. 거리는 정확하지만 면적은 정확하지 않다. 항공도로 이용된다. ② 몰바이데 도법은 중위 도의 왜곡은 작게 나타나지만 저위도 부분은 세 로로 길고 고위도 부분은 가로로 긴 모양이 된 다. ④ 몰로사인 (구드) 도법은 육지의 왜곡은 작지만 해양부가 잘려져 있기 때문에 교통지도 로는 적합하지 않다. ②, ④ 모두 면적은 정확 하다.

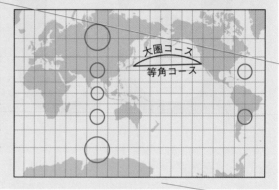

이 책의 구성

본서(해답 해설)에는, 제1회~제6회 모의시험 해답과 해설이 실려 있습니다. 모의시험을 풀고, 각 회의 첫 페이지에 있는 정답번호 표를 사용하여 답을 맞춰 주세요. 모든 문제에 대해서, 상세한 해설이 있습니다. 정답 선택지 뿐만이 아니고, 틀린 선택지나 관련이 있는 용어에 관한 해설도 써 있습니다. 틀린 문제나 자신이 없는 문제는 해설을 잘 읽고 복습해 주세요.

출제 분야와 내용

지리, 역사, 경제, 정치, 국제사회, 현대사회 중 어느 분야에서 출제 되었는지, 어떤 내용의 출제인지 표시하였습니다. 복습할 때 참고로 해 주세요.

중요한 내용

특히 중요한 용어나, 기억해 두어야 할 부분은 강조가 되어 있습니다. 몰랐던 용어나 잊고 있었던 것은, 여러 번 반복해서 읽고 기억해 둡시다.

지도, 표, 그래프, 그림

문제에 따라서는 지도나 표, 그래프, 그림 등이 게재되어 있습니다. 해설과 함께 확인해 주세요. 보는 것 뿐만이 아니라, 데이터에서 무엇을 알 수 있는지를 생각해야 합니다.

일본어 버전 해설집

EJU 종합과목
일본어 해설집

위 학습 부가 자료는 시원스쿨 일본어 홈페이지 (japan.siwonschool.com)의 수강신청▶교재/MP3와 학습지원센터▶공부 자료실에서 다운로드할 수 있습니다.

실전모의고사 1회　정답

문제 Q	문제 번호	정답	문제 Q	문제 번호	정답
問 1 (1)	1	③	問 14	20	④
問 1 (2)	2	②	問 15	21	②
問 1 (3)	3	①	問 16	22	②
問 1 (4)	4	③	問 17	23	①
問 2 (1)	5	③	問 18	24	③
問 2 (2)	6	④	問 19	25	②
問 2 (3)	7	①	問 20	26	①
問 2 (4)	8	④	問 21	27	③
問 3	9	④	問 22	28	④
問 4	10	③	問 23	29	①
問 5	11	②	問 24	30	④
問 6	12	②	問 25	31	④
問 7	13	②	問 26	32	①
問 8	14	①	問 27	33	③
問 8	15	③	問 28	34	②
問 10	16	①	問 29	35	③
問 11	17	③	問 30	36	②
問 12	18	④	問 31	37	④
問 13	19	③	問 32	38	②

Point [국제사회] UN기관

問 1⑴ **1** ③

국제 통화 기금(IMF)은 통화 관련 국제 협력과 무역 확대 및 균형을 유지하는 기관이다. IMF 이외에도 국제연합 전문기관에는 국제 노동 기구(ILO)·유엔 식량 농업 기관(FAO)·국제 부흥 개발 은행(IBRD)·유엔 교육 과학 문화 기구(UNESCO)·세계 지적 소유권 기구(WIPO) 등이 있다.

① 안전 보장 이사회·② 국제 사법 재판소(제3회 24번의 해설 참조)·④ 경제 사회 이사회는 유엔의 주요 조직이며, 그 외에 총회·신탁 통치 이사회·사무국이 있다. 유엔 기관에 대해서는 그 역할과 함께 이해해 두자.

Point [경제] 실질경제성장률

問 1⑵ **2** ②

최근에 중국이 지속적으로 높은 경제 성장을 보이고 있다는 것을 알고 있다면 A가 중국이라는 것을 알 수 있을 것이다. 다른 3개국의 그래프는 비슷해서 구별이 어렵지만, D가 일본이라는 것의 이유로 1998년에 마이너스 성장을 기록하고 있다는 것을 들 수 있다. 이것은 1997년에 긴축 재정 정책이 이루어진 것이나 소비세율이 3%에서 5%로 인상된 것이 영향을 주고 있다. 또한 2008년에는 리먼 쇼크의 영향으로 중국 외 3개국의 경제성장률이 대폭적으로 마이너스가 되어 있는 것에도 주목해 두자 (제2회 9번의 해설 참조).

Point [역사] 제1차 세계대전

問 1⑶ **3** ①

사라예보 사건을 계기로 오스트리아가 세르비아에 선전 포고하여 제1차 세계대전이 시작되었다.

② 이탈리아는 1915년에 연합국 측에 참전했다. ③ 1917년 독일이 무제한 잠수함 작전을 시작한 것으로 인해 연합국 측에 참전한 것은 미국이다. ④ 일본은 영일동맹을 명목으로 독일에 선전 포고하여 독일령 남양군도(남양제도)를 점령했다. 또한 중국의 산동성 칭다오에 있는 독일군을 격파하여 독일이 가지고 있던 동아시아 식민지와 거점을 빼앗았다. 독일은 동남아시아에 식민지를 가지고 있지 않다.

Point [지리] 스페인

問 1⑷ **4** ③

유럽의 주요 국가와 주요 도시는 지도에서 확인해 두자. ① 은 독일, ② 는 프랑스, ④ 는 포르투갈이다. 스페인과 포르투갈의 위치에 주의하자.

問 2 (1) 5 ③

프랑스는 서유럽 최대 **농업국**으로 세계 유수의 **밀** 산지이며, 'EU의 곡창'이라고도 불린다. 남부의 지중해 연안에서는 **올리브**와 **포도**(와인의 원료)의 재배가 활발하다. 프랑스 공업의 중심은 파리이지만, 동남부 툴루즈에서는 에어버스사 항공기를 조립하고 있다. 또한 프랑스는 발전 에너지원에 있어서 **원자력** 비율이 70%를 초과한다 (2018년).

Point [지리] 대륙의 기후 분포

問 2 (2) 6 ④

A는 냉대의 분포 비율이 높기 때문에 유라시아대륙이나 북아메리카대륙으로 추려진다. 2개의 대륙 면적에도 주의하면서(유라시아 대륙은 5400만㎢, 북아메리카 대륙은 2450만㎢), 양대륙의 큰 차이인 한대와 건조대의 비율에 관해서 생각해보면 A는 B에 비해 한대의 비율이 작고 건조대의 비율이 크기 때문에, A가 유라시아대륙, B는 북아메리카대륙이라고 판단할 수 있다. C는 열대 비율이 매우 높기 때문에 남아메리카 대륙이고 D는 건조대의 비율이 상당히 높기 때문에 오스트레일리아 대륙이라는 것을 알 수 있다. 호주 기후 분포는 중요하므로 하기 그림을 참고하자.

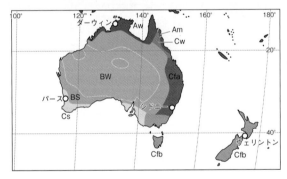

Aw : 사바나 기후
Am : 몬순 기후
BW : 사막 기후
BS : 스텝 기후
Cw : 동기소우기후
Cfa : 온난 습윤 기후
Cfb : 서해안 해양성 기후
Cs : 지중해성 기후

▲ 호주의 기후분포

열대 (A)	적도 부근
건조대 (B)	열대 주변 (북위·남위 20~30도)·내륙부
온대 (C)	주로 북위·남위 30~50도 부근
냉대 (D)	유라시아 대륙 북부와 북아메리카 대륙 북부
한대 (E)	북극해연안과 남극대륙주변 등

▲ 기후 분포

問 2 (3) **7 ①**

히말라야 산맥은 인도와 중국의 국경에 있는 세계에서 가장 높은 산맥으로 인도 플레이트가 유라시아 플레이트 아래로 가라앉아 만들어졌다. 세계에서 가장 높은 에베레스트산(초모랑마)이 있고, 그 높이는 현재 8848m이다.

② 안데스산맥은 남아메리카 대륙의 서해안·북해안을 따라 뻗어 있다. ③ 우랄산맥은 러시아의 서부에 있는 남북으로 긴 산맥이며, 아시아와 유럽의 자연적 경계가 되어 왔다. ④ 록키산맥은 북아메리카 대륙 서부에 있는 북서에서 남동쪽으로 뻗어 있는 산맥이다.

Point [지리] 플레이트의 경계

問 2 (4) **8 ④**

플레이트란, 지구의 표면을 뒤덮은 판모양의 층으로, 해양 플레이트와 대륙 플레이트가 있다. 두 개의 플레이트가 서로 부딪히면, 해양 플레이트가 대륙 플레이트 아래로 가라앉는다. 일본 주변에는 ④ 태평양 플레이트와 ② 필리핀해 플레이트라는 2개의 해양 플레이트와 ① 유라시아 플레이트와 ③ 북아메리카 플레이트라는 두 개의 대륙 플레이트가 있다.

이 중에서 태평양 플레이트는 홋카이도에서 보소(房総)반도 해역에 걸쳐 있는 일본해구 등에서 북아메리카 플레이트 아래로 침몰하고, 필리핀해 플레이트는 남해 트로프 등에서 유라시아 플레이트 아래로 침몰하고 있다. 플레이트가 침몰하는 해구나 트로프 부근에서는 규모가 큰 지진이 발생하는 경우가 있다. 2011년 도호쿠(東北) 지역에서 발생한 도호쿠 지방 태평양 해역 지진은 태평양 플레이트가 북아메리카 플레이트 아래로 가라앉는 경계에서 발생한 해구 형 지진이었다.

Point [경제] 일본의 회사 기업

問 3 **9 ④**

4개의 회사 기업에 관해서 특징과 사원(출자자) 책임에 주목하여 정리해두자. 합자회사는 출자만 하는 유한 책임 사원과 경영을 하는 무한 책임 사원으로 구성되어 있으며, 소기업에 적합하다.

① 주식회사는 사기업의 대표이며, 유한 책임 사원(주주)만이 출자한다. 그 구조를 제대로 이해해 두자. ② 합명회사는 무한 책임 사원만이 출자하고 있는 회사이며, 친척끼리 운영하는 소규모 회사에 적합하다. ③ 합동회사는 2006년에 새로 추가된 회사이다. 유한 책임 사원만이 출자하며, 벤처기업 등에 적합하다.

회사	출자자	특징
주식회사	유한 책임 사원	다수의 주식 발행에 의해 자본을 모으기 쉬워, 대기업에 적합하다.
합자회사	유한 책임 사원	소기업에 적합하다.
	무한 책임 사원	
합명회사	무한 책임 사원	가족 경영 회사가 많다.
합동회사	유한 책임 사원	벤처 기업 등

Point **[경제] 외부 불경제의 내부화**

問 **4** **10** ③

외부 불경제의 내부화란 환경오염 등의 외부 불경제를 해소하기 위해 기업에 비용을 부담시켜 시장 메커니즘으로 처리할 수 있게 하는 것이다. 비용 부담 증가로 생산 비용이 상승하기 때문에 가격은 상승하고 생산량이 감소하기 때문에 공급곡선은 왼쪽으로 이동한다. 외부 불경제가 발생하고 있는데 기업이 전혀 대책을 내놓지 않는 경우에는, 저렴한 비용으로 제품을 만들 수 있기 때문에 공급이 많아진다.

Point **[경제] 경기 변동의 파동**

問 **5** **11** ②

경기 변동에는 일정한 주기(사이클)가 확인되고 있으며, 주기와 그 원인은 4가지로 분류된다. a의 키친(미국 경제학자) 파동은 주로 기업 재고의 증감에 의한 것이며, b의 주글라(프랑스 경제학자) 파동은 기계설비의 교체나 공장 규모 확대 등 설비 투자의 증감에 의한 것이다. c의 쿠즈네츠(구 소련 출신의 미국 경제학자) 파동은 건물의 재건축 등 건축투자 증감에 의한 것이다. d의 콘트라티에프(구소련의 경제학자) 파동은 생산기술 변화나 자원의 개발 등 기술혁신에 의한 것이다.

問 6 **12** ②

일본은행은 공개시장조작(오픈 마켓 오퍼레이션)으로 유가증권을 매매해서 국내 통화량을 조절한다. 호황일 때에는 매각을 통하여 통화량을 줄이고 불황일 때에는 매입을 통해 통화량을 늘린다.
① 일본 은행에 의한 국채의 직접 인수는 통화 증발로 이어져 인플레이션 발생 우려가 있기 때문에 원칙적으로 금지되어 있다. ③ 시중은행은 예금의 일정 비율을 일본은행에 무이자로 맡기도록 법률로 의무화되어 있다. 일본은행은 그 비율(지불 준비율)을 올리거나 내림으로써 시중은행의 자금량을 조절한다. 호황일 때에는 지불 준비율을 끌어올리고 불황일 때에는 인하한다. ④ 마이너스 금리 정책이란 시중 은행이 일본 은행에 맡기고 있는 예금 금리를 마이너스로 하는 것이다. 시중은행이 기업 등에 대한 대출이나 투자에 자금을 투입하도록 촉구하는 것에 의해 경제 활성화와 디플레이션 탈각을 목표로 한다. 물가 상승을 억제하는 것은 호황일 때이다.

Point [경제] 국가 예산

問 7 **13** ②

예산 작성권은 내각에 있으며 국회에 제출하여 심의를 받는다. 예산 선의권은 중의원에 있으며 참의원 의결과 다를 경우에는 중의원의 의결이 국회 의결이 된다. 예산안이 의결되면 정부 각 부처가 집행한다(재정민주주의).
① 회계 연도는 4월 1일부터 다음 해 3월 31일까지이다. ③ 보정 예산은 예산 성립 후에 재해나 경제정세 변화 등에 대응하기 위해 당초의 예산을 수정한 것이다. 선택지는 국가가 어떤 특정 사업을 할 경우 등에 마련되는 특별 회계 예산의 설명이다. ④ 일반 회계 예산의 세입 부족분은 국채(건설 국채·적자 국채[특례 국채]) 발행으로 메꾼다.

MEMO

問 8 **14** ①

일본국 헌법 제28조에서 '근로자가 단결할 권리 및 단체 교섭 그 외 단체 행동을 할 권리는, 이를 보장한다"라고 규정하고, 노동자에 대한 노동 3권이 보장되어 있다. 단, 국가공무원법 등에 의하여 공무원의 단체행동권이 금지되어 있는 것 외에, 경찰이나 소방 직원의 단결권은 인정되어 있지 않는 등, 제한이 있다.
② 근로시간은 1일 8시간 1주일 40시간으로 정해져 있다. 소정 노동시간을 초과하는 노동(시간외 노동)은 잔업으로 하게 할 수 있는 있으나 원칙적으로 월 45시간·연 360시간까지라는 상한이 정해져 있다. 현재 일본에서는 잔업 수당을 지불하지 않는 서비스 잔업이 문제가 되고 있다. ③ 남녀고용기회균등법은 1997년에 개정되어(1999년 시행), 고용 분야에서 모집·채용·배치·승진 등에 있어서 남녀 차별이 금지되었다. 이에 따라 노동기준법도 개정되어 심야 노동 외에 시간 외 노동이나 휴일 노동에 있어서 여성 보호 규정이 폐지되었다. ④ '전국 일률' 부분이 틀렸다. 최저임금법에서는 도도부현(都道府県)별 최저임금액이 정해져 있다.

Point [경제] 1955~95년의 일본 수출품

問 9 **15** ③

그래프에서 1970년대 이후 급격히 수출이 증가하고 있는 a가 자동차, 반대로 1950~60년대에는 일본의 주요 수출품이었지만 1970년대 이후에 수출이 줄어들고 있는 d가 섬유라고 판단할 수 있을지가 포인트이다.
1950년대 중반에는 수출의 약 40%가 섬유제품이었다. 일본이 수출하는 것으로 인해 섬유 산업에 타격을 입은 미국이 일본에 수출 규제를 요구하여, 1972년에 일본은 수출을 자체적으로 규제하게 되었다. 고도 성장이 진행됨에 따라 1960년대 후반에는 그때까지 주요 제품이었던 섬유 제품에서 자동차, b의 일반 기계·전기 기기, c의 철강 수출이 증가했다. 1960년대 말 이후 철강·컬러 TV 수출이 문제가 되어 일본은 1969년에 철강의 대미 수출자주규제를 실시했다. 1973년 제1차 석유파동 이후에는 자동차 및 TV 등 전기 기기 수출이 더욱 증가하고 무역 마찰 문제도 심각해졌다. 특히 자동차에 대해서는 1981년에 대미 수출자주규정을 실시하게 되었다.

問 10 **16 ①**

GATT는 세계무역 확대를 목표로 하는 국제 조약으로 1948년에 출범했다. '자유·비차별·다자주의'라는 원칙 하에 ② 무역 제한의 철폐 (=자유무역, 관세·과징금 이외의 수출입 장벽 폐지), ③ 최혜국대우 (이익을 모든 가맹국에 차별 없이 적용) 및 내국민 대우(수입품도 국내 제품과 같이 취급한다), ④ 다자간 사이에서 무역 교섭(라운드)을 진행하기로 했다. 그후 1986~94년 우루과이 라운드에서 합의한 것에 의해 1995년에 WTO(세계무역기관)가 설립되었다.

① 분쟁 처리 절차의 강화는 WTO에 관한 것이다. GATT의 분쟁처리 결정 방법에서는 가맹국 중 한나라라도 반대하면 대항 조치를 실시하지 못했으나(컨센서스 방식), WTO에서는 모든 가맹국의 반대가 없는 한 대항 조치를 실시할 수 있게 되었다(네거티브 컨센서스 방식). GATT와 WTO의 차이에 대해 확실하게 확인해두자.

問 11 **17 ③**

무역 수지는 재화(물건)의 수출액과 수입액의 수지를 나타내는 것이며, 서비스 수지는 수송·여행·금융 등 서비스 거래 수지를 나타내는 것이다. 둘 다 수출액이 수입액을 웃돌면 수지는 흑자(플러스)가 된다.

① 국제 수지는 플로우에 관련된 개념이다(제2회 5번 해설 참조).

② ODA 등의 정부 개발 원조나 국제기구에 대한 분담금은 제2차 소득 수지에 관련된 것이다. 1차 소득 수지는 국제간 고용 보수나 해외에 보유하고 있는 자산에서 발생하는 이자·배당금 등의 수지 상황을 나타낸다.

④ 외국기업에 대한 투자 등 직접 투자, 직접 투자 목적 외의 주식·채권 구입 비용인 증권 투자, 대외 지불을 위한 외화 준비 등으로 구성된 금융 수지는 해외로 유출되는 자본이 유입을 웃돌면 자산이 증가하기 때문에 흑자(플러스)가 된다. 자본 이전 등 수지는 대가를 수반하지 않는 무상 자금 원조에 의한 해외 도로나 항만 시설 건설 등의 고정 자산 제공이나, 채무 면제 등의 수지이다.

경상 수지	무역 · 서비스 수지	
		무역수지
		서비스 수지
	제1차 소득 수지	
	제2차 소득 수지	
자본 이전 등 수지		
금융 수지	직접 투자 수지	
	증권 투자 수지	
	금융 파생 상품 수지	
	그 외 투자 수지	
	외화 준비 증감	
오차 탈루		

Point [경제] EC

問 12 **18** ④

유럽공동체(EC)는, 1952년에 발족된 유럽 석탄 철강 공동체(ECSC)와 1957년 설립된 유럽 경제 공동체(EEC), 유럽 원자력 공동체(EURATOM) 3개 기관을 통합하여, 1967년에 만들어졌다. 원가맹국가는 ① 독일(서독)·② 프랑스·③ 이탈리아·벨기에·네덜란드·룩셈부르크 6개국이다. 그 후 1973년에 영국·아일랜드·덴마크, 1981년에 그리스, 1986년에 포르투갈·스페인이 가맹했다. 1992년에 유럽 공동체(EC) 가맹국이 마스트리흐트 조약(유럽 연합 조약)에 조인했고, 이듬 해에 유럽 연합(EU)이 발족되었다.

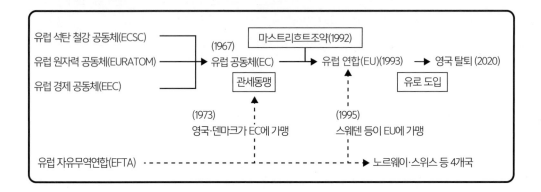

Point [지리] 여러 도법

問 13 **19** ③

메르카토르 도법은 경선·위선이서로 수직으로 교차하는 평행선으로 그린다. 거리·면적을 정확하게 나타낼 수 없으며 고위도로 갈수록 거리와 면적이 크게 나타나, 왜곡된다. 두 지점을 잇는 최단거리(대권코스)는 곡선으로 나타난다. 항상 경선과 일정한 각도로 교차하는 항로(등각 코스)는 직선으로 나타나기 때문에 해도로 이용된다.

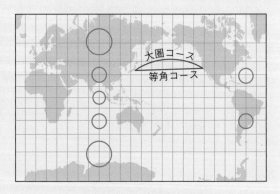

① 정거방위도법은 그림의 중심과 임의의 점을 연결하는 직선이 최단 거리(대권코스)를 나타낸다. 거리는 정확하지만 면적은 정확하지 않다. 항공도로 이용된다. ② 몰바이데 도법은 중위도의 왜곡은 작게 나타나지만 저위도 부분은 세로로 길고 고위도 부분은 가로로 긴 모양이 된다. ④ 몰로사인(구드) 도법은 육지의 왜곡은 작지만 해양부가 잘려져 있기 때문에 교통지도로는 적합하지 않다. ②, ④ 모두 면적은 정확하다.

Point [지리] 천연가스의 수출입국

問 14 20 ④

천연가스 최대 수출국은 A 러시아라는 것을 알아 두자. 또한 최대 수입국은 C 중국이다. 표에는 없지만 B 미국은 셰일가스 생산이 본격화함에 따라 최대 생산국이 되어 수출도 늘고 있다. 천연가스의 수출입에는 기체 그대로 파이프라인으로 운반하는 방법과 식혀서 액상으로 만든 액화 천연가스(LNG)를 유조선으로 운반하는 방법이 있다. D 일본은 천연가스 대부분을 수입에 의존하고 있으며 세계 유수의 액화 천연가스 수입국이다. 2019년 최대 수입 상대국은 호주이며, 말레이시아, 카타르가 뒤따른다.

Point [지리] 세계의 언어 인구

問 15 21 ②

A 스페인어 인구가 많은 이유는 스페인 외에 남미에 있는 여러 나라들 대부분이 스페인어권이기 때문이다(브라질은 포르투갈어). 영어보다 언어 인구가 많다는 점에 주의하자. B 아랍어는 서아시아에서 아프리카 북동부에 걸친 중동 지역에 많다(단 이란은 페르시아어). 포르투갈어는 7위, 러시아어는 8위이다. 참고로 일본어는 9위이다.

Point [지리] 일본의 농림수산업

問 16 22 ②

농업에 있어서 축산업 비율은 36%를 차지하고 있다(2019년). 그러나 낮은 채산성과 후계자 부족, 고령화, 축산 전염병 감염 등이 문제가 되고 있다. 이러한 혹독한 상황속에서도 고베 비프 등 축산물 브랜드화가 진행되고 있어 축산물의 수출액은 증가하고 있다.
① 식량 자급률은 칼로리 베이스로는 38%로 매우 낮지만 쌀 자급률은 97%이다(2019년). ③ 임업도 농업과 마찬가지로 후계자 부족과 고령화가 문제이다. 해외에서 수입되는 목재가 국산보다 싸기 때문에 임업 종사자 감소와 삼림 황폐화가 진행되었다. 그럼에도 최근에는 해외에서 노송나무(히노키) 등 일본산 목재의 인기가 높아지고 있기 때문에 수출도 늘고 있다. ④ 연안에서 200해리 이내의 배타적 경제수역(EEZ)은 일본에만 적용되는 것이 아니라 외국이 설정한 EEZ에서 일본 어선이 조업하는 것도 제한되었다. 또한 1973년 1차 석유 파동으로 인해 연료비가 상승하여 원양어업은 쇠퇴해 갔다. 근해어업도 난획이나 수역 환경 변화로 어획량이 감소하고 있다. 따라서 최근에는 양식업 비율이 높아지고 있다.

問 17 **23** ①

라살은 정부의 역할을 군사·사법·외교 등의 분야로 한정하는 자유방임적인 국가를 야경국가라고 부르며 비판했다. 야경국가(소극국가)에 가까운 사고방식에, ④ 애덤 스미스가 주장한 국가의 경제활동을 완수하는 역할을 최소한으로 제한하고, 시장 메커니즘을 중시하는 최소한의 정부(작은 정부)가 있다. 덧붙여 야경국가와 반대 국가관을 복지국가(적극국가·큰 정부)라고 하며, ③ 케인스는 국가가 적극적으로 경제에 개입하여 유효수요(화폐지출을 수반하는 수요)를 창출하는 것으로 완전고용을 실현할 수 있다고 주장했다. ② 마르크스는 산업혁명 이후 빈부격차나 자본가와 노동자의 계급 대립 등이 표면화되는 가운데 『자본론』을 저술하여 자본주의사회는 필연적으로 사회주의사회(→공산주의)로 이행한다고 주장했다.

Point [정치] 사회 계약설

問 18 **24** ③

영국의 로크는 사람들이 생명·자유·재산 등에 대한 자연권(인간이 태어났을 때부터 가지고 있는 권리)을 확실히 하기 위해 계약에 의해 정부(국가)를 만들지만 정부가 자연권을 보호하지 않을 경우에는 정부에 대해 저항할 권리(저항권)와 정부를 무너뜨릴 권리(혁명권)를 행사할 수 있다고 했다. 이러한 사상은 미국의 독립 선언에도 큰 영향을 미쳤다.
① 영국 홉스의 『리바이어던』에 의한 주장이다. ② 프랑스의 몽테스키외가 3권분립을 설명한 『법의 정신』의 내용이다. ④ 프랑스 루소의 『사회계약론』에 의한 주장이다(제3회 18번 해설 참조).

MEMO

Point [정치] 영국의 정치 제도

問 19 25 ②

영국의 상원은 세습 의원이나 일대 귀족 등으로 구성되며, 임기는 종신으로 선거는 없다. 하원은 선거로 선출되며 임기는 5년이다(해산 있음). 하원은 국민이 직접 선택한 의원으로 구성되기 때문에 상원보다 하원이 우월하다.

① 국왕의 권한은 주로 의례적인 것에 한정되어 있지만, 아무런 권한도 가지고 있지 않은 것은 아니다. 국왕은 모두 장관의 조언을 받아 권한을 행사한다. 국왕이 가진 관습상의 권한인 국왕대권(장관의 임명·파면, 의회의 소집·폐회 등)과 왕가의 개인 자산 등에 영향을 미치는 법안은 국왕의 동의가 필요하며 국왕에는 거부권이 있다. ③ 영국은 의원내각제 국가로 하원 다수당의 당대표가 수상으로 선출되며 내각은 하원에 대하여 연대책임을 진다. '의원내각제와 대통령제의 혼합형'이란 반대통령제라고 불린다. 직접 선거에서 뽑힌 대통령이 수상을 임명하는 나라로는 러시아·프랑스가 있다. ④ 영국은 권리장전이나 판례법·관습법 등이 헌법전이 된 불문헌법 국가이기 때문에 위헌입법심사권은 없다. 유럽인권조약은 세계인권선언을 유럽 국가들 사이에서 조약으로 만들기 위해 1950년에 체결되었다. 영국 재판소는 유럽인권조약과 국내법의 저촉관계를 심사하고 적합하지 않을 경우는 그 취지를 선언할 수 있다.

Point [정치] 일본 헌법의 청구권

問 20 26 ①

재판을 받는 권리란, 자신의 권리나 자유가 침해되었을 때에 정치 권력으로부터 독립 공평한 재판소의 판단을 요구할 권리를 말한다. 구체적으로는 공평하고 신속한 재판을 받을 권리, 증인을 요구할 권리, 변호인을 의뢰할 권리 등이 인정되고 있다. 이 밖에 청구권은 손해 구제나 법률 제정·개정 등을 국가나 지방공공단체에 요구하는 청원권, 국가 배상 청구권, 형사 보상 청구권 등이 보장되어 있다.

Point [정치] 내각 총사퇴

問 21 **27 ③**

a는 '해산', '총선거'라는 단어를 힌트로 중의원을 선택할 수 있다. 중의원 의원 임기는 4년이며 해산이 있는 한편, 참의원 의원 임기는 6년으로 해산이 없다. 중의원은 해산되면 의원 전원을 결정하는 총선거가 행해지지만 참의원은 정원 절반이 3년마다 다시 뽑히기 때문에 총선거라고는 하지 않는다. 또 참의원에는 내각불신임 결의권이 없으며 법적 구속력이 없는 문책 결의밖에 행하지 못한다.

b는 10을 선택할 수 있다. 중의원이 내각불신임안을 가결하거나, 내각신임안을 부결했을 경우 내각은 10일 이내에 중의원을 해산하거나 총사직해야 한다. 중의원이 해산되었을 경우에는 해산 날짜로부터 40일 이내에 총선거를 실시해 그 선거일부터 30일 이내에 국회(특별국회)를 열고, 특별국회에서 새로운 내각 총리 대신이 선출된다.

Point [정치] 세계2차대전 이전의 정치 통치

問 22 **28 ④**

1924(다이쇼(大正)13)년에 카토 디키아키가 3정당 연립 내각(호헌삼파내각)을 조직한 이후 1932(쇼와(昭和)7)년에 이누카이 츠요시가 5·15사건으로 암살될 때까지 중의원 제1당이나 야당 제1당이 내각을 조직하는 정당 정치가 이어졌다. 이 약 8년간을 입헌정치 본래의 모습이라는 의미로 '헌정의 상도'라고 부른다.

① 대일본제국 헌법에는 내각의 규정이 없으며, 유력한 장로 정치가인 원로라고 불리는 사람들이 수상을 추천했었다. ② 최초의 정당내각인 제1차 오쿠마 시게노부 내각에서는 군부대신 이외의 모든 각료가 정당에 속해 있었다. ③ 하라 타카시는 중의원 최초의 총리이다. 또한 하라 타카시내각은 최초의 본격적인 정당 내각이었다.

Point [정치] 일본의 지방 자치

問 23 **29 ①**

단체 자치의 원칙이란, 중앙 정부에서 독립한 도도부현(都道府県)과 시정촌(지방공공단체)이 정치를 행한다는 원칙이다. 주민 자치의 원칙이란, 지방 정치는 주민의 의사에 의해 결정된다는 원칙이다.

② 지방 의회의 의원과 수장은 모두 주민의 직접 선거로 선출된다. ③ 수장에게는 의회의 해산권이 있다. ④ 리콜(해직청구권)은 주민에게 인정된 직접 청구권이다. 지방의원에게는 수장의 불신임 결의권이 있다.

問 24 **30 ④**

일본의 젠더 갭 지수가 '156개국 중 120위로 선진국 중에서도 최저'라는 것을 힌트로 생각해보자. 일본은 교육·건강 분야에서는 거의 남녀 평등이며 노동력·기업 간부 등의 남녀 비율을 비교한 경제 분야는 세계 평균 수준이지만, 정치 분야는 상당히 낮은 수준임을 알 수 있다. 이것은 정치인 등의 남녀 비율을 비교하면 여성의 수가 현저히 적은 것이 그 요인이다.

다른 선택지는 ① 아이슬란드(1위), ② 미국(30위), ③ 대한민국(102위)이다. 또한 2023년 일본의 젠더 갭 지수는 146개국 중 125위, 아이슬란드는 1위, 미국은 43위, 대한민국은 105위였다.

Point [국제 사회] 페어 트레이드

問 25 **31 ④**

의약품은 페어 트레이드 인증을 받은 상품이 아니다. 페어 트레이드란, 개발 도상국의 농산물이나 제품을 적절한 가격으로 매입하여 선진국에서 판매하는 구조를 말한다. 페어 트레이드 인증을 받은 제품은, 커피 원두·카카오·바나나·스파이스·설탕·콩류·절화(꽂꽂이용 꽃) 등이다. 페어 트레이드에서는 생산자에게 적절한 임금이 지불되기 때문에 생산자 삶의 안정과 소득의 향상, '지속 가능한 개발 목표(SDGs)' 실현으로 이어진다.

한편, 시장 가격보다 높은 가격을 설정하는 것으로 인해 자유시장경제의 메커니즘이 작용하지 않는 경우가 있는 것 외에, 상품 종류가 적다는 등의 문제점도 있다. 페어 트레이드 상품의 시장 규모는 해마다 확대되고 있지만 영국·미국·독일 등의 서구국가에 비해 일본의 시장 규모는 작다.

Point [역사] 산업 혁명

問 26 **32 ①**

산업혁명은 18세기 후반 영국에서 면 공업 분야에서 시작되었다. 1733년에 존 케이가 플라잉 셔틀을 발명하자 면직물 생산량이 급증했다. 그 결과 면사를 만들기 위한 기계가 차례로 발명되었다. 나아가 기계 동력에 대해서도 기술 혁신이 진행되었다. ② 와트가 증기기관을 개량하자 기계의 동력으로 사용되게 되었다. 또한 ③ 풀턴에 의해 증기선 시제품이 만들어지고, ④ 스티븐슨에 의해 증기 기관차가 만들어지는 등 19세기에는 교통수단에 있어서도 큰 변화가 이루어졌다.

[역사] 빈 체제의 붕괴

問 27 **33 ③**

오스트리아 빈에서는 1848년에 프랑스 2월혁명 영향을 받아 학생과 시민, 노동자가 혁명을 일으켜 메테르니히를 추방했다(3월혁명).
① 프랑스에서는 1848년 2월에 혁명이 일어나 국왕 루이 필리프가 망명해 제2공화정이 수립되었다(2월혁명). 루이 16세는 18세기 프랑스 왕으로, 프랑스혁명이 일어난 뒤 1793년에 처형되었다. ② 영국에서 명예혁명이 일어난 것은 1688~89년. ④ 1848년 오스트리아와 함께 독일(프로이센)에서도 3월 혁명이 일어나 자유주의적 내각이 성립되었다. 그 후 프로이센 국왕이 된 빌헬름 1세는 1871년 독일제국 황제가 되었다. 이 1848년에 일어난 혁명에 의해 빈 체제가 붕괴되고 여러 민족에 의한 분리독립이나 자치를 요구하는 운동도 시작되어 소위 '제국민의 봄'이라 불리는 상황이 만들어졌다.

Point **[역사] 미국 대통령**

問 28 **34 ②**

미국 주요 대통령에 대해서는 재임 중의 사건을 정리해 두는 것이 중요하다. F.루스벨트 대통령이 실시한 뉴딜은 케인스 이론을 토대로 하고 있다는 것, 전국 산업 부흥법(NIRA)·농업 조정법(AAA)등이 나온 것도 확인해 두자.
① 링컨은 미국 북부 출신이다. 노예는 남부에 많기 때문에 오답이라 판단할 수 있다. ③ 스탈린이 아닌 흐루쇼프가 옳다. ④ '북폭'을 행한 것은 존슨 대통령이다. 닉슨 대통령은 1973년에 파리 평화 협정을 맺어 베트남에서 철수했다.

MEMO

Point [역사] 열강의 중국 분할

問 29 **35 ③**

A 러시아는 요동반도(랴오둥반도) 여순·대련을, B 독일은 산동반도의 교주만, C 영국은 구룡반도(1997년에 중국으로 반환)와 산동반도의 위해위를, D 프랑스는 광주만을 조차했다. 그리고 각국은 이들 조차지를 거점으로 철도 건설 등을 진행해 갔다. 또한, 일본은 대만의 대안에 위치한 복건지방에서의 이권 우선권을 중국에 인정시켰다. 이에 반해 미국은 중국 분할에는 가담하지 않고 중국 시장 개방을 요구하는 문호개방선언을 했다.

Point [역사] 20세기 전반의 사건

問 30 **36 ②**

A 러시아 혁명은 제1차 세계대전 중인 1917년에 일어났다. 2월(3월)혁명으로 니콜라이 2세가 퇴위하고 10월(11월)혁명으로 임시 정부가 무너지자, 레닌을 중심으로 사상 첫 사회주의 정권이 수립되었다. 또 그 이전에 러일전쟁 중인 1905년에도 '피의 일요일 사건'을 계기로 혁명이 일어났다(제1차 러시아 혁명).

B 나치당의 정권 획득은 제1차 세계대전 이후인 1933년의 일이다. 세계공황이 독일 경제에 직격타를 준 가운데 공격적인 내셔널리즘을 내건 국가 사회주의 독일 노동자당(나치당·나치)이 국민 지지를 얻었다. 나치당은 1932년에 제1당이 되고, 이듬 해에 히틀러가 총리가 되었다.

C 인도 독립은 제2차 세계대전 이후인 1947년의 일이다. 전쟁 직후, 인도에서는 영국에 반대하는 운동이 일어나 1947년에 인도 독립법이 제정되었다. 그 결과 힌두교의 인도 연방과 이슬람교인 파키스탄으로 분리되어 독립했다. D 국제 연맹 발족은 제1차 세계 대전 이후인 1920년의 일이다. 미국의 윌슨 대통령의 '14개조의 평화 원칙'중 국제 평화 기구 창설에 근거해 설립되었으나 미국은 참가하지 않았다.

Point [역사] 중동 전쟁

問 31 **37 ④**

1973년 10월 이스라엘과 이집트·시리아가 충돌한 제4차 중동 전쟁이 일어나 이스라엘이 승리했다. 이 전쟁에서 아랍 석유 수출국 기구(OAPEC)는 석유 전략을 취하여 이스라엘을 지원하는 서양과 일본에 석유를 수출하는 것을 제한했다. 이에 응해, 석유 수출 기구(OPEC)도 원유 가격을 단계적으로 인상했기 때문에 세계 경제에 큰 타격을 주었다. 이것을 제1차 석유 파동(오일 쇼크)이라고 한다. 일본에서는 인플레이션이 수습되지 않은 채 심각한 불황에 빠져(스태그플레이션) 석유 가격이 고등하여 국제수지가 적자를 기록하였다. 1974년에는 제2차 세계대전 후 처음으로 마이너스 성장을 기록하여, 1955년 이후 계속된 고도경제성장이 끝났다.

① 팔레스타인 해방 기구(PLO)가 결성된 것은 1964년으로 제1차 중동 전쟁(1948~49년) 이후의 일이다. 제1차 중동 전쟁은 팔레스타인 전쟁이라고도 하며 UN의 팔레스타인 분할안에 의해 건국된 이스라엘과 그것을 인정하지 않는 아랍 국가들 사이에서 일어났다. 전쟁은 이스라엘이 승리했으며 이스라엘은 팔레스타인 지역 대부분을 점거하여 독립을 확보했다. 그 결과 아랍계 주민은 난민이 되어 인근 여러 나라에 대피하였다.
② 제2차 중동 전쟁(1956~1957년)은 수에즈 전쟁이라고도 하며 이집트의 나세르 대통령이 수에즈 운하의 국유화를 선언한 것으로 인해 영국·프랑스와 이스라엘이 공동 출병하여 일어났다. 그러나 미국·소련과 국제 여론의 비난을 받아 정전했다.
③ 제3차 중동 전쟁(1967년)은 6일 전쟁이라고도 하며, 이스라엘이 이집트·시리아·요르단을 선제 공격해 승리하여 시나이 반도(이집트)·고란 고원(시리아) ·요르단강 서안·가자 지구 등을 점령했다.

Point [역사] 제3세계의 연대

問 32 **38 ②**

1955년에 인도네시아 반둥에서 아시아·아프리카 29개국 대표가 참가해 아시아·아프리카 회의(반둥 회의)가 열렸다. 거기서 평화 5원칙을 발전시킨 평화 공존·비동맹 주의·반식민지 주의 등의 평화 10원칙이 내세워졌다.

① 중국의 저우언라이(주은래) 수상과 인도의 네루 수상이 1954년에 회담을 열어 영토 보존과 주권 존중, 상호 불침략, 내정 불간섭, 평등 호혜, 평화 공존의 평화 5원칙을 발표했다. ③ 제1회 비동맹제국 정상회의는 인도의 네루 총리, 유고슬라비아의 티토 대통령, 이집트의 나세르 대통령의 제안으로 1961년에 유고슬라비아의 수도 베오그라드에서 열렸으며 25개국이 참가했다. 이 회의에서는 핵무기 금지나 식민지 주의 타파 등이 선언되었다. ④ 아프리카 제국 정상회의는 1963년에 에티오피아에서 열려, 아프리카 통일 기구(OAU)가 결성되었다. 2002년에는 아프리카 통일 기구가 발전된 아프리카 연합(AU)이 발족했다.

문제 Q	문제 번호	정답	문제 Q	문제 번호	정답
問 1 (1)	1	③	問 14	20	②
問 1 (2)	2	①	問 15	21	①
問 1 (3)	3	④	問 16	22	④
問 1 (4)	4	②	問 17	23	①
問 2 (1)	5	②	問 18	24	①
問 2 (2)	6	③	問 19	25	③
問 2 (3)	7	④	問 20	26	①
問 2 (4)	8	①	問 21	27	②
問 3	9	①	問 22	28	④
問 4	10	③	問 23	29	③
問 5	11	③	問 24	30	④
問 6	12	④	問 25	31	①
問 7	13	①	問 26	32	①
問 8	14	②	問 27	33	②
問 8	15	②	問 28	34	③
問 10	16	④	問 29	35	②
問 11	17	③	問 30	36	④
問 12	18	①	問 31	37	④
問 13	19	①	問 32	38	③

Point [역사] 나폴레옹

問 1⑴ **1 ③**

나폴레옹은 1806년 베를린에서 대륙 봉쇄령을 발표하고 유럽 대륙의 모든 나라가 영국과 무역하는 것을 금지했다. 여기에는 영국에 경제 타격을 주는 것과 프랑스 산업에 대륙 시장을 보장한다는 두 가지 목적이 있었다. ① 1802년에 종신 통령이 된 나폴레옹은 1804년에 국민 투표에 의해 황제가 되었다. ② 나폴레옹 법전은 법 앞에 평등·사유재산 불가침·계약의 자유 등 프랑스 혁명의 성과를 정착시키는 민법전이며, 나폴레옹이 황제가 되기 직전에 제정되었다. ④ 러시아가 대륙 봉쇄령을 무시하고 영국에 곡물을 수출하자, 나폴레옹은 1812년에 모스크바 원정을 했지만 실패로 끝났다. 이듬해 영국을 중심으로 하는 유럽 국가들이 해방 전쟁에 나서 라이프치히 전투(제국민전쟁)에서 나폴레옹을 격파했다.

Point [지리] 간척지와 원예 농업

問 1⑵ **2 ①**

a는 폴더이다. 폴더란 저습지에 육지를 조성하여 만들어진 간척지이다. 일반적으로 네덜란드에서 벨기에에 걸쳐 있는 간척지를 가리킨다. 네덜란드는 국토의 4분의 1이 해면보다 낮기 때문에 16세기 후반부터 본격적으로 폴더 조성이 추진되었다. 네덜란드 풍경에서 흔히 볼 수 있는 풍차는 배수를 위한 것이다. 델타는 하천에 의해 운반된 토사가 하구 부근에 퇴적되어 만들어진 지형으로 삼각주라고도 불린다.

b는 튤립이다. 네덜란드 남서부는 라인강 등이 형성하는 델타지대이다. 서부 해안사구에서는 튤립재배를 비롯한 원예농업이 활발하게 이루어지고 있다. 장미 재배로 알려진 것은 아프리카의 케냐이다. 케냐의 절화(꽃꽂이용 꽃) 생산은 1970년대에 카네이션 생산에서부터 시작되어, 1980년대에는 장미 생산이 급속히 증가했다. 케냐의 2020년 절화 수출 품목 비율은 9.5%이며, 1위의 차, 2위의 채소와 과일에 이어 세 번째로 많다.

Point [경제] EU의 무역 상대국

問 1⑶ **3 ④**

A는 미국, B는 중국이다. EU와 중국의 관계는 2001년 중국이 세계무역기관(WTO)에 가맹한 이후 조금씩 진전되어 경제적 상호 의존성을 높여 갔다. 2020년에, 중국은 EU 최대의 무역 상대국이며, 수출 상대국으로서는 1위, 수입 상대국으로도 미국에 이어 2위가 되었다. 참고로 일본은 EU의 수출입 상대국으로서 모두 7위다.

C는 스위스이다. 독일은 EU 가맹국이므로 바로 제외할 수 있다. 스위스는 EU에 가입하지 않았고 노르웨이 등 4개국이 EFTA(유럽 자유 무역 연합)를 결성하였다.

Point [지리] 암스테르담

問 1 (4) 4 ②

암스테르담은 헌법상의 수도이며 17세기 전반에는 세계 무역·금융의 중심이 되었다. 현재는 전통적 다이아몬드 연마업 외에 조선·화학·식품·철강 등의 공업이 발달하였다.

① 플로닝겐은 네덜란드 북부에 있는 상공업의 중심도시이다. 유럽 최대 천연 가스전이 존재하기 때문에(채굴 종료가 예정되어 있음) 네덜란드는 유럽 유수의 천연가스 산출국이다. ③ 헤이그는 정부의 소재지이기도 하고 사실상의 수도이다. 또한 헤이그와 그 주변에는 국제 사법 재판소(ICJ)나 국제 형사 재판소(ICC) 등 많은 국제 기구가 모여 있다. ④ 마스트리흐트는 독일과 벨기에 국경에 가깝고 1992년에 EU(유럽 연합)에 관한 조약인 마스트리흐트 조약이 맺어진 장소이기도 하다.

Point [국제사회] 원폭 투하

問 2 (1) 5 ②

1945년 7월에 핵실험을 성공시킨 미국은, 같은 해 8월 6일 히로시마에 원자 폭탄을 투하했다. 이 폭탄으로 인해 약 14만명이 목숨을 빼앗겼다. 그 3일 후인 8월 9일에는 나가사키에 원폭이 투하되어 7만명 이상이 사망했다. 원폭 투하에는 미국이 주도하는 형태로 전쟁을 끝내겠다는 의도가 있었다.

MEMO

問 **2 (2)** **6** ③

A의 쿠바 위기는 1962년이다. 1959년 쿠바에서 카스트로 등이 독재 정권을 쓰러뜨리는 혁명을 일으키고(쿠바 혁명), 그 후 사회주의 선언을 내세우며 소련에 접근했다. 1962년 소련(당시의 지도자는 흐루쇼프)의 지원으로 쿠바에 미사일 기지가 건설되고 있는 것이 밝혀지자, 미국의 케네디 정권은 쿠바를 해상 봉쇄하여 미국과 소련에 의한 핵전쟁의 위기가 찾아왔다. 이것이 쿠바 위기이다. 하지만, 소련이 미사일 철거에 동의했기 때문에 미국과 소련은 긴장 완화로 향했다.

B의 북폭을 시작한 것은 1965년이다. 제2차 세계 대전 후 프랑스령 인도차이나에서는 호치민이 베트남 민주 공화국 독립을 선언했다. 프랑스가 이를 인정하지 않아 인도차이나 전쟁이 일어났다(1946~54). 1954년 제네바 휴전 협정이 체결되어 프랑스는 인도차이나에서 철수했다. 그러나 미국은 휴전 협정 조인을 거부해 1955년에 북위 17도선을 경계로 남쪽으로 베트남 공화국을 수립했기 때문에 베트남은 북측의 베트남 민주 공화국과 남쪽의 베트남 공화국으로 분단되었다. 1960년에는 남베트남 해방민족전선이 결성되어 베트남 민주공화국과 협력해 힘을 강화해 갔다. 이에 대해 1965년, 미국의 존슨 대통령이 북베트남에 폭격(북폭)을 개시하여 베트남 전쟁이 격화되었다.

C의 한국 전쟁(6.25전쟁)이 일어난 것은 1950년이다. 한반도에서는 1948년에 북위 38도선을 경계로 북측에 조선민주주의인민공화국(북한), 남측에 대한민국(한국)이 성립되었다. 1950년 북한의 공격(남침)에 의해 한국 전쟁이 시작되자 미군을 중심으로 한 UN군이 한국을 지원하고, 중국은 중국인민의용군을 파견하여 북한 측에서 참전했다. 1951년부터 휴전회담이 시작되어 1953년 판문점에서 휴전협정이 맺어졌다.

Point [국제사회] 핵무기의 국제관리

問 **2 (3)** **7** ④

전략 무기 감축 협약(START)은 핵 보유국 간이 아니라 미국과 소련(러시아)의 조약이다. 1991년 미국과 소련 사이에서 핵탄두 수나 미사일 등의 핵무기 발사 수단 숫자에 상한선을 마련하는 전략 무기 삭감 조약 (START)이 맺어졌다(1994년 발효). 그 후 START를 더욱 촉진하는 START Ⅱ (1993년 조인)나 신START (2010년 조인) 교섭이 미국과 러시아 사이에서 이루어졌다(2021년 5년 연장에 합의).

1963	부분적 핵실험 금지 조약 (PTBT)
1968	핵확산 방지 조약 (NPT)
1972	제1차 전략무기 제한 조약 (SALT Ⅰ)
1979	제2차 전략무기 제한 조약 (SALT Ⅱ)
1987	중거리 핵 전략 (INF) 전폐 조약
1991	제1차 전략무기 삭감 조약 (START Ⅰ)

1993	제2차 전략무기 삭감 조약 (START II)
1996	포괄적 핵실험 금지 조약 (CTBT)
2010	신 전략무기 삭감 조약 (신START)
2017	핵무기 금지 조약

★강조부분은 미소(미-러)의 2개국간에 의한 것. INF는 2019년에 실효, CTBT는 미발효.

Point [국제사회] 핵무기금지조약

問 2 (4) 8 ①

핵무기 금지 조약은 모든 핵무기의 개발, 실험, 생산, 사용과 핵무기를 사용하겠다는 위협 등을 금지하는 최초의 국제 조약이다. 2017년 7월에 UN에서 122의 국가·지역 찬성으로 채택되어 2020년 1월에 발효되었다. 하지만, 비준한 국가가 고작 60여개국에 지나지 않으며, ③ 인도나 ④ 미국 등 핵 보유국, 미국의 '핵우산'에 의존하는 ② 일본이나 NATO(북대서양 조약 기구) 가맹국도 참가하지 않았다. 덧붙여, ① 오스트리아가 NATO에 가입하지 않았다는 점에 주의하자.

Point [경제] 자본주의경제의 특징

問 3 9 ①

자본주의 경제의 특징에 대해서는 사회주의 경제와 비교하면서 이해해 두어야 한다. 자본주의가 사유재산제인데 반하여 사회주의는 공유재산제를 도입하고 있다.

② 자본주의 경제에서는 과잉 생산이나 재고 조정 등에 의해 경기 변동이 일어나지만 사회주의 경제는 국가가 경제 활동을 관리하는 계획경제이기 때문에 경기 변동은 일어나지 않는다. ③ 앞부분은 맞지만 뒷부분은 잘못된 내용이다. '정부의 개입을 받지 않는다'라는 것은 자본주의의 특징이지만 정부는 자국 통화의 급락을 막기 위한 목적 등으로 시장 개입을 하는 경우가 있다. 일본에서도 엔화가 강세를 보이면 가끔씩 엔 매도·달러 매입 개입을 가끔씩 실시한다. ④ 자본주의 경제에서는 노동자와 자본가 사이에서 계급 대립이 일어난다. 사회주의 경제에서는 자본가는 존재하지 않으며 모두가 노동자이기 때문에 계급 대립이 일어나지 않는다.

10 ③

과점 시장에 있어서는 유력한 대기업이 프라이스 리더(가격 선도자)가 되어 가격을 결정하고, 다른 기업이 이를 따르면 관리가격이 형성된다. 이 경우 수요가 감소하거나 생산 비용이 떨어져도 가격은 충분히 떨어지지 않는다(가격의 하방경직성). 이 때문에 광고·선전·서비스와 같은 비가격 경쟁이 치열해진다 (④는 오답). 또한 과점 시장에서는 자유로운 경쟁은 이루어지지 않으며 가격의 자동 조절 기능도 작용하지 않는다(①은 오답). 기업의 독점 형태로서, 카르텔(기업 연합)·트러스트(기업 합동)·콘체른(기업 통합)이 있다. 카르텔은 기업 사이에서 가격이나 생산량을 협정하는 것이며, 트러스트는 동일 업종 기업이 합병되어 하나의 기업이 되는 것이다(②는 오답). 일본에서는 독점 금지법에 의해 카르텔을 금지하고 있으며, 트러스트는 제한되었다. 콘체른은 중심이 되는 기업이 지주회사로서 다수의 기업을 지배·관리하는 것이다.

11 ③

국가의 경제 규모를 측정하기 위해서는, 어떤 시점에서 경제 주체가 보유하고 있는 자산을 집계한 스톡 (stock(재고), 국부)과 일정 기간(일반적으로 1년간) 동안의 경제 활동(생산·유통·판매·소비 등)의 양을 나타내는 플로우(국민 소득)라는 두 가지 관점에서 볼 필요가 있다 (①은 '과거 몇 년간', '평균치'가 틀림). 스톡은 국내 물건 가격의 합계인 실물 자산(주택·내구 소비재, 기업의 기계·공장, 국가 및 지방의 건물·도로 등)과 대외 순자산(대외 자산에서 대외 부채를 뺀 것)으로 나누어진다(②는 플로우가 아니라 스톡이다). 예금 등 국내 금융 자산은 스톡에 포함되지 않는다. 플로우로 분류되는 것에는, 국내총생산(GDP)(④는 스톡이 아니라 플로우다)·국민총생산(GNP)·국민순생산(NNP)과 무역수지 등이 있다.

12 ④

노동생산성 계산에서 실업률은 고려하지 않기 때문에, 실업률이 낮으면 노동생산성은 낮아지는 경향이 있다. 반대로 IT 시스템이 도입되거나 재산권을 보호하는 법률 등이 제정되거나 하면 노동생산성이 높아지는 경향이 있다(① ② ③은 옳음). 이 중 ②는 교육이나 연수에 의해 노동자의 스킬이나 능력이 향상되는 것으로 생각하면 된다.

일본의 노동 생산성은 금융·보험업·전기·가스·수도업·정보통신업 등에서는 높고 음식 서비스업·의료·복지업, 숙박업 등 서비스를 중심으로 한 업종에서는 낮아지는 등 업종에 따라 크게 차이가 난다. 또한, 무료 서비스는 수치에 반영되지 않기 때문에 계산상 노동 생산성은 낮아진다.

더욱이, 일본의 노동생산성은 선진 7개국 중 최저이며, OECD 가맹 36개국 중에서도 낮다. 노동생산성이 높아질수록 기업의 이익은 늘어난다. 노동 인구가 감소하여 자원의 확대를 기대할 수 없는 일본으로서는 노동생산성 향상을 꾀하는 것이 급무이다.

Point [경제] 금본위제

問 7 **13 ①**

a에는 1816년에 금본위제를 처음으로 채용한 영국이 들어가야 한다. 미국이 금본위제를 채택한 것은 캐나다·독일·프랑스 등에 이어 1879년이다. 일본은 청일전쟁 이후 1897년에 금본위제를 채택했다.

b는 '물가가 오른다', '국제수지가 적자'라는 내용을 힌트로, 수입을 고를 수 있다. 물가가 상승하면 가격이 높은 제품을 수출하는 것이 되기 때문에, 수출은 감소하고 수입이 증가한다. 그 결과 국제수지는 적자가 된다. c는 '물가는 떨어져'를 힌트로 b의 반대를 생각하면 되기 때문에 수출이 들어가야 한다.

각국은 제1차 세계대전(1914~18년) 중에 금본위제를 이탈하고(일본의 이탈은 1917년), 1차 대전 종결 이후에 복귀했다(일본의 복귀는 1930년). 하지만, 1929년에 세계공황 등의 영향을 받아 1930년대에는 영국을 비롯한 여러 나라들이 금본위제를 이탈했다. 제2차 세계대전 중인 1944년에 금과 달러 교환이 결정되었으며 IMF(국제통화기금) 가맹국의 통화와 달러의 교환 비율을 일정하게 유지하는 고정환율제가 도입되었다. 이것을 브레튼 우즈 체제(IMF 체제) 혹은 금·달러 본위제라고 한다. 브레튼 우즈 체제는 1971년에 미국의 닉슨 대통령이 금과 달러 교환을 폐지함으로써 종료되었으며(닉슨 쇼크, 달러 쇼크), 고정환율제는 붕괴했다.

Point [경제] 점령기의 경제정책

問 8 **14 ②**

일본은 제2차 세계대전 패전 후 미국을 중심으로 하는 연합군에 의해 점령되었다(~1952년). 도쿄에 연합군 최고 사령관 총사령부(GHQ/SCAP)가 설치되어, GHQ의 지령·권고를 토대로 일본 정부가 통치를 하는 간접통치에 의한 점령정책이 실시되었다. 그 큰 목적은 일본의 민주화와 비군사회를 추진하는 것이었다. 또한, 점령기에는 극도의 물자 부족으로 인플레이션이 급속히 진행되었기 때문에 일본 정부가 중심이 되어 다양한 경제정책을 실행했다. 그 중 하나가 1946년 말부터 1948년에 걸쳐 진행된 경사생산방식이다. 이 정책으로 국가 경제를 뒷받침하는 석탄과 철강 등의 산업에 자재와 자금을 집중시켜 생산 회복을 도모하려고 했다.

① 1945년 말, GHQ의 지령으로 재벌해체가 개시되어, 주식의 민주화를 통하여 재벌 본사가 해산되었다. 나아가, 재벌 부활을 방지하기 위해 1947년에 지주회사나 트러스트의 결성, 카르텔 행위 등을 금지하는 독점금지법이나, 자유경쟁을 확보하기 위해 거대 독점 기업을 분할하는 과도 경제력 집중 배제법이 제정되었다.

③ 국민소득 배증 계획은 점령기가 아니고 1960년 이케다 하야토 내각 시기의 일이다. 이 계획은 10년 후인 1970년까지 국민총생산(GNP) 및 1인당 국민소득을 2배로 하는 것을 목표로 내세운 것으로 1967년 목표가 달성되었다.

④ 도지 라인은 1949년 미국 정부로부터 GHQ 고문으로 파견된 도지에 의해 실시된 경제 정책이다. 적자를 허락하지 않는 초균형예산(긴축 예산) 작성으로 인플레이션을 수습하고, 1달러=360엔 단일 환율 설정으로 무역확대를 도모하려는 것이었다. 고정환율제에서 변동환율제로 이행한 것은 1973년의 일이다.

Point [경제] 리먼 쇼크

問 9 **15** ②

2006년 미국에서 소득이 낮은 사람을 대상으로 한 주택대출을 금융기관이 회수 하지 못하는 사태에 빠져 서브 프라임 모기지 사태가 발생했다. 이로 인해 미국의 주요 투자은행인 리먼·브라더스가 도산하여 세계적인 금융위기·세계동시 주가하락이라는 리먼 쇼크가 일어났다. 일본에서는 엔고·달러저와 수출 감소로 경기가 악화되었다.

① 닉슨 쇼크(문제 7번 해설 참조)는 무역 적자와 베트남 전쟁의 비용 부담으로 인한 국제수지 악화를 배경으로 1971년에 미국의 닉슨 대통령이 실시한, 금과 달러 교환 중단 등 신경제정책에 의한 세계 경제의 큰 변화를 말한다. ③ 제1차 석유파동은 1973년의 일이다(제1회 문제 31번 해설 참조). ④ 아시아 통화위기는 1997년에 태국 바트가 대량으로 매도되었기 때문에 일어난 경제 위기이다.

Point [현대 사회] 세계의 선주민족

問 10 **16** ④

선주민족이란 어떤 토지에 원래 살고 있었던 집단을 말한다. 특히 근대 국가가 형성되는 단계에서 미개하다는 편견을 바탕으로 민족으로서의 존재와 고유한 문화를 부정 당하고 토지와 함께 일방적으로 국가에 병합된 민족집단을 가리키는 경우가 많다. 현재, 적어도 5000개의 선주민족이 존재하며 90개국 이상의 나라에 3억 7000만명 이상이 살고 있다고 한다. 2007년의 '선주민 권리 선언'에서는 선주민족의 권리가 강조되어 선주민족에 대한 차별이 금지되었다. 선주민족의 권리에는 고유한 생활 양식을 지키며, 경제 사회 개발에 대한 스스로의 비전을 추구할 권리도 포함되어 있다. 그러나 이 선언에는 명확한 선주민족의 정의는 없다.

일본의 선주민족은 아이누이다. 아이누는 홋카이도(北海道)를 중심으로 혼슈(本州) 북부 등에 살고 있었으나 일본 정부에 의한 일본인 동화 정책으로 민족 고유 전통과 문화를 부정 당하는 등의 차별을 받아왔다. 그러나, 1997년에 아이누 문화 진흥법이 제정되고, 2008년 중의원 본회의에서 '아이누 민족을 선주민족으로 할 것을 요구하는 결의안'이 가결되자 일본은 아이누 민족을 포함한 복수 민족 국가라는 것이 일본 정부의 공식 견해가 되었다. 그리고 2019년에 아이누 문화의 존중 등을 위해 제정된 아이누 시책 추진법에서는 아이누가 '선주민족'임이 처음으로 법률로 인정되었다. 아이누는 현재도 홋카이도를 중심으로 살고 있으며 정확한 인구는 불분명하지만, 2만명 정도로 추정된다.

① 마오리는 뉴질랜드, ② 이누이트는 북미, ③ 애버리지니는 호주 선주민족이다. 이누이트에 대해 보충하자면 북아메리카의 인디언과 에스키모(캐나다에서는 에스키모는 차별어로 간주되어 이누이트라고 부름)를 현재는 퍼스트 네이션(First Nations)이나 네이티브 아메리칸(Native American), 네이티브 캐나디안(Native Canadian)이라고 부르게 되었다.

問 11 **17** ③

바람은 기온과 강수량 등과 함께 기후를 구성하는 기후 요소 중 하나이며, 기압은 높은 곳에서 낮은 곳으로 분다. 또한 북반구에서는 시계방향으로, 남반구에서는 반시계 방향으로 분다. 무역풍은 적도부근 바다에서 불어오는 바람으로 북반구에서는 북동, 남반구에서는 남동에서 부는 항상풍(1년동안 풍향이 변하지 않는 바람)이다.

① 계절풍은 몬순이라고도 하며 고기압이나 저기압의 발생에 의해 계절에 따라 부는 방향이 달라진다. ② 극동풍은 극고압대에서 고위도 저압대를 향해 부는 동쪽으로 치우친 바람이다. ④ 편서풍은 북위·남위30~60도 부근의 상공 서쪽에서 동쪽을 향해 부는 항상풍이다. 중위도의 대륙 서해안은 편서풍 영향을 받아 온화한 해양성 기후가 된다. 편서풍 중에서도 특히 강한 띠 모양의 기류인 제트 기류는 겨울에 발달한다.

問 12 **18** ①

일본의 국토 면적이 약 38만㎢인 것을 알아 두자. 일본 국토 면적은 세계에서 62번째 넓이이지만, 바다에 둘러싸여 있기 때문에 배타적 경제 수역의 면적은 세계에서 8번째 넓이이다(1위는 해외 영토를 많이 가진 프랑스). 인도네시아와 뉴질랜드는 국토 면적의 차이로 판단할 수 있다.

배타적 경제 수역(EEZ:Exclusive Economic Zone)이란 연안국이 어업 자원이나 자원 개발 등에 대한 권리를 가지는 수역을 말한다. 그 범위는 유엔 해양법조약에서 해안선부터 200해리(약370km)까지라고 규정되어 있다.

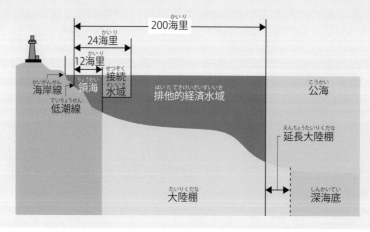

[지리] 지역별 농산물 비율

問 13 19 ①

작물 재배와 기후 조건은 크게 관련되어 있다.

A는 아프리카가 67.1 %로 대부분을 차지하고 있기 때문에 카카오콩이라고 판단할 수 있다. **카카오콩** 재배에는 적도를 중심으로 한 **북위 10도~남위 10도의 저지대**가 적합하다. 또한 **커피 원두**는 **열대 고원과 구릉지**에서 많이 재배된다. 카카오콩 생산국으로서는 코트디부아르가 세계 1위로 2위 가나·3위의 인도네시아와 크게 격차를 벌리고 있다.

B는 유럽이 절반 이상을 차지하고 있기 때문에 올리브가 해당된다. 올리브 재배에 적합한 기후는 여름에는 건조하고 겨울에는 비가 많은 지중해성 기후이다. 동일한 지역에서 오렌지류의 재배도 활발하다. 올리브 생산은 스페인이 가장 많으며 그리스가 그 뒤를 뒤따르고 있다.

C는 아시아가 90% 가까이 차지하고 있기 때문에 쌀이라고 판단할 수 있다. 쌀은 온난 습윤한 지역에서 활발하게 재배되고 있으며, 쌀 생산국 상위는 중국, 인도, 인도네시아 등 모두 아시아 국가들이다.

D는 남미와 아시아가 80% 이상을 차지하고 있으므로 사탕수수가 해당된다. 사탕수수 재배는 열대 몬순 지역이나 사바나 지역이 적합하며 브라질이 최대 생산국이고 인도가 그 뒤를 따르고 있다. 카카오콩이나 커피 원두와 함께 대표적인 플랜테이션 작물이기도 하다.

Point [지리] 1차 에너지 비율

問 14 20 ②

1차 에너지란 자연에서 얻은 그대로의 자원으로, 석유·석탄·천연가스 등의 화석연료와 원자력·수력·태양광·풍력 등의 자연 에너지(태양광·풍력 등은 재생 가능 에너지)가 있다.

4개국의 1차 에너지 구성의 특징적인 비율을 제대로 이해하고 있는지가 포인트이다. 중국이 세계 석탄 생산 절반 이상을 차지하고 있기 때문에 A는 중국이라고 판단할 수 있다. B는 특징을 잡기 어렵지만 석유에 의존하는 비율이 높은 점에서 자원이 부족하며 수입에 의존하는 일본이라고 생각할 수 있다. 수력 발전은 대하천이나 빙하 지형이 많이 분포하는 나라에 많기 때문에 C가 캐나다라고 알 수 있다. 이 외에도 노르웨이나 핀란드 등에서도 수력 발전의 비율은 높다. D는 프랑스라고 쉽게 알 수 있다. 프랑스는 원자력발전 비율이 매우 높다는 것을 기억해 두자.

Point [지리] 시차

問 15 **21 ①**

시차 문제는 경도에 주목하여 계산하면 된다. 시차는 15도마다 1시간의 차이가 나기 때문에 (153-22) ÷ 15 = 2.06이 되어 일출, 일몰 시간차는 2시간이 된다. 또한 동쪽이 서쪽보다 시간이 빨리 가기 때문에(태양은 동쪽에서 뜬다) 일출, 일몰 시간은 동쪽에 있는 미나미토리(南鳥)섬이 빠르다.

Point [지리] 자동차 보유 대수

問 16 **22 ④**

도도부현(都道府県)별로 세대당 승용차 보유 대수에 큰 차이가 있다. 특히 도시부(수도권)와 지방(호쿠리쿠(北陸)·북칸토(北関東) 등)에서 차이가 크다. 그 이유로 대중 교통기관 상황과 생활 환경 충실도의 차이를 들 수 있다. 즉, 교통이 불편하고 근처에 상업 시설 등 생활에 빠뜨릴 수 없는 시설이 없는 곳일수록 승용차 보유 대수가 많아진다. 도쿄도(東京都)는 교통이 편리하고 상업 시설 등도 근처에 있으므로 승용차 의존도는 낮다. 오사카부(大阪府)도 도쿄도와 마찬가지로 생각할 수 있기 때문에 D가 해당된다. 향후 저출산 및 고령화, 인구 감소로 인해 대중교통 기관이나 생활 관련 시설 등이 감소되면 승용차 보유율이 상승할 것으로 예상된다. 참고로, A는 니가타현(新潟県), B는 구마모토현(熊本県), C는 나라현(奈良県)이다.

Point [지리] 3대 공업지대

問 17 **23 ①**

삼대공업지대란 게이힌(京浜)·주쿄(中京)·한신(阪神) 공업지대를 말한다. 각각의 특징을 알아두는 것이 중요하다.

A 게이힌 공업 지대는 도쿄도(東京都)·가나가와현(神奈川県)·사이타마현(埼玉県)에 걸쳐 있는 공업 지대이다. 예전에는 생산액 일본1위였으나 공장의 지방 이전 등으로 인해 점유율(생산액 비율)이 저하되었다. 도쿄는 신문사·출판사가 많아 인쇄업은 전국 1위의 출하액을 기록하고 있다('그 외'의 비율이 높음). 또한, 대소비지이기 때문에 식품 공업도 번성해 있다.

B 한신 공업 지대는 오사카부(大阪府)·효고현(兵庫県)에 걸쳐 있는 공업지대이다. 제2차 세계대전 이전에는 일본 1위 공업지대였으나 섬유·철강업 쇠퇴로 지위가 저하되었다(하지만 '금속' 출하액은 전국 1위이다). 최근 임해부에서 첨단기술산업(액상 패널이나 태양 전지)을 유치하고 있다.

C 주쿄 공업 지대는 아이치현(愛知県)·미에현(三重県)에 걸쳐 있는 일본 1위의 공업 지대이다. 자동차 출하 금액 전국 1위이며('기계' 비율이 높음), 아이치현의 도요타시(豊田市)는 자동차 산업의 마을로 알려져 있다(도요타 자동차의 본거지). 또한 미에현의 욧카이치시(四日市市)에는 석유 화학 콤비나트가 형성되어 있다.

問 18 **24 ①**

17세기 영국의 법률가 에드워드 코크(쿡)는 "국왕이라고 하더라도 신과 법 아래에 있다"는 13세기 영국의 법률가인 브랙턴의 말을 인용하고 국왕도 중세 이후의 관습법인 커먼로(영미법)를 따라야 한다는 '법의 지배'라고 불리는 사고 방식을 주장했다.

② '통치하는 자가 아니라 통치되는 자는'을 '통치하는 자도 통치되는 자도'로 바꾸면 올바른 문장이 된다.

③ ④ 모두 법치주의 사고 방식이다. 법치주의란, 19세기 독일에서 발달된 사고 방식으로 행정권 행사에는 법률의 근거가 필요하며, 제정에 이르는 절차의 형식적인 올바름이 중시된다. 법의 내용이 정말로 정의로운지는 묻지 않는다.

	법의 지배	법치주의
발달한 나라	영국에서 발달	독일에서 발달
원리	법의 내용이 합리적	법의 내용이 비합리적이어도 된다
목적	기본적 인권 보장	행정의 합리화

▲법의 지배와 법치주의의 차이

問 19 **25 ③**

미국에서는 엄격하게 권력이 분립되어 있다. 대통령은 의회에 입법·예산 심의를 권고하는 교서 송부권이 있는 것 외에, 가결된 법안에 대한 법안 거부권(다만 양원에서 출석의원 3분의 2이상이 재가결 하면 다시 거부할 수 없음), 조약 체결권(상원의 동의가 필요함) 등을 가지고 있다.

① 대통령 선거는 국민이 대통령 선거인을 직접 뽑고, 그 선거인이 대통령을 선출하는 간접선거 방식이다. 그러나 선거인이 누구를 대통령으로 선택할지 미리 정해져 있기 때문에 실질적으로는 직접선거이다. ② 대통령 임기는 2기 8년까지로 3선은 금지되어 있다. 그 밖에 대통령은 연방의회에 의석을 가지고 있지 않은 것, 의회에 대통령에 대한 불신임 결의권이 없는 것에도 주의하자. ④ 행정의 최고 책임자인 대통령은 의회에 대한 법안 제출권이나 의회 해산권을 갖지 않는다.

問 20 **26 ①**

사회권이란 모든 국민이 '인간다운 생활을 영위할 권리'를 말한다. 1919년에 독일 바이마르 헌법에서 처음으로 규정했다. 일본국 헌법에는 ① 생존권 외에 교육을 받을 권리, 근로의 권리, 노동자의 단결권·단체 교섭권·단체 행동권이라는 노동3권이 보장되어 있다.

② 이익 확보를 위해 국가의 적극적인 행위를 요구하는 청구권(제1회 문제 20번 해설 참조)이다. ③ 국가권력이라고 해도 범할 수 없는 자유권이다. ④ 근로의 의무는 교육을 받게 할 의무, 납세의 의무와 함께 국민의 3대 의무이며, 권리가 아니다.

Point [정치] 중의원의 우월

問 21 **27 ②**

국회의 의사는 원칙적으로 중의원과 참의원에서 일치하면 성립된다. 하지만, 양원이 대립할 경우 일본국 헌법은 중의원에 우월적인 지위를 주고 있다. 그 이유는 중의원에는 해산이 있으며 임기가 짧아(중의원은 최장 4년, 참의원은 6년), 국민의 의사를 반영하기 쉽기 때문이다. ① 조약의 승인과 ③ 예산 의결이 여기에 해당된다. 양원에서의 의결이 다르고 양원 협의회에서도 의견이 일치하지 않을 경우에는 중의원의 의결 내용으로 성립된다. ④ 내각 불신임 결의는 중의원만 인정되며 참의원은 문책 결의 뿐이다(제1회 문제 21번 해설 참조).

② 법률안 심의는 중의원·참의원 어느 쪽부터 시작해도 되기 때문에 적절하지 않아 정답이다. 단, 법률안의 의결은 중의원이 우월하다.

Point [정치] 재판원 제도

問 22 **28 ④**

사법 제도 개혁의 하나로서 국민의 사법 참여를 보장하기 위해 2009년 5월부터 재판원 제도가 시작되었다. 일본의 재판원 제도는 미국의 배심제와는 달리, 재판관과 공동으로 판결을 하고 양형(형벌의 정도)도 판단한다. 미국의 배심제는 판결은 배심원만이 하지만, 배심원은 유죄·무죄 판단 내리는 것뿐이며 양형 판단은 하지 않는다.

① 민법 개정 등에 의해 성인 연령이 20세에서 18세 이상으로 내려갔기 때문에 2023년 이후에는 18세 이상의 국민이 재판원으로 선정되게 되었다. ② 대상이 되는 재판은 살인이나 강도·방화 등 중대한 형사 재판에 한정되며 경미한 형사 사건이나 민사 사건은 대상이 되지 않는다. ③ 재판원 재판에서 내려진 판결은 양형이 너무 무겁다는 이유로 상급 재판소(고등재판소·최고재판소)에서 번복되는 경우도 있다.

Point [정치] 한 표의 격차

問 23 **29 ③**

유권자 수를 의원정수로 나누면 각 선거구의 의원 1인당 유권자수를 알 수 있다. A선거구는 500,000÷6=83,333명이 되고 B선거구는 140,000명이 된다. 즉, A선거구에서는 1명이 당선하는데 필요한 유권자가 83,333명인 반면, B선거구에서는 140,000명이 필요하여 A선거구가 당선되기 쉽다. 그리고 이 2개 선거구의 한 표의 격차를 보면 140,000÷83,333=1.68배의 차이가 있다. 마찬가지로 C선거구는 150,000명, D선거구는 266,666명, E선거구는 250,000명의 유권자가 필요하기 때문에 A선거구와의 한 표의 격차는 각각 1.80배, 3.20배, 1.20배가 되어 A선거구와 D선거구의 한 표의 격차가 가장 크다.

유권자의 한 표의 가치는 같다는 평등선거는, 일본국 헌법 제44조(의원 및 선거인의 자격)에 규정되어 있다. 하지만, 선거구의 인구 차이로 인한 의원 한 명당 유권자수에는 격차가 있어 한 표의 격차가 발생하고 있다. 특히 도시와 농촌부의 차이가 커서 한 표의 격차를 둘러싸고 소송도 제기되고 있으며 최고재판소에서도 헌법 위반이라는 판결이 나왔다. 그래서 의원정수나 선거구 할당의 재검토 등이 이루어지고 있다. 또한, 2020년 국세 조사 결과를 토대로 '아담스 방식'을 이용하여 계산해 도도부현(都道府県)별 소선거구 수를 재검토해서, 2022년 이후의 중의원 의원 총선거에서 실시하게 되었다.

Point [국제 사회] 파리 협정

問 24 **30 ④**

파리 협정에서는 기후 변화에 대한 대처를 지원하기 위해 선진국이 개발 도상국에게 자금(녹색 기후 기금)을 제공하게 되었다. 또한 지원 능력이 있는 국가(주로 신흥국)도 자발적으로 자금 지원을 하도록 되어 있다.

2015년 12월에 채택된 파리 협정은 다음해 4월에 175개 국가와 지역이 서명해 발효되었고, 2020년부터 본격적으로 운용이 시작되었다. 1997년 채택, 2005년 발효된 교토의정서 이후로 나온 기후변화에 관한 국제적 협약이다.

파리 협정에서는 세계 공통 장기 목표로서 산업 혁명 이전과 비교해 평균 기온 상승을 2℃이내로 유지하고, 가능한 한 1.5℃이내로 억제하려는 노력을 할 것(① 은 오답), 21세기 후반에 세계 온실 가스 배출을 실질적으로 제로로 하는 것을 목표로 하였다(② 는 오답).

또한 파리 협정은 많은 개발 도상국의 참여를 도모하기 위해, 삭감 수치 목표 달성을 노력 의무로 정하여 목표 달성에 이르지 못해도 벌칙은 없다(③ 은 오답). 파리 협정에서는 지정된 목표를 달성하는 것이 아니라 각국 스스로가 목표 계획을 설정하여 실행하는 수법을 채용했다. 그리고 각국의 삭감 목표를 5년마다 보고·갱신하여 이전보다 전진한 것을 보여주기로 했다. 교토의정서와의 차이에도 주목하며 정리해두자.

	교토 의정서	파리 협정
채택 년	1997년 (COP3)	2015년 (COP21)
삭감 목표	정부간 교섭으로 결정	모든 나라에 책정 · 보고 · 재고를 의무화
목표 달성 의무	있음 (벌칙 있음)	없음
장기 목표	없음	산업혁명 이전과 비교해 평균 기온 상승을 2℃ 이내로 유지한다

▲교토 의정서와 파리 협정 차이　　주)COP : Conference of the Parties

Point [국제 사회] 국제연합 헌장

問 25　31 ①

a에는 '유효한'이 있으므로 개별적보다 집단적이 옳다고 판단해야 한다. b는 이 조문이 국제연합헌장이기 때문에 국내법일 리가 없다. 덧붙여, a와 연관해서 국제연합헌장 제51조에는 '이 헌장의 어떠한 규정도, 국제연합 가맹국에 대하여 무력 공격이 발생한 경우에 안전 보장 이사회가 국제 평화 및 안전 유지에 필요한 조치를 취할 때까지 개별적 또는 집단적 자위의 고유 권리를 해하지 않는다.'라고 규정되어 있어 개별적 자위권과 함께 집단적 자위권이 인정되고 있다.

국제연합 헌장은 제2차 세계대전 중인 1944년 8월~10월에 미국·영국·소련·중화민국 정부 대표에 의해 미국 워싱턴 교외 덤버턴오크스에서 열린 국제연합 설립에 관한 회의에서 원안이 작성되었다. 이듬 해 6월 샌프란시스코 회의에서 51개국이 서명하고 10월에 소련이 비준하여 발효됐다. 국제연합 헌장은 전문과 전19장, 111조로 구성되어 가맹국의 주권 평등에서부터 국제관계에 있어서의 무력행사 금지에 이르기까지 국제 관계 주요 원칙이 성문화되어 있다.

Point [역사] 보스턴 차 사건

問 26　32 ①

7년 전쟁(1756~63년)의 전쟁 비용 부담 등으로 재정이 어려워지자 영국 본국은 13개 식민지에 대한 무역통제나 과세 강화를 실시했다. 1765년에는 인지법을 제정하고, 1773년에는 차의 판매권을 동인도회사에 독점하게 하는 차법을 제정했다. 이 차법이 원인이 되어 일어난 것이 보스턴에서 일어난 보스턴 차 사건이다.

② 뉴욕은 1626년에 네덜란드인이 건설한 뉴암스테르담을, 영국이 1664년에 획득해 개칭했다. ③ 워싱턴은 1800년에 미합중국(미국) 수도가 되었다. ④ 요크타운에서는 1781년 전투에서 식민지 측이 영국군에 승리했다. 그 결과 영국은 1783년 파리 조약에서 미합중국의 독립을 승인했다.

Point [역사] 크림(크리미아) 전쟁

問 27 **33 ②**

크림 전쟁은 1853년에 러시아가 남하 정책을 추진하기 위해서 일으킨 오스만제국과의 전쟁이다. 당초에는 러시아가 우세했지만 러시아 남하를 두려워한 영국·프랑스와 이탈리아 통일을 위해 국제적 지위 상승을 목표로 하는 사르데냐가 오스만제국 측에 붙었다. 그 결과 러시아는 대패하고 1856년 파리조약이 맺어졌다.
① 은 아라비아 반도가 아니라 발칸 반도이며, ③ 은 런던 조약이 아니라 파리 조약이다. ④ 크리미아 전쟁 패배 후에는 알렉산드르 2세가 농노 해방령을 내는 등 대규모 개혁이 시작되었다.

Point [역사] 아프리카 분할

問 28 **34 ③**

베를린에서 개최된 회의이므로 제창한 인물이 독일인이라고 생각할 수 있을 것이다. 19세기 후반부터 유럽 열강에 의한 아프리카 분할이 본격화하고 그 과정에서 열강 간 대립도 생겼다. 1880년초 콩고 지역을 둘러싸고 유럽 국가들의 대립이 일어나자, 총리 비스마르크 제창으로 1884년부터 1885년에 걸쳐 독일의 수도 베를린에서 국제 회의가 개최되어(베를린 회의), 아프리카 분할 원칙이 확인되었다. 이에 따라 벨기에가 콩고강 유역의 통치권을 인정받은 것 외에, 어떤 한 지역을 최초로 점령한 국가가 그 지역의 영유권을 갖게 된다(선점권)는 원칙 등이 확인되었다.
① 오스트리아의 메테르니히는 1814년부터 1815년에 걸쳐 나폴레옹 전쟁 이후의 문제들을 처리하기 위해 열린 빈 회의를 주도했다(제3회 2번(2) 해설 참조). 그 이후 총리가 되었지만 1848년 빈 3월 혁명으로 실각되었다.
② 영국의 처칠은 1940년부터 1945년까지 총리로서 제2차 세계대전의 승리에 진력했다. 제2차 세계대전 이후에는 반소 정책과 유럽 통합을 주창해 1951년에 다시 총리가 되었다(~55년).
④ 이탈리아 카보우르는 사르데냐 왕국의 총리가 되어 이탈리아 통일을 추진하여 1861년 이탈리아 왕국 성립에 힘썼다.

問 29 **35 ②**

일본에서는 17세기 중반 이후 특정 국가 이외와는 협상을 닫는 쇄국 정책을 취하고 있었는데, 1853년 미국 페리가 무력을 배경으로 개국을 강요하여 1854년에 미일 친화 조약이 맺어졌다. 하지만, 미국에 일방적인 최혜국 대우(일본이 미국 이외의 국가에 보다 유리한 조건을 제시했을 경우에는 미국에도 자동적으로 그 조건을 인정한다)를 준다는 불평등한 내용이었다. 1858년에는 미일 수호 통상 조약이 맺어지고, 이어서 영국 등과도 같은 조약을 맺어 이듬해부터 요코하마 등에서 무역이 시작되었다. 그러나 이것 역시 일본이 독자적으로 관세를 결정할 수 없거나(관세자주권의 결여), 외국인 범죄는 그 국가의 영사가 판결하며 일본측에는 재판권이 없다(영사재판권의 승인)는 등의 불평등 조약이었다.

① 관세자주권의 회복과 영사재판권의 철폐가 옳다.

③ 러일전쟁(1904~05년)이 아니라 청일전쟁(1894~95년)이 옳다. 영국은 동아시아 진출을 도모하고 있던 러시아에 대항하기 위해 일본에 대해서 호의적인 태도를 취하게 되었다. 이를 배경으로 1894년 영일 통상 항해 조약이 체결되어 관세 자주권이 일부 회복되었다.

④ 조약 개정이 실현된 것은 1911년으로 미국과의 사이에서 미일 통상 항해 조약이 개정되어 관세자주권의 완전 회복과 영사재판권의 철폐가 실현되었다. 그 배경에는 헌법 제정 등으로 인한 입헌체제의 확립, 청일·러일전쟁에서 승리하는 등 국력의 충실과 자본주의 발달에 의해 일본의 국제적 지위가 상승한 것 등이 있다. 베르사유 조약은 1919년에 제1차 세계대전 강화조약으로서 연합국과 독일 사이에서 맺어진 조약이다.

問 30 **36 ④**

A 나치당의 정권 획득은 1933년이다. 세계공황의 타격을 받은 독일에서는 히틀러가 이끄는 국가사회주의 독일노동자당(나치당)이 급속히 대두되었다. 나치당은 1932년 총선에서 제1당이 되었고, 이듬해인 1933년에 히틀러가 총리가 되어 정권을 잡았다.

B 중일전쟁 시작은 1937년이다. 노구교 사건을 계기로 중일 전면 전쟁으로 발전했다.

C 국제연맹 설립은 1920년이다. 윌슨 미국 대통령은 제1차 세계대전 말기인 1918년에 '14개조의 평화 원칙'을 발표하고 그 중에서 국제 평화 기구 설립을 제창했다. 이를 바탕으로 1919년 베르사유 조약에서 국제연맹 설치가 정해져 1920년에 발족되었다. 원가맹국은 42개국이며 본부는 스위스의 제네바에 설치되었다.

D 파리에서 부전 조약(캘로그-브리앙 조약)이 체결된 것은 1928년이다. 브리앙 프랑스 외무장관과 켈로그 미 국무장관의 제창에 의해 국책 수단으로서의 전쟁을 포기할 것을 결정했다.

問 31 **37** ④

1985년에 소련 공산당 서기장이 된 고르바초프는 사회주의 체제를 재건하기 위해 국내 개혁(페레스트로이카)·정보공개(글라스노스트)를 제창하였다. 1986년 체르노빌 원전사고가 일어나 글라스노스트의 중요성이 확인되었다.

① 소련 정부는 1979년에 아프가니스탄 지배를 둘러싼 내전에 아프가니스탄 정부를 지원하기 위해 군사 침공을 강행했다. 이 영향으로 이듬해 개최된 모스크바 올림픽에 미국과 일본을 비롯한 약 50개국이 보이콧하는 사태가 발생했다. 1988년부터 이듬해에 걸쳐 군사비 삭감을 목표로 하는 고르바초프의 주도로 소련은 아프가니스탄에서 철수했다. ② 러시아 연방의 초대 대통령은 옐친이다. 1991년 12월에 러시아와 11개 공화국에 의한 독립 국가 공동체(CIS)의 형성을 주도해 소련은 소멸했다. 러시아 공화국은 러시아 연방으로 개칭했다.

③ 1989년 12월에 열린 몰타 회담은 소련의 고르바초프와 부시(아버지) 미국 대통령 사이에서 진행되었다. 그 밖에 1987년 고르바초프와 레이건 대통령 사이에서 미소 정상회담이 열려 중거리 핵전력(INF) 폐기에 합의했다.

問 32 **38** ③

다나카 가쿠에이는 1972년에 베이징을 방문하여 중일 공동 성명에 조인하고 중국과 국가정상화를 실현했다. 나아가, '일본열도개조'를 내걸고 공공투자를 확대했지만, 토지 가격이 상승한 데다 1973년 제1차 석유파동으로 인해 극심한 인플레이션이 발생했다.

① 샌프란시스코평화조약은 모든 교전국과의 사이가 아니라 소련이나 중국 등을 제외하고 서방 국가들만 조인했다(소련은 조인을 거부하고 중국은 강화회의에 초대되지 않았다). ② 미일안전보장조약 개정을 추진한 것은 기시 노부스케이다. 중의원에서 조약 비준 강행 체결을 행하자 안보투쟁이 고조되었지만, 참의원에서 의결을 거치지 않고 자연 성립되었다. ④ 우정민영화를 실시한 것은 고이즈미 준이치로이다. 나카소네·코이즈미 총리는 모두 작은 정부를 목표로 하는 신자유주의적인 정책을 취했다.

실전모의고사 3회　정답

문제 Q	문제 번호	정답	문제 Q	문제 번호	정답
問 1 (1)	1	①	問 14	20	①
問 1 (2)	2	③	問 15	21	①
問 1 (3)	3	②	問 16	22	③
問 1 (4)	4	③	問 17	23	②
問 2 (1)	5	④	問 18	24	④
問 2 (2)	6	①	問 19	25	①
問 2 (3)	7	④	問 20	26	①
問 2 (4)	8	③	問 21	27	②
問 3	9	②	問 22	28	②
問 4	10	①	問 23	29	①
問 5	11	③	問 24	30	②
問 6	12	②	問 25	31	③
問 7	13	②	問 26	32	③
問 8	14	①	問 27	33	④
問 8	15	①	問 28	34	③
問 10	16	④	問 29	35	②
問 11	17	④	問 30	36	④
問 12	18	③	問 31	37	③
問 13	19	③	問 32	38	②

Point [지리] 프레리

問 1(1)　1 ①

프레리는 캐나다 남부에서 미국 중부로 퍼져 있는 긴 풀의 초원을 말한다. 흙이 검고 비옥하여 프레리토라고 불린다. 특히 미국 중서부는 대두나 옥수수를 사료로 해서 육우나 돼지를 사육하는 혼합 농업이 활발하며, 세계 유수의 곡창지대이다(13번의 그림 및 해설 참조).
② 스텝이란 사막 주위 등에 보이는 짧은 풀의 초원을 말한다. 스텝에서는 유목이나 관개 농업이 행해진다.
③ 팜파스란 아르헨티나 동부·중부에서 우루과이에 걸쳐 있는 습기가 많은 초원이다. 동부의 습윤 팜파스에서는 옥수수와 목우, 서부의 건조 팜파스에서는 밀 재배와 목양이 활발하다. ④ 셀바스란 남아메리카 아마존에 널리 분포하는 열대우림을 말한다.

Point [역사] 인종·민족차별

問 1(2)　2 ③

1955년 남부 앨라배마주에서 일어난 몽고메리 버스 보이콧 사건을 계기로 흑인 차별에 대한 항의 운동인 공민권 운동이 일어났다. 킹 목사가 그 중심이 되었으나 1968년에 암살당했다.
① 독립 전쟁을 남북 전쟁, 워싱턴을 링컨으로 바꾸면 올바른 문장이 된다. 1861년에 남북 전쟁(문제 28번 해설 참조)이 시작되자 그 도중인 1863년에 링컨 대통령은 노예 해방 선언을 내고 전쟁의 목적으로 노예 해방을 대내외에 표명했다. 흑인 노예는 주로 남부 플랜테이션 노동력을 조달하기 위해서 서인도 제도와 아프리카에서 데려왔다.
② 제1차 세계대전이 아니라 제2차 세계대전이다. 제1차 세계대전에서는 미국과 일본은 함께 연합국 측이다.
④ 걸프 전쟁이 아니라 1979년의 이란 혁명 혹은 2001년 9월의 동시 다발 테러(9.11테러)이다. 이란 혁명 결과, 국왕을 지원해온 미국과의 대립이 격렬해졌으며 이슬람교를 믿는 사람들에 대한 차별이 확산되었다. 동시 다발 테러(9.11테러)는 테러리스트가 하이잭(공중납치) 한 여객기를 뉴욕의 무역센터 빌딩 등에 격돌시킨 사건이다. 주모자가 이슬람 급진파 지도자였기 때문에 아랍계 주민에 대한 차별이 급속히 퍼졌다. 걸프 전쟁은 1991년에 이라크 후세인 대통령이 쿠웨이트에 침공한 것에 대해 미국을 중심으로 한 다국적군이 이라크를 이긴 전쟁이다.

問 **1**(3) **3** ②

남녀별·연령별 인구 구성을 나타낸 인구 피라미드 형태에서 어떤 나라인지 판단할 수 있는지가 포인트이다. 아래 표를 참고로 하면 ① 은 다산다사 후지산형이므로 후발 발전도상국(에티오피아), ② 는 소산소사의 종 (벨)형이므로 선진국(미국), ③ 은 소산소사의 항아리(방추)형으로 일본, ④ 는 다산소사의 피라미드형으로 발전도상국(필리핀)이다.

미국의 많은 이민자들은 젊은 층이기 때문에 선진국 중에서도 고령화 진행이 완만한 것이 특징이다.

	피라미드 형	특징	해당하는 나라
다산다사형	후지산형	출생률 · 사망률이 모두 높다	에티오피아 등 후발 발전도상국
다산소사형	피라미드형	출생률이 높은 채 사망률이 저하	필리핀 등 발전도상국
소산소사형	종 (벨)형	여성의 사회진출 등으로 출생률이 저하되고 연소 인구가 적어진다	미국 등 선진국
인구정체→ 인구감소	항아리 (방추)형	출생률은 더욱 저하되고 저출산 고령화가 진행돼 장기적으로 인구가 감소된다	일본이나 독일 등

▲인구 피라미드의 변화

問 1(4) **4 ③**

히스패닉계 사람들은 미국 남서부(멕시코계)와 플로리다(쿠바계)에 많이 분포하고 있다. 히스패닉계가 어떠한 사람들인지를 이해하고 있으면 그 분포 범위도 판단할 수 있다. 이 지역(주)에서는 히스패닉 사람들이 20%이 상이 되고 뉴멕시코주에서는 47.7%, 캘리포니아주에서는 39.4%, 텍사스주에서는 39.3%, 애리조나주에서는 30.7%, 플로리다주에서는 26.5%이다.

히스패닉이란 멕시코나 푸에르토리코 등에서 태어난 스페인어를 사용하는 사람들이나 그 자손을 말한다. 인종을 나타내는 개념이 아니기 때문에 여러 인종이 포함되어 있다는 점에 주의하자.

① 은 아프리카계 사람들이 20% 이상이며, ② 는 아시아계 사람들이 5% 이상이고, ④ 는 어느 것에도 해당되지 않는 지역(주)이다.

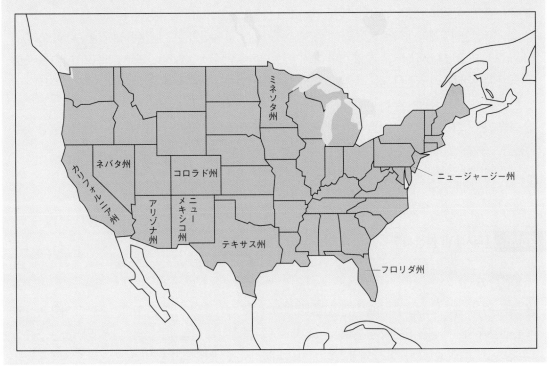

Point [정치] 연방 공화제

問 2(1) **5** ④

공화제란 주권을 가진 국민으로부터 직접·간접적으로 선출된 국가원수나 복수의 대표자가 통치하는 정치형태를 말한다. 연방제란 2개 이상의 국가(주)가 하나의 주권 하에 결합하여 형성하는 국가 형태를 말한다. 스위스는 20개 주와 6개 반주(준주)로 구성되어 있으며, 연방 의회에 의해서 선출된 7명의 각료로 내각이 구성된다. 7명은 각각 각 성(省)의 장관을 맡고 그 중 1명이 장관을 겸임 하면서 대통령이 된다(임기는 1년). 스위스 대통령은 각료(장관) 7명이 1년 마다 교체되는 윤번제(매년 1월 1일 취임)이다.

독일(연방 공화국)은 16개 주로 구성되며, 국가 원수는 연방회의에 의해 선출되는 대통령이지만 주로 의례적인 권한만 갖는다. 연방 정부의 장은 수상이며, 의회에서 선출되고 각료는 수상의 지명을 토대로 대통령이 임명한다.

① 캐나다는 영국 연방의 가맹국으로 연방제에 근거한 입헌군주제 국가이다. 원수는 영국 국왕이며 10개주와 3반주(준주)로 이루어져 있다. 실질적인 장은 총선거로 선출되는 연방 정부의 수상이다.

② 영국은 입헌군주제의 국가로 정식 명칭은 그레이트브리튼 및 북아일랜드 연합왕국(United Kingdom of Great Britain and Northern Ireland)이며 그레이트브리튼은 잉글랜드, 웨일스, 스코틀랜드의 3개 지방으로 이루어진다. 수상과 각 장관은 국왕이 임명하지만 실제로는 하원의 다수당 당대표가 수상이 되며 원칙적으로 의원 중에서 수상이 장관을 임명한다.

③ 프랑스는 공화제 나라이지만 연방제는 채용하고 있지 않다. 원수는 국민이 직접 선거로 선출한 대통령으로, 대통령이 수상을 임명한다.

그 외 주된 연방공화제의 국가로서 미국·러시아·브라질·멕시코·인도 등이 있다.

Point [역사] 빈 협정서

問 2(2) **6** ①

빈 회의는 1814년에 오스트리아 외무장관인 메테르니히가 주최해서 열렸다. 그 큰 목적은 프랑스 혁명과 나폴레옹 전쟁에 의해서 생긴 혼란에 종지부를 찍고, 새로운 유럽 질서를 확립하는 것이었다. 회의에서는 프랑스 외무장관 탈레랑이 주장한 프랑스 혁명 전의 질서로 되돌리자는 정통주의가 원칙으로 채용되어 유럽 각국의 세력 균형을 도모했다. 그리고 1815년에 빈 의정서가 조인되었다. 빈 의정서에는 오스트리아가 이탈리아 북부의 베네치아(베니스), 롬바르디아를 획득했기 때문에 ① 이 정답이다.

그 외에도 빈 의정서에서 ② 프랑스에서는 루이18세가 국왕이 되어 부르봉 왕조가 부활하는 것, ③ 영국이 구 네덜란드령의 스리랑카(실론 섬)·케이프 식민지를 영유하는 것, ④ 프랑스에 병합되어 있던 네덜란드가 입헌 왕국이 되어 구 오스트리아령 남네덜란드(후의 벨기에)를 병합하는 것 등이 인정되었다. 이 밖에 러시아 황제가 폴란드 국왕을 겸하고, 프로이센은 영토를 동서로 확장했다.

또한 1955년에 오스트리아도 영세 중립국이 되었다.

[지리] 스위스의 주요 수출품

問 2 (3) 7 ④

스위스 산업의 특징으로 시계 등 정밀 기계 공업과 약품 공업이 발달되어 있는 것에 주목하자.

① 항공기와 자동차에서 프랑스라고 판단할 수 있다. ② 대두와 철광석으로 브라질이라고 알 수 있다. ③ 원유 수출이 돌출되어 있기 때문에 산유국이라고 판단 가능하다. 이것은 아프리카 최대 산유국인 나이지리아이다. 주요 국가 산업에 대해 깊게 이해해 두는 것이 중요하다.

Point **[경제] EPA**

問 2 (4) 8 ③

경제 연계 협정(EPA)이란, 자유 무역 협정(FTA)의 목적인 ① 에 더해 서비스·투자·사람의 이동 자유화나 지적재산 보호 등 다양한 분야에서의 협력을 목적으로 하는 협정이다. 일본은 2002년 싱가포르를 시작으로 2021년 영국과의 EPA 발효까지 동남아시아 국가들과 멕시코, 칠레, 페루의 남아메리카 제국, 인도, 호주, 몽골, ASEAN, EU와의 사이에서 EPA를 체결했다.

② 관세와 무역에 관한 일반 협정(GATT), ④ 세계무역기구(WTO)의 설명이다. 양자의 차이에 대해서도 정리해두자.

Point **[경제] 케인스**

問 3 9 ②

케인스는 영국의 경제학이다. 『고용·이자 및 화폐의 일반 이론』중에서 경기 조정과 완전 고용을 실현하기 위해서는 정부가 공공투자를 하고 유효수요(실제지출을 수반하는 수요)를 만들어야 한다고 주장했다. 케인스가 그리는 국가는 '큰 정부'이며 1929년에 일어난 세계공황에 대해 미국의 루즈벨트 대통령이 시행한 뉴딜 경제학상 이론적 뒷받침이 되었다.

① 애덤 스미스, ③ 프리드먼, ④ 리스트가 각각 주장한 생각이다.

問 4 **10** ①

금융 완화 정책이란 불황(디플레이션)을 극복하기 위해 금리를 인하하고 통화 공급량을 늘려 경제 활동을 활성화하는 금융 정책이다. 금융완화를 하면 공급곡선이 오른쪽으로 이동하고 균형점은 오른쪽 하단으로 이동한다. 금리가 내려가면 금융기관은 낮은 금리로 기업이나 개인에 자금을 빌려줄 수 있다. 게다가 기업이 사채 발행 등의 형태로 시장에서 직접 자금 조달할 때의 금리도 내려간다. 그 결과, 기업은 운전자금이나 설비자금을 조달하기 쉬워지며 개인도 자금을 빌리기 쉬워진다. 이렇게 경제활동이 활발해지면서 경기가 좋아진다(제5회 문제 7번 해설 참조). 단지, 미국이 일본보다 금리를 인상하면 달러고·엔저가 진행되어 수입 물가가 상승하게 되어 가계 및 기업 수익 악화로 이어진다.

금융 완화 정책의 반대 정책은 금융 긴축 정책이라고 한다. 금리를 인상시켜서 통화 공급량을 줄이기 때문에 수요·공급 곡선은 ② 가 된다. 이 경우에는 금리가 상승하기 때문에 차입 부담이 커지게 되어 경기 악화가 우려된다.

問 5 **11** ③

신용창조란 대출과 예금을 반복하여 그 몇 배의 예금통화를 만들어내는 것이다. 그림에서 확인해 보자. 지불 준비율이 20%인 경우 A은행이 새롭게 100만엔의 예금이 있다면(이것을 본원적 예금이라고 한다) A은행은 최대 80만엔을 X회사에게 빌려줄 수 있다(20만엔은 중앙은행에 맡긴다). 다음으로 X회사는 80만엔을 B은행에 맡긴다. B은행은 지불 준비율 분량인 16만엔을 뺀 64만엔을 Y회사에 대출한다. 이것을 반복하면, 최초의 100만엔에서 몇 배의 예금통화가 만들어지게 된다.

신용 창조 총액은 우선 신용 창조에 의한 예금 총액을 계산하고 다음으로 예금 총액에서 본원적 예금을 빼서 구할 수 있다.

· 신용 창조에 의한 예금 총액 = 본원적 예금 × $\dfrac{1}{지불준비물}$

· 신용 창조 총액 = 예금 총액 − 본원적 예금

여기서 예금 총액은 1200만엔 × $\dfrac{1}{0.2}$ = 6000만엔이 되고, 신용창조총액은 6000만엔 − 1200만엔 = 4800만엔이 된다. 즉 예금통화가 1200만엔에서 4800만엔까지 불어난 것이다.

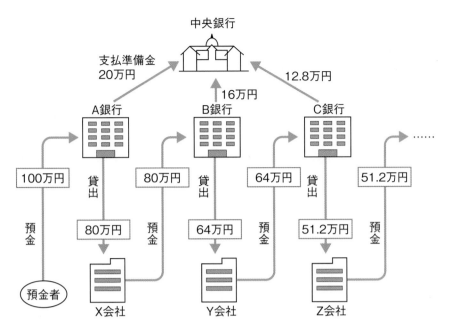

▲신용 창조의 구조

Point [경제] 재정 기능

問 6 **12 ②**

가격의 자동 조절 기능이란 가격의 상하 변동에 의해, 수요와 공급이 일치하게 되는 것을 말한다. 어떤 상품의 수요량이 공급량보다 많으면, 가격은 올라가고 판매자는 생산을 늘린다. 그러면 구매자의 수요량이 줄기 때문에 가격은 내려간다. 반대로 공급량이 수요량보다 많으면 가격은 내려가고 판매자는 생산을 줄인다. 그러면 구매자의 수요량이 늘기 때문에 가격은 올라간다. 이러한 식으로 가격 변동은 수요와 공급을 조정하고 수요량과 공급량이 균형 잡히게 된다. 애덤 스미스는 이것을 '신의 보이지 않는 손'이라고 불렀다.

① 자원 배분 조정 기능이란 시장에서는 공공재가 충분히 공급되지 않기 때문에 정부가 사회자본을 정비하고 공공 서비스를 제공해 자원 배분 조정을 하는 것이다. ③ 소득 재분배 기능이란 소득 격차를 시정하기 위해 정부가 소득세·상속세에 고소득·고액 자산가일수록 세율이 높아지는 누진 과세 제도를 채용하여 생활보장(기초 생활 수급)이나 실업 보험 등 사회 보장 급부를 통해서 저소득자에게 재분배하는 것이다. ④ 경기 조정 기능이란, 경기 동향에 맞춰 재정 지출을 증감시키는 것이다. 예를 들어 불황이라면 감세나 공공사업 등을 하여 경기를 회복시킨다.

問 7 **13** ②

1880년대 후반에 철도·방적 부문을 중심으로 기업 발흥이라고 불리는 주식회사 설립 붐이 일어나 일본에서도 산업혁명이 시작되었다. 나아가서, 청일 전쟁 후 다시 기업의 발흥이 일어나 산업혁명이 진행되어 자본주의가 본격적으로 성립했다.

당초 산업혁명에 중요한 역할을 한 것은 제사공업과 방적업이었다. 국산 누에고치에서 생사를 만드는 제사공업은 에도 막부 말기 개항 이래 급속히 발전해 생사가 최대 수출품이 되었다. 1909년에는 일본이 세계 최대의 생사 수출국이 되었다(주로 미국에 수출). 따라서 A에는 생사가 해당된다.

한편 면화에서 면사를 만드는 방적업은 개항이래 면사·면포 수입이 급증하여 큰 타격을 받고 메이지 이후는 면사를 국내에서 생산하는 것이 국가 목표가 되었다. 1885년 시점에도 B 면사가 최대 수입품이다. 하지만, 대규모 민간 방적회사가 연달아 설립되어, 수입 기계를 도입하여 외국산 저렴한 면화를 수입함으로써(그 수입대금에는 생사 수출로 얻은 외화가 사용된다) 면사의 생산이 급증했다. 그 결과 그때까지 수입품이었던 면사는 1899년 생사를 뒤따르는 수출 품목이 되었다. 이에 따라 면사를 생산하는 원료인 C의 면화 수입이 증가하여 최대 수입 품목이 되었다.

MEMO

Point [경제] 일본의 중소기업

問 8 14 ①

중소기업은 일본 전 사업소 중 99.0%를 차지한다(2018년 통계). 또한 종업원 수는 대기업이 32.5%, 중소기업이 67.5%, 제조품 출하액 등은 대기업이 53.0%, 중소기업이 47.0%를 차지하는 등 중소기업은 일본 경제에 있어서 중요한 역할을 하고 있다.

② 일본 중소기업의 대부분은 대기업 주문을 받아 제품 제조 등을 하는 하청 업체이다. 그리고 양자 사이에는 임금이나 생산성 등으로 큰 경제 격차가 있어 이것을 경제의 이중 구조라고 한다. ③ 하청 업체의 경우 호황 시에는 급격한 증산을 요구 받고, 불황 시에는 생산의 감소·제품 가격의 인하를 요구 받는 등 대기업의 경기 변동 조정 밸브라고도 불린다. ④ 1963년에 중소기업의 경제적·사회적 불합리를 시정할 목적으로 중소기업 기본법이 제정되었다. 그 후 1999년에 개정되어 다양하고 활력 있는 중소기업의 성장 발전이 정책의 기본 방침으로 수립되었다.

업종	자본금 금액 또는 출자 총액	상시 사용하는 종업원 수
① 제조업, 건설업, 운수업 그 외 업종(②~④를 제외한다)	3억엔 이하	300명 이하
② 도매업	1억엔 이하	100명 이하
③ 서비스업	5000만엔 이하	100명 이하
④ 소매업	5000만엔 이하	50명 이하

▲ 중소기업 정의

Point [경제] 무역 의존도

問 9 15 ①

GDP(국내총생산)를 보면 세계 2위의 중국을 웃돌고 있기 때문에 B는 미국이라고 판단할 수 있다. 또한 무역 의존도는 A의 싱가포르가 세계 1위라는 것을 알아 두자. 또한, 지역을 포함해서 생각하면 홍콩은 무역 의존도가 매우 높다(수출 의존도 146.5% 수입 의존도 158.3%).

일반적으로 GDP가 작은 국가일수록 무역 의존도가 높아지는 경향이 있다. GDP가 작은 국가에서는 국내 시장만으로 여러 산업을 자급자족할 수 있도록 성립시키는 것이 어렵기 때문이다. C의 네덜란드 무역 의존도가 높고 B의 미국 무역 의존도가 낮은 데는 그러한 이유가 있다. 또한 싱가포르의 무역 의존도가 높은 이유로 지리적 이점을 살린 조립형 제조업이 활발하다는 것을 들 수 있다.

問 10 **16** ④

엔저·달러고가 되면 일본 국내 제조업의 수출 경쟁력이 높아져 수출이 증가된다(수입품 가격은 상승).
③ 엔고·달러저가 되면 일본 국내 제조업의 수출 경쟁력이 저하되어 수출이 감소된다(수입품 가격은 하락).
① 1달러가 200엔에서 150엔이 되는 것은 엔고·달러저가 되는 것이며 달러에 대한 엔화의 가치가 올라간 것이 된다(엔화에 대한 달러의 가치는 떨어진다). ② 1달러가 150엔에서 200엔이 되는 것은 엔저·달러고가 되는 것이며 엔화에 대한 달러의 가치가 오른 것이 된다(달러에 대한 엔화의 가치는 떨어진다).

Point [경제] 비교생산비설

問 11 **17** ④

비교생산비설은 영국의 경제학자 리카도가 『정치경제학 및 과세의 원리』에서 주장한 것으로, 각국은 자국 내에서 비교 우위를 가진 제품의 생산에 특화(집중)하면 무역을 통해서 서로 이익을 극대화할 수 있다는 이론이다. 따라서 공업 제품 혹은 농산물 중 어느 하나에 비교 우위가 있다는 것이 전제가 되기 때문에 ①, ② 와 같은 경우에는 비교생산비설에 해당되지 않는다.

그래서 X국·Y국 각각에 있어서 공업 제품과 농산물 중 어느 쪽에 비교 우위가 있는지를 생각해봐야 한다. 국가와 국가를 비교하는 것이 아니라, 한 나라의 어떤 상품을 보다 적은 노동으로 생산할 수 있는지를 비교해야 한다는 것에 주의하자. 그러면 X국은 공업 제품을 1단위 생산하기 위해 50명의 노동력이 필요하지만 농산물은 100명이 필요하기 때문에 공업 제품에는 비교 우위가 있다. 마찬가지로 생각하면 Y국은 농산물에 비교우위가 있다. 그래서 X국은 공업 제품의 생산에 특화하고(→50 + 100 = 150명으로 공업 제품을 생산하기 때문에 150 ÷50 = 3단위의 생산물을 얻을 수 있음), Y국은 농산물 생산에 특화한다(→150 + 300 = 450명으로 농산물을 생산하기 때문에 450÷150 = 3단위의 제품을 얻을 수 있음). 그리고 양국간에서 무역을 해서 X국은 공업 제품을 Y국에 수출하고 Y국으로부터 농산물을 수입한다. Y국은 농산물을 X국에 수출하고 X국으로부터 공업 제품을 수입하게 된다. 이렇게 하여 양국간에서 서로 이익을 극대화할 수 있다.

問 12 **18 ③**

지구의 지축은 공전면에 대하여 약 23.4도 기울어져 있기 때문에 a에는 23이 들어간다. 경도가 15도마다 1시간의 시차가 있기 때문에 15도라는 수치가 사용된다. 하지는, 북반구에서 낮시간이 가장 길어지고 태양의 고도가 가장 높아지는 때로 6월 하순 무렵이다. 북회귀선이란, 하지에 태양이 바로 위에 있는 북위 23.4도의 위선을 말하므로 b에는 하지가 해당된다. 동지란, 북반구에서 밤시간이 가장 길어지고 태양의 고도 역시 가장 낮아지는 때로 12월 하순 무렵이다. 남회귀선이란 동지에 태양이 바로 위에 오는 남위 23.4도의 위선이므로 c에는 동지가 해당된다. 남반구에서는 북반구가 하지를 맞이할 무렵에 동지, 동지를 맞이할 무렵에 하지가 된다.

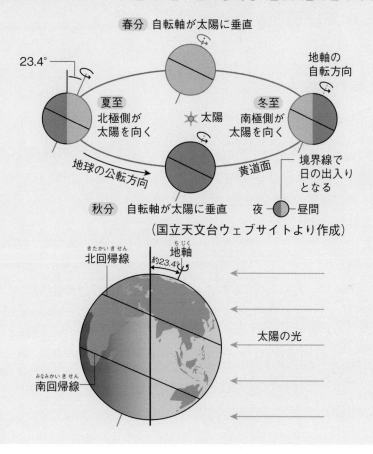

問 13 19 ③

A가 샌프란시스코, D가 워싱턴 D.C.를 가리키는 것은 기본으로 알고 있어야 한다. 샌프란시스코는 지중해성 기후에 속해 있다는 것에 주의하자. 워싱턴 D.C.는 '지리적으로는 온난 습윤 기후에 속하며 정치적으로는 대통령부, 연방의회 등이 있다. 또 국제통화기금(IMF) 본부가 있는 등 국내적으로도 국제적으로도 중요한 도시이다'(EJU 2012년도 제1회 문제에서). B가 로키 산맥이라는 것은 바로 판단할 수 있다. 로키 산맥은 북아메리카 대륙 서부의 남북으로 뻗어 있는 산맥이다. 환태평양 조산대의 일부이며 화산이 많다. C는 애팔래치아 산맥으로 미국 동부의 남북으로 뻗어 있는 산맥이다. 참고로 그림의 2500km 근방에 펼쳐져 있는 것이 문제1(1)의 프레리이다. 지리 학습에 있어 세계지도를 보는 것이 중요하다.

Point [지리] 세계의 철도 수송

問 14 20 ①

일반적으로 면적이 넓은 나라에서는 철도의 역할이 크다. 게다가 면적이 넓은 나라의 철도는 여객 수송에 비해 화물 수송량이 많아지기 때문에 ① ④ 는 면적이 넓은 미국이나 중국이라고 판단할 수 있다. ①과 ④의 큰 차이는 여객 수송량이며 미국은 장거리 이동에는 항공기, 근거리 이동에는 자동차를 사용하는 경우가 많기 때문에 ① 이 미국, ④ 가 중국이다.

② 와 ③ 의 판별은 조금 어렵다. ② 는 화물, ③은 여객이 많지만 ② 는 ③ 만큼 여객과 화물의 수송량에 큰 차이가 없다는 점에 주목하면 ② 가 독일, ③ 이 일본임을 추측할 수 있다. 일본은 1960년대까지 화물수송은 철도와 선박이 중심이었으나 고속도로망 확충이나 혼슈(本州)와 시코쿠(四国)를 연결하는 다리의 개통 등에 의해 현재는 자동차 수송이 중심이 되었다. 한편 여객 수송 역시 철도의 지위는 저하되고 자동차가 중심이 되었지만, 인구가 집중하는 대도시권에서는 지하철을 포함한 철도망이 정비되어 여전히 철도의 여객 수송도 많다. 독일에서는 화물 수송에 있어서 트럭에 의한 육상 수송과 철도·선박을 결합한 복합 수송이 증가했으나 최근에는 온실 가스 배출량이 많은 트럭 수송이 감소되고 철도·선박의 비율이 높아지고 있다.

問 15 **21 ①**

일본어를 제대로 이해할 수 있으면 맞힐 수 있는 문제이다. EJU의 경우, 이러한 문제도 있으므로 차분하게 읽고 판단해야 한다. A는 진도 5강, B는 진도 6강, C는 진도7, D는 진도 6약의 설명이다. 아래 표는 기상청이 작성한 진도별 주요 상황에 관한 표의 일부이다. 일본이 지진국이라는 점에 유의하여 일본 체류 중에는 제대로 지진에 대비해두자.

진도	상황
0	사람은 흔들림을 느끼지 않는다.
1	실내에서 아주 조금 흔들림을 느낀다.
2	실내에서 많은 사람이 흔들림을 느낀다.
3	실내에서 대부분 사람들이 흔들림을 느낀다.
4	전등 등이 크게 흔들린다.
5 약	많은 사람이 공포를 느낀다. 식기류나 책이 떨어지거나 가구가 쓰러지거나 하는 경우가 있다.
5 강	물건을 잡지 않으면 보행이 어렵다. 선반에 있는 식기류나 책이 떨어지는 경우가 많아진다.
6 약	서 있는 것이 어렵다. 고정하지 않은 가구 대부분이 이동하며, 쓰러지는 경우도 있다.
6 강	내진성이 낮은 목조 건물은 기울거나 무너지거나 하는 경우가 많아진다.
7	내진성이 낮은 철근 콘크리트 건물이 무너지는 경우가 많아진다.

MEMO

問 16 **22 ③**

동해 측 기후는, 여름은 맑은 날이 많고 기온이 높으며, 겨울은 대륙에서 불어오는 <mark>북서 계절풍</mark> 영향으로 눈이 많이 내리는 것이 특징이다. 11월~2월에 걸쳐 강수량이 많으니 ③ 이 동해 측 기후라는 것을 알 수 있다. 장소는 니가타현의 타카다이다.

① 은 홋카이도(北海道)의 기후(장소는 삿포로(札幌))이다. 여름에는 시원하고 겨울에는 추위가 심한 것과 일년 내내 강수량이 적은 것이 특징이다.

② 는 태평양 측 기후(장소는 도쿄(東京))이다. 여름에는 바다 쪽에서 부는 남동 계절풍 영향을 받아서 비가 많고 습하며 덥다. 겨울에는 북서 계절풍이 산을 넘어 불기 때문에 건조한 날이 많아진다.

④ 는 남서제도의 기후(장소는 아마미오시마(奄美大島)의 나제(名瀬))이다. 일년 내내 기온이 높고 장마 때부터 여름에 걸쳐서 강수량이 많다.

이 외에도 계절풍 영향을 많이 받지 않고 일년 내내 강수량이 적은 <mark>내륙성 기후</mark>, 일년 내내 맑은 날이 많고 비가 적은 <mark>세토우치(瀬戸内)</mark> 기후가 있다.

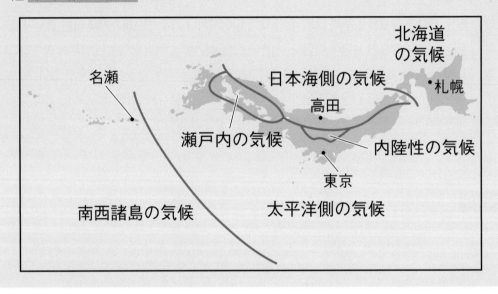

問 17 **23 ②**

식량 자급률이란 소비되는 식량 중 국내에서 만들어진 비율을 말한다. 일본은 선진국 중에서도 식량 자급률이 낮고 칼로리 기준으로 38%에 불과하다.

가장 자급률이 높은 것은 주식인 쌀로 거의 모두 국산이므로 A는 쌀이 해당된다. B와 C의 구별이 어렵지만 일본에서는 각지에서 토지나 기후의 특성을 살린 채소 농업이 이루어져 채소의 자급률은 비교적 높기 때문에 B가 채소에 해당된다. 또한 C는 해산물이다. 일본에서는 남획과 수산 자원의 관리 부족, 수역 환경의 변화, 자연 보호를 위한 어획량 제한 등으로 인해 어획량이 감소하고 있다. 또한 국내 어업에서는 양식업의 중요도가 높아지고 있다.

Point [정치] 몽테스키외

問 18 **24 ④**

삼권분립의 중요성을 주장한 인물은 프랑스의 **몽테스키외**로 저서는 『**법의 정신**』이다. 권력의 집중을 막기 위해 국가 권력을 나누어 서로 감시하게 함으로써 억제와 균형(체크 앤 밸런스)의 관계를 갖게 하는 구조를 권력분립이라고 한다. 몽테스키외는 정치권력 남용을 방지하려면 국가의 권력을 입법권·집행권(행정권)·재판권(사법권)으로 나누어 권력끼리 억제와 균형을 하는 구조가 필요하다고 주장하며 삼권분립의 중요성을 설명했다. 로크의 사상도 계승했기 때문에 미합중국 헌법이나 프랑스혁명의 이론적 근거에 큰 영향을 주었다.

① 로크에 대해서는 제1회 18번 해설 참조할 것.

② 프랑스 루소는 『**사회계약론**』에서 사회 구성원이 전원 동의한 계약에 근거하여 사회를 만들고, 정부는 사람들에게 공통되는 일반 의사를 토대로 정치를 행할 것과, 주권은 인민에게 있다는 것을 주장했다. 또한 직접 민주제를 이상적인 정치 체제로 들었다. 이러한 사고 방식은 프랑스혁명에 영향을 미쳤다.

③ 독일의 **막스 베버**는 『**지배의 사회학**』에서 관료제는 합리적인 규칙에 의한 지배, 피라미드형의 상하관계(히에라르키), 문서주의, 일과 기술의 전문화 등을 특징으로 한다고 했다(제5회 26번 해설 참조).

問 19 **25** ①

상원과 하원의 설명이 반대이다. 상원 의원은 각 주에서 2명씩 선출되고, 50주 있기 때문에 정원은 100명이 된다. 임기는 6년으로 2년마다 3분의 1씩 새로 선출된다. 참고로 상원 의장은 부대통령이다. 하원 의원은 각 주에서 인구 비례로 선출되며 정원은 435명이다. 임기는 2년으로 소선거구제로 각 선거구당 1명씩 선출한다.

② 미국 의회 양원은 원칙적으로 대등하다. 다만 상원은 고위 관리의 임명, 조약 체결, 연방 최고재판소 재판관 임명 등에 있어서 대통령에 동의할 권한을 가지며 이 점에서 하원에 비해 우월하다. 또한, 하원은 대통령과 연방최고재판소 재판관의 탄핵재판권, 예산의 선의권(예산을 먼저 심의할 수 있는 권한)에 있어서 상원보다 우월하다.

③ ④ 대통령이 거부한 법안은 상원과 하원의 3분의 2 이상의 다수가 재가결한 경우 대통령 서명 없이 법률이 된다.

Point [정치] 새로운 인권

問 20 **26** ①

최초의 총리이기 때문에 a는 이토 히로부미(伊藤博文)가 해당된다. 이토는 1882년에 헌법 조사를 위해 유럽으로 건너가 군주권이 강한 독일의 헌법 이론을 배웠으므로 b는 독일을 선택해야 한다(당시 독일 황제는 빌헬름 1세, 수상은 비스마르크). 이토 히로부미는 귀국 후 헌법의 초안을 작성하였다. 그리고 1889년 2월 11일에 일왕이 정하여 국민에게 내리는 흠정헌법의 형태로 대일본제국 헌법이 공포되었다. 이것에 의해 일본은 아시아에서 최초의 근대 입헌 국가가 되었다(1876년에 오스만 제국[튀르키예]에서 헌법이 제정되고 의회가 열려 입헌 정치가 실현되었으나 1년정도로 중지되었다. 일본이 헌법을 만들었을 무렵 아시아에서 입헌 정치를 실시하고 있었던 나라는 없었다).

오쿠마 시게노부(大隈重信)는 의회 개설 방식을 둘러싸고 이토 히로부미 등과 대립하여, 1881년 정부에서 추방되었다(나중에 최초의 정당 내각을 조직한다[제1회 22번 해설 참고]). 또한, 영국 국왕은 국가의 상징이며 정치적 권한을 가지지 않는다. 덧붙여, 영국의 헌법이 불문헌법이라는 점에도 주의하자.

Point [정치] 대일본제국 헌법

問 21 27 ②

'밤 9시부터 비행 차단'이라는 부분에 주목하면 비행기에 의한 소음 피해 때문에 야간 비행 금지를 요구한 재판이라고 판단할 수 있다. 이것은 양호한 환경에서 삶을 영위할 권리인 환경권에 관한 것이다. 또 이 재판은 최고재판소의 판결에 의해 기소 자체가 불적법이 되었다.

① 사회권은 '새로운 인권'이 아니고 기본 인권 중 하나(제2회 20번 해설 참조)이다. ③ 프라이버시권은 사생활을 공개 당하지 않을 권리, ④ 평화적 생존권은 전쟁이 없는 평화로운 상태로 생존할 것을 요구할 권리이다. 이 외에도 국가나 지방 공공 단체에 정보 공개를 요구하는 알 권리, 개인이 매스 미디어를 통해 의견표명을 할 권리인 액세스권, 자신의 모습이 허가없이 촬영 및 공개되지 않을 초상권 등이 있다.

Point [정치] 내각과 국회의 관계

問 22 28 ②

내각의 신임·불신임 결의권은 중의원에만 주어진 권한이다. 참의원은 문책결의로 내각의 책임을 추궁할 수 있지만 법적 구속력은 없다. 내각 신임안이 부결 혹은 불신임안이 가결되면 내각은 10일 이내에 중의원을 해산하거나 총사퇴해야 한다(제1회 21번 해설 참조).

① 내각 총리 대신(총리)은 국회의원 중에서 국회가 지명하며, 국무 대신(장관)은 과반수가 국회의원 중에서 선출된다. ③ 은 위헌 입법 심사권에 관한 설명이지만, 이 권한은 재판소에 있다. 모든 재판소는 '일체의 법률, 명령, 규칙 또는 처분이 헌법에 적합한지 아닌지를 결정하는 권한'인 위헌 입법 심사권을 가지고 있으며 구체적인 사건의 재판에 있어서 위헌 입법 심사권을 행사할 수 있다. ④ 참의원에는 해산이 없다.

일본은 의원내각제를 채용하고 있으며 내각은 국회의 신임에 근거하여 성립되며, 국회에 대해 연대책임을 진다. 이렇게 내각(행정)과 국회(입법) 사이에는 밀접한 관계가 생기며, 미국과 같은 엄격한 삼권분립제가 아니다.

Point [정치] 옴부즈맨

問 23 29 ①

옴부즈맨(남녀평등 관점에서 옴부즈퍼슨이라고도 함)이란 스웨덴어 '대변자'에서 유래된 말로 행정감찰관 제도라고 번역된다. 옴부즈맨 제도는 1809년 스웨덴에서 탄생한 제도이며(② 는 오답) 의회나 정부에 의해 임명되는 높은 식견과 권위를 갖춘 옴부즈맨이(③ 은 오답) 국민과 시민으로부터 고충을 들어 중립적인 입장에서 그 원인을 규명하고, 시정 조치를 권고하여 신속하게 문제를 해결하는 제도이다. 현재 스웨덴을 비롯한 덴마크·영국·프랑스·뉴질랜드 등 30여 개국에서 도입하고 있다. 일본의 경우 지방공공단체에서는 도입하였지만, 국가 차원에서는 도입되지 않아(④ 는 오답) 총무성이 실시하고 있는 행정 고충 구제 제도가 옴부즈맨 기능을 하고 있다. 또한 민간의 자발적 조직으로써 시민 옴부즈맨 활동도 활발하다.

Point [국제사회] 국제 형사 재판소

問 24 30 ②

유엔에서 독립된 국제 형사 재판소(ICC)는 국가가 아닌 개인을 재판 대상으로 한다. 국가 간의 분쟁 처리는 유엔 기관의 국제 사법 재판소(International Court of Justice: ICJ)에서 이루어진다.

국제 형사 재판소는 2003년에 설립되었다. 독립된 상설 재판소로 ① 대량학살, ③ 인도에 대한 죄, ④ 전쟁 범죄에 더해 침략 범죄에 대한 개인의 책임을 묻는다. 재판관은 조약 비준국 중에서 18명이 선정되며 임기는 9년이다. 같은 국가에서 동시에 2명 이상 선출되는 일은 없다. 지금까지 유죄 판결이 나온 사례가 있다. 다만 미국·러시아·중국 등은 가입하지 않았다.

	ICC	ICJ
설립 년	2003년	1945년
재판관	18개국 18명	15개국 15명
재판 대상	개인 책임 추궁	국가 간의 분쟁 처리
소송 개시	가맹국, 안전보장 이사회 요청 등	당사국 간의 합의

▲ ICC와 ICJ의 차이

Point [국제사회] NGO

問 25 **31 ③**

NGO는 Non-governmental Organization(비정부조직)의 약칭으로 빈곤·기아 등 국경을 넘어 지구 규모의 문제 해결에 임하는 비영리 단체이다(① 은 오답). NGO 중 일부는 유엔과 협력 관계에 있어 국제 정치를 움직일 정도로 영향력 있는 단체도 있으며, 유엔의 경제 사회 이사회 심사를 거쳐 유엔 회합의 출석이나 의견 제안이 인정된다(유엔 NGO)(② 는 오답). 대표적인 NGO 단체로서 사형 폐지나 인권 침해 등을 없애기 위해 활동하는 앰네스티 인터내셔널(④ 는 오답), 핵실험에 대한 항의 활동이나 기후 변동·해양 오염 등의 환경 문제에 임하는 그린피스, 분쟁지나 난민 캠프·개발 도상국 등에서 의료 지원 활동을 하는 국경 없는 의사회 등이 있다. 이러한 NGO 활동에 대해서 1977년에는 앰네스티 인터내셔널이 1999년에는 국경 없는 의사회가 노벨 평화상을 수상했다(③ 이 옳음). 근래에도 핵무기 금지와 폐기를 위해 활동하여 2017년 유엔에서 핵무기 금지 조약 채택에 기여한 NGO의 ICAN(핵무기 폐절 국제 캠페인)이 같은 해 노벨 평화상을 수상했다.

Point [역사] 영국의 시민 혁명

問 26 **32 ③**

1603년에 국왕이 된 제임스 1세는 국왕의 권력은 신으로부터 주어졌다고 하는 왕권신수설을 주장하여 의회와 대립했다. 또 퓨리턴(청교도) 사이에서 국왕의 종교 정책에 대한 불만이 높아졌다. 1625년에 즉위한 아들 찰스 1세도 전제 정치를 하였다. 이에 대해 의회는 1628년에 권리 청원을 제출하고, 찰스 1세도 이를 승인했지만, 찰스 1세가 권리 청원의 내용을 지키는 일은 없었으며 의회도 일방적으로 해산했다(① 은 틀림). 그 후 1642년에 국왕을 지지하는 왕당파와 의회에 의한 개혁 추진을 지지하는 의회파 사이에서 내전이 일어났다. 퓨리턴 정치가였던 크롬웰이 의회파를 승리로 이끌고(② 는 틀림), 1649년에 국왕을 처형하고 공화정을 수립했다(퓨리턴 혁명).

퓨리턴 혁명 후 크롬웰이 권력을 잡고 1653년 최고의 관직인 호국경이 되어 군사적인 독재 정치를 행했다. 크롬웰 사후 1660년에 찰스 2세를 맞이하여 왕정이 부활했으나 다시 의회와 대립했기 때문에 의회는 관리를 국교도로 한정하는 심사법이나 정당한 이유가 없는 체포 등을 금지하는 인신보호법을 제정했다(③ 은 옳음). 하지만 제임스 2세는 가톨릭과 절대왕정의 부활에 힘썼기 때문에 1689년에 의회는 권리 선언을 받아들인 제임스 2세의 딸 부부를 국왕으로 맞이하고(④ 는 틀림), 부부는 윌리엄 3세와 메아리 2세가 되었다(명예 혁명). 의회는 권리 선언을 권리 장전으로 제정하여 의회 중심의 입헌 왕정이 확립되었다.

| 1628 | 권리 청원 | 의회가 동의하지 않는 과세나 부당한 체포 정지 |
| 1689 | 권리 선언 | 의회 승인에 의한 과세, 자유로운 토론 보장, 부당한 체포 금지 ⇒권리 장전 |

問 27 33 ④

브라질은 1500년에 포르투갈에 의해 '발견'되어, 포르투갈이 영유를 선언했다. 1822년에 포르투갈 왕자가 제위에 올라 브라질 제국이 되어 포르투갈로부터 독립했다. 현재는 연방 공화제(대통령제) 국가이며 공용어는 포르투갈어이다.

스페인에서 독립한 국가는 ① ② ③ 외에도 콜롬비아·볼리비아·칠레 등이 있다. 라틴 아메리카 제국의 독립 운동은 식민지 출신 백인인 크리올로 대지주층이 중심이 되었다.

라틴 아메리카 식민지에서는 미합중국 독립이나 프랑스 혁명에 자극 받아 독립 기운이 높아지고 있었다. 1804년에 아이티가, 나폴레옹이 파견한 프랑스군을 물리쳐 사상 첫 흑인 공화국으로서 독립하자, 1810~20년대에 걸쳐 라틴 아메리카 국가 독립이 잇따랐다. 미국의 먼로 대통령은 라틴아메리카 국가의 독립을 지지하기 위해 1823년에 유럽 국가들이 아메리카 대륙에 간섭하는 것에 반대하고 미국 역시 유럽에 간섭하지 않는다는 먼로 선언(먼로 독트린)을 냈다.

問 28 34 ③

미국 남부와 북부는 경제적 차이로 대립하고 있었다. 그것이 남북전쟁(1861~65년)의 큰 요인이 되기도 했다.

남부는 a의 면화(목화)·담배 등을 중심으로 흑인 노예에 의한 대농원(플랜테이션)이 발달해 농산물을 영국 등에 수출하고 있었다. 그래서 b의 자유무역을 요구하는 목소리가 높아지고, 노예제의 존속과 주 자치를 강하게 요구했다.

한편 북부는 산업 혁명에 의해 상공업이 발전하고 있었으며, 영국에 대항하기 위해 연방 정부를 강화하여 국내 시장 확대와 c의 보호 무역을 추구하고, 동시에 인도주의 입장에서 노예제에 반대하는 사람이 많았다.

이러한 상황 속에서 1860년 대통령 선거에서 북부 출신인 공화당 링컨이 당선되자 남부 주들이 연방에서 탈퇴하여 아메리카 연합국을 만들어 남북전쟁이 시작되었다.

問 29 **35 ②**

A는 1910년의 일이다. 일본은 한국병합조약(한일병합조약)의 조인을 강요하여 한국을 일본의 식민지로 만들고, 조선을 통치하기 위해 조선총독부를 두었다.

B는 1879년의 일이다. 류큐(琉球)왕국은 1609년 이래 일본과 중국의 양쪽에 지배를 받고 있었으나 일본은 류큐를 일본령으로 하기 위해 1879년에 군대를 파견하여 오키나와(沖縄)현을 설치했다(류큐 처분). 그러나 중국(청)은 이를 인정하지 않았고 청일전쟁이 끝날 때까지 결착이 나지 않았다.

C의 포츠머스조약은 1905년이다. 1904년에 시작된 러일전쟁은 이듬해 미국의 시어도어 루스벨트 대통령의 중개로 포츠머스조약이 맺어져 끝났다. 이 조약에서 일본은 사할린 남부를 얻은 것 외에 한국에 대한 지도·감독권의 승인, 여순·대련(관동주)의 조차권을 얻었다. 이것으로 인해 한국에 대한 침략을 강화해 나갔다. 그러나 배상금은 획득하지 못했다.

D의 시모노세키(下関)조약은 1895년이다. 1894년에 시작된 청일전쟁은 이듬해인 1895년에 일본의 승리로 끝나 시모노세키조약이 맺어져, 중국으로부터 대만과 팽호 제도(펑후 제도)를 얻었다. 이 조약에서 요동반도(랴오둥반도)도 획득했지만 그 후 러시아 등의 삼국 간섭에 의해 요동반도는 중국에 반환했다. 이것이 러일전쟁으로 이어진다.

問 30 **36 ④**

a는 베르사유 조약이다. 1919년 1월 연합국 대표들이 프랑스 파리에 모여 파리강화회의가 열렸다. 미국의 윌슨 대통령이 1918년에 제창한 14개조의 평화 원칙(평화 원칙 14개조)을 강화 기초로 내세웠으나 프랑스와 영국은 식민지 등을 내놓지 않았고, 패전국인 독일에 대해서도 엄격한 태도를 보였기 때문에 평화원칙은 부분적으로만 실현되었다. 같은 해 6월 독일과 사이에 베르사유 조약이 맺어져 독일은 모든 식민지를 잃고 라인란트 비무장화와 군비 제한을 하게 되었으며, 거액의 배상금을 부과 받았다. 로카르노 조약은 1925년에 독일과 영국·프랑스 등과의 사이에 맺어진 집단 안보 조약으로 다음 해인 1926년에 독일이 국제 연맹에 가입했다.

b의 윌슨 대통령이 1918년에 제창한 14개조의 평화원칙은 비밀 외교의 금지, 해양의 자유, 군비 축소, 민족 자결, 국제 평화 기구의 설립 등이 주된 내용이었다. 이에 따라 1920년에 유엔(국재연맹)이 설립되었으나 미국은 가맹하지 않았다. 또한 민족 자결도 유럽밖에 적용되지 않았다.

c의 워싱턴 회의는 제1차 세계대전 중에 중국에 진출한 일본을 억제하는 것 등을 목적으로 미국 대통령 하딩의 제창으로 1921~22년에 걸쳐 열렸다. 이 회의에서는 해군 군축 조약 외에 중국의 주권존중·영토 보전을 약속한 9개국 조약, 태평양 제도의 현상 유지를 요구한 4개국 조약(일본·미국·영국·프랑스)이 맺어졌다.

問 31 **37 ③**

북대서양 조약기구(NATO: North Atlantic Treaty Organization)는 '집단 방위', '위기 관리' 및 '협조적 안전 보장' 3가지를 축으로 하고 있으며, 가맹국 영토 및 국민을 지키는 것을 최대의 책무로 하고 있다. 따라서 가맹국 중 한 국가에 대한 공격을 모든 가맹국에 대한 공격으로 간주하여 집단적 자위권을 행사할 것으로 규정하고 있다.

① NATO는 동서 냉전이 격화된 1949년에 조인된 북대서양조약을 근거로 설립되었다. 이에 대항하여 1955년에 소련 주도로 바르샤바 조약기구가 설립되었다. ② NATO의 본부는 벨기에 브뤼셀에 있다. ④ 2022년 9월 현재 NATO 가맹국은 30개국이며 유럽 이외의 국가 중 가맹한 것은, 북아메리카의 미국·캐나다·아시아의 튀르키예 3개국이다. 냉전 종결 후에는 동유럽 국가도 잇달아 가맹하여 동방으로 확대되었다. 이러한 가운데 2022년 2월에 러시아가 우크라이나에 침공한 것을 계기로, 북유럽의 핀란드와 스웨덴에서 NATO 가맹의 기운이 높아지고 있다.

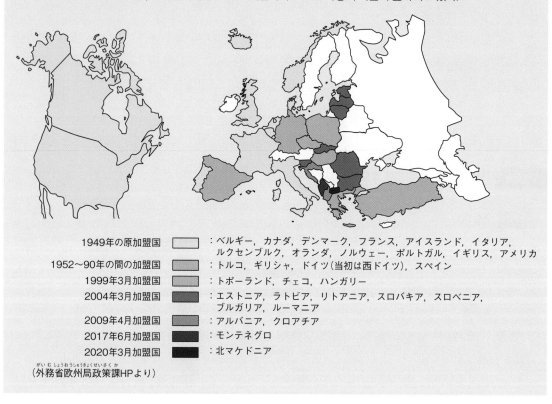

1949年の原加盟国	：ベルギー，カナダ，デンマーク，フランス，アイスランド，イタリア，ルクセンブルク，オランダ，ノルウェー，ポルトガル，イギリス，アメリカ
1952～90年の間の加盟国	：トルコ，ギリシャ，ドイツ（当初は西ドイツ），スペイン
1999年3月加盟国	：ポーランド，チェコ，ハンガリー
2004年3月加盟国	：エストニア，ラトビア，リトアニア，スロバキア，スロベニア，ブルガリア，ルーマニア
2009年4月加盟国	：アルバニア，クロアチア
2017年6月加盟国	：モンテネグロ
2020年3月加盟国	：北マケドニア

（<ruby>外務省欧州局政策課<rt>がいむしょうおうしゅうきょくせいさくか</rt></ruby>HPより）

問 32 **38** ②

6개의 공화국으로 구성된 유고슬라비아에서는 <mark>동유럽 혁명</mark>이 진행되는 가운데 민족 간의 대립으로 내전 상태가 되어 1991년에 슬로베니아, 크로아티아, 마케도니아(현 북마케도니아)가, 1992년에 보스니아 헤르체고비나가 각각 분리 독립하는 등 국가의 해체가 진행되었고, 1992년에 세르비아와 몬테네그로가 새롭게 유고슬라비아 연방 공화국(신 유고슬라비아)을 형성했다(2006년에 몬테네그로가 독립해 세르비아 공화국이 되었고, 2008년에는 코소보가 독립했다).위도로 갈수록 거리와 면적이 크게 나타나, 왜곡된다. 두 지점

1988년 소련 고르바초프가 신베오그라드 선언에서 동유럽 사회주의권에 대한 내정 간섭을 부정하자 동유럽 국가에서 잇따라 공산당 정권이 무너지는 동유럽 혁명이 확산되었다.

① 과 ③ 은 루마니아와 폴란드를 서로 바꾸면 올바른 문장이 된다. ④ 동서 독일 통일과 베를린 장벽 개방의 순서가 반대이다. 1989년 11월에 베를린 장벽이 개방되어 다음 해에 동독이 서독에 흡수되어 통일 독일(독일 연방 공화국)이 성립했다.

MEMO

문제 Q	문제 번호	정답	문제 Q	문제 번호	정답
問 1 (1)	1	④	問 14	20	①
問 1 (2)	2	④	問 15	21	②
問 1 (3)	3	②	問 16	22	①
問 1 (4)	4	③	問 17	23	③
問 2 (1)	5	③	問 18	24	④
問 2 (2)	6	③	問 19	25	②
問 2 (3)	7	②	問 20	26	②
問 2 (4)	8	①	問 21	27	①
問 3	9	③	問 22	28	①
問 4	10	①	問 23	29	②
問 5	11	④	問 24	30	①
問 6	12	②	問 25	31	④
問 7	13	①	問 26	32	②
問 8	14	③	問 27	33	③
問 8	15	③	問 28	34	②
問 10	16	②	問 29	35	②
問 11	17	④	問 30	36	①
問 12	18	②	問 31	37	①
問 13	19	④	問 32	38	③

Point [지리] 북유럽 여러 나라의 위치

問 1 (1) 1 ④

a의 노르웨이는 스칸디나비아 반도의 서쪽 해안에 위치하고 있으며 빙하 지형인 피오르드가 발달되어 있다 (→1번(3)). 기후는 북대서양 해류 영향으로 인해 남부의 해안 지역과 서해안은 서안 해양성 기후이기 때문에 겨울철도 온난하다. 세계적인 어업국이며, 원유·천연가스의 수출국이다. 입헌군주제 국가로 EU에는 가입하지 않았지만 NATO는 원가맹국 중 하나이다.

b의 스웨덴은 스칸디나비아 반도 동쪽에 위치하고 있으며 국토 대부분이 냉대이지만 남부는 서안 해양성 기후이다. 제재·제지나 펄프 공업이 발달되어 있다. 입헌군주제 국가이며 EU에는 가맹하고 있으나 유로는 도입하지 않았다. 또한 2023년 NATO에 가입했다.

c의 핀란드는 국토의 약 70%가 삼림으로 삼림 자원을 이용한 제재·제지나 펄프 공업이 발달되어 있다. 국토의 약 25%가 북극권 내에 있으며 기후는 냉대에 속한다. 공화제 국가이며 EU에 가입하였으며(유로도 도입) 2023년 NATO에 가입했다. 러시아와 1300km에 걸쳐 국경을 접하고 있다.

덴마크는 유란(유틀란트)반도와 약 500개의 섬으로 이루어져 있으며 모든 국토가 서안해양성기후에 속한다. 편서풍에 의한 풍력 발전이 활발한 나라이기도 하다. 입헌군주제 국가이며 EU(유로는 도입하지 않음)·NATO에 가맹되어 있다. 지도의 왼쪽 위에 일부가 보이는 그린란드는 세계 최대의 섬이며 덴마크 자치령이다.

Point [역사] 민족 자결

問 1 (2) 2 ④

1918년에 윌슨 미국 대통령이 제1차 세계대전의 강화를 위한 원칙으로서 '14개조의 평화 원칙'을 발표했다. 그 중 하나에 각 민족이 스스로의 의지로 그 귀속이나 정치조직을 결정해야만 한다는 '민족자결'이 제시되었다. 그리하여 제1차 세계대전 후 구 오스트리아=헝가리 제국에서 헝가리·체코 슬로바키아·유고슬라비아가, 구 러시아 제국에서 핀란드·폴란드·에스토니아·라트비아·리투아니아 8개의 새로운 국가가 탄생했다. 하지만, 민족 자결 사고방식은 유럽에 한정된 것으로 아시아와 아프리카에는 적용되지 않았다.

Point [지리] 빙하 지형

問 1 (3) **3 ②**

삼각강이란 하천의 하구 부분이 침수되어 생긴 삼각형 모양의 만을 말하며, 에스츄어리(estuary)라고도 한다. 수심이 깊고 양항으로 이용되기도 한다. 독일의 엘베강이나 영국의 템스강, 캐나다의 세인트로렌스강의 하구부가 그 대표적인 예이다.

① 피오르드에 대해서는 제4회 10번의 지형 B 설명을 참조하자. ③ 모레인(빙퇴석)이란, 빙하에 의해 운반된 모래와 자갈이 빙하의 후퇴에 의해 퇴적되어 생긴 지형이다. 북독일 평원 등에서 볼 수 있다. ④ 권곡(카르)이란, 산 정상부에서 볼 수 있는 절구 모양의 오목지를 말한다. 최종 빙기에 발달되어 있던 빙하가 산 정상 부분을 침식해 만들어진다. 알프스 산맥이나 히말라야 산맥, 일본의 히다 산맥 등에서 볼 수 있다.

다른 빙하지형으로는 빙하에 의해 침식된 오목지에 물이 고인 빙하호, 빙식에 의해 생긴 산봉우리인 첨봉(혼), 계곡 빙하가 흐를 때 경사를 깎아 단면이 U자 모양이 된 U자곡 등이 있다.

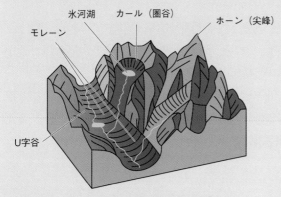

제국서원 <신상 자료지리 연구>를 토대로 작성
[작화 구로사와 다츠야(黒澤 達矢)]

MEMO

問 1(4) **4** ③

베버리지 보고서는 1942년에 공표된 영국의 사회보험에 관한 보고서이다. 태어나서 죽을 때까지 사회 보장을 받을 수 있다는 '요람에서 무덤까지'를 슬로건으로 한 종합적인 사회 보장 제도가 정비되었다.

① 바이마르 헌법은 세계에서 최초로 사회권을 규정한 것이며, 세계 최초의 사회 보장 제도는 독일의 비스마르크에 의한 질병보험법이다(제4회 26번 해설 참조).

② 미국에서는 개인주의 사고 방식이 강하고 민간 보험이 원칙이기 때문에 빈곤층을 중심으로 보험에 가입할 수 없는 사람도 많다. 2010년에 오바마 대통령이 전 국민 의료보험(모든 국민이 건강 보험에 가입하는 것) 제도를 표방하며 의료보험개혁법(오바마 케어)을 성립시켰으나 보험료 인상 등의 비판도 많아 전 국민 의료보험은 실현되지 않았다.

④ UN총회가 아닌 국제노동기구(ILO) 총회에서 채택되었다. 필라델피아 선언에서는 노동은 상품이 아니라는 등 4가지 근본 원칙을 재확인하고 사회보장의 국제적 기준을 제시했다. 또한 국제연합은 1945년에 발족하였다.

Point [정치·경제] 남 아프리카

問 2(1) **5** ③

남아프리카는 세계 굴지의 광산 자원 매장량을 가진 국가로 금·다이아몬드나 레어 메탈(희소 금속)의 하나인 백금(플래티넘) 등이 풍부하다. 백금의 산출량은 세계 1위이며 전세계 산출량의 70% 이상을 차지하고 있다.

① 백호주의는 호주에서 실시된 유색 인종의 이민을 제한하고 백인만의 사회를 유지하려고 하는 정책이다. 1901년에 제정된 이민제한법에 의하여 백인만이 호주로 이민할 수 있게 제한되었다. 그러나 1975년에 인종차별금지법이 제정되자 백호주의는 끝났다. 참고로 '호(豪)'는 호주를 말한다. 남아프리카에서는 아파르트헤이트라고 불리는 소수의 백인이 대다수의 흑인을 포함한 유색인종을 차별하는 인종 격리 정책이 실시되었다. 그러나 국제적인 압력도 있어 1991년에 철폐되었다. 그리고 1994년에 아프리카 민족 회의(ANC)의 흑인 지도자이며 반 아파르트헤이트 운동에 이바지해 온 넬슨 만델라가 대통령으로 선출되었다.

② BRICS란 브라질(B)·러시아(R)·인도(I)·중국(C)·남아프리카(S)의 신흥 경제 5개국을 말한다.

④ 케이프타운은 지중해성기후임에 주의하자. 지중해성기후 지역으로 샌프란시스코도 알아 두면 좋다.

Point [역사] 아프리카 분할

問 2 (2) **6 ③**

모로코 사건은 1905년과 1911년에 독일이 프랑스 모로코 지배에 도전하려고 해서 일어난 사건으로, 영국이 프랑스를 지원해 모로코 지배에 실패하였으며, 1912년에 모로코는 프랑스의 보호국이 되었다. 독일은 프랑스령 콩고의 일부를 얻는데 그쳤다.

① 프랑스는 튀니지를 보호국으로 한 후 아프리카 대륙을 횡단하여 지부티와 마다가스카르를 연결하려고 했다. 이 아프리카 횡단 정책은 이집트와 케이프타운을 연결하려고 한 영국의 아프리카 종단 정책과 충돌하여 1898년에 수단에서 양국이 충돌하는 파쇼다 사건이 일어났다. 파쇼다 사건은 프랑스가 양보하여 해결되었다.

② 영국의 3C정책이란 카이로·케이프타운·칼카타(콜카타)를 잇는 제국주의 정책으로 이에 대항하는 것이 베를린·비잔티움(이스탄불)·바그다드를 잇는 독일의 3B정책이다. 제1차 세계대전으로 이어지는 요인이긴 하나 아프리카 분할에 관련된 것은 아니다.

④ 라이베리아는 미국의 해방된 노예가 아프리카로 돌아와 건국한 국가로 식민지가 된 적은 없다. 라이베리아 외에 에티오피아도 열강의 완충지대로서 독립을 유지했다.

Point [지리] 아프리카의 해

問 2 (3) **7 ②**

아프리카 국가의 위치를 모두 암기할 필요는 없지만 주요 국가에 대해서는 파악해 두어야 한다. 1960년에는 나이지리아가 영국으로부터 독립한 것 외에 카메룬·마다가스카르 등이 프랑스로부터 독립했고, 콩고(후의 자이르, 현재의 콩고민주공화국)가 벨기에로부터 독립하는 등 17개국이 독립했다. 따라서 1960년은 '아프리카의 해'라고 불린다.

나이지리아는 아프리카 최대의 산유국·수출국이다. ① 알제리는 1962년 프랑스로부터 독립했다. ③ 에티오피아는 (2)의 해설에서 지적했듯이 식민지가 된 적이 없다. ④ 콩고민주공화국은 1908년에 벨기에령 콩고가 되고 1960년에 콩고 공화국으로 독립했다. 그 후 1971년에 국호를 자이르로 개칭했으며, 1997년에 콩고민주공화국으로 개칭했다(제2회 28번 해설도 참조).

問 2 (4) 8 ①

UNCTAD(United Nations Conference on Trade and Development)는 유엔 무역 개발 회의를 말하며 발전도상국 측의 제안으로 1964년에 유엔총회의 상설 기관으로서 설립되었다. 발전도상국의 경제 개발과 남북 간 경제 격차를 없애는 것을 목적으로 하고 있다. 1차산업품(가공되지 않은 농산물·수산물·광산물 등 자연 생산물) 가격의 안정화, 발전도상국에 유리한 관세(일반 특혜 관세)를 인정하는 것, ODA(정부개발원조) 등 경제 협력 추진이라는 3개의 기둥을 내걸고 있다.

② UNICEF(United Nations Children's Fund)는 유엔 아동 기금으로 빈곤이나 폭력·질병·차별 등 아이들이 직면하는 여러 과제의 해결을 목적으로 설립되었다.

③ UNESCO(United Nations Educational Scientific and Cultural Organization)는 유엔 교육 과학 문화 기관으로 교육·과학·문화의 연구와 보급을 목표로 하고, 세계 평화와 안전에 공헌하는 것을 목적으로 한다. 세계문화유산의 등록과 보호도 실시하고 있다.

④ UNHCR(The Office of the United Nations High Commissioner for Refugees)은 유엔 난민 고등판무관 사무소로 난민의 국제적 보호·구제 및 항구적 해결을 목적으로 한다.

Point [경제] 3개의 경제 주체

問 3 9 ③

임금 지불은 의무이지만 배당 지불은 의무가 아니다. 배당이란 주주에게 분배되는 현금을 말하며 주주는 출자 비율(소유주 수)에 따라 배당을 받을 권리를 갖는다. 그러나 회사의 이익 상황에 따라 배당 유무와 증감이 결정되기에 회사에 이익이 없는 경우에는 배당이 없는 경우도 있다. 이익이 있어도 배당이 없는 경우도 있다.

① 가계·기업·정부의 관계는 재·서비스 및 통화 흐름이라는 플로우 순환으로 나타낼 수 있다 (플로우에 대해서는 제2회 5번 해설 참조). ② 재정의 3가지 기능 중 소득 재분배 기능과도 관련이 있다. 고령화가 급속히 진행되고 있는 일본에서는 사회 보장 급여가 계속 증가하고 있다. ④ 재정의 3가지 기능 중 자본 배분 조정 기능과 관련이 있다(②와 함께 제3회 6번 해설 참조).

問 4 10 ①

수요·공급 모두 기울기가 가파른 곡선은 가격 탄력성이 작다는 것을 나타내고 기울기가 완만한 곡선은 가격 탄력성이 크다는 것을 나타낸다. 가격 탄력성이 작다는 것은 가격이 크게 변화해도 수요·공급량이 그다지 변화하지 않는다는 것이고, 반대로 가격 탄력성이 크다는 것은 가격이 크게 변화하면 수요·공급량도 크게 변화한다는 것이다.

생활 필수품은 수요의 가격 탄력성과 관련이 있기 때문에 수요 곡선은 우하향하는 ① ② 둘 중 하나가 된다. 생활 필수품은 가격과 상관없이 구매하기 때문에 가격 변화에 대한 수요 변화가 작다. 즉, 생활 필수품은 가격 탄력성이 작기 때문에 곡선의 기울기는 가파르게 되어 ① 이 정답이 된다. 생활 필수품 이외에 대체재(커피와 홍차와 같이 대체되는 재. 제5회 4번 해설 참조)가 없는 상품 등도 수요의 가격 탄력성이 작다. ② 와 같이 곡선의 기울기가 완만한 경우에는 가격 탄력성이 크다는 것을 나타낸다. 사치품이나 대체재가 있는 상품 등이 해당된다.

③ ④ 는 공급의 가격 탄력성을 나타내는 것으로 ③ 과 같이 기울기가 가파른 곡선은 가격 탄력성이 작다는 것을 나타낸다. 예를 들어 농작물 등은 가격이 상승하더라도 바로는 증산할 수 없으며 가격이 하락해도 공급을 줄이기 어렵기 때문에 가격 변화에 대한 공급 변화가 작다. ④ 와 같이 기울기가 완만한 곡선은 가격 탄력성이 크다는 것을 나타내며. 공업 제품 등이 여기에 해당된다. 가격이 높아지면 증산하기 때문에 가격의 변화에 대한 공급의 변화가 크다.

	기울기가 가파른 곡선	기울기가 완만한 곡선
수요 곡선	가격 탄력성은 작다 ……생활 필수품	가격 탄력성은 크다 ……사치품
공급 곡선	가격 탄력성은 작다 ……농산물	가격 탄력성은 크다 ……공업제품

▲ 가격 탄력성

問 5 11 ④

국민소득은 부가가치가 어느 산업에서 만들어졌는지(제1차 산업·제2차 산업·제3차 산업+해외에서 순소득 = 생산 국민소득), 어떻게 국민에게 분배되었는가(임금[고용자 보수](b)·재산 소득·기업 소득 = 분배 국민소득), 어떻게 국민이 사용했는지(소비(c)·투자 등 = 지출 국민소득)라는 생산·분배(a)·지출이라는 3가지 측면에서 집계되며 그 금액은 같다.

국민소득은 생산 활동으로 만들어져 시장에서 거래된 것이므로 생산되었다고는 할 수 없는 사회 보장 급여, 상속, 용돈, 배당 등과 시장에서 거래되지 않는 가사 노동, 자원봉사 등은 국민소득에 포함되지 않는다. 다만 예외로서 농가의 자가 소비분과 자가 소지자의 집세 상당분은 국민소득에 포함된다.

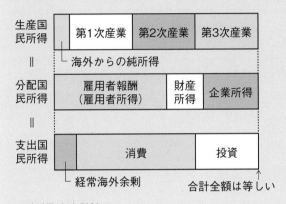

▲ 삼면등가의 원칙

問 6 **12 ②**

b는 경기 후퇴기로 일반적으로 초과공급에서 가격이 저하되고 기업의 설비투자도 감소되어 생산이 줄어든다. 그 결과 기업의 도산과 실업이 늘어나 수요도 저하된다. 급격히 경기가 후퇴하면 공황이 발생한다.

① 과 ③ 은 디플레이션과 인플레이션을 서로 바꾸면 올바른 문장이 된다. a는 호황기로 신기술 개발 등으로 투자가 늘어나 생산도 늘어난다. 고용이나 소득도 늘어나므로 물가는 오르고 인플레이션이 되기 쉽다. 또한 자금 수요가 늘어나 금리도 상승하고 주가도 올라간다. c는 불황기로 생산이 정체되고 재고가 늘어난다. 도산이나 실업자가 늘어나므로 물가는 떨어지고 디플레이션이 되기 쉽다. 또한 자금 수요가 줄어들기 때문에 금리도 떨어지고 주가도 하락한다.

④ d는 경기의 회복기이며 재고 조정이 끝나고 생산이 재개된다(재고가 증가하는 것은 후퇴기). 그 결과 설비 투자 증가, 실업자 감소, 수요 증가가 일어나 생산 활동이 회복되어 간다.

	물가	소득	도산·실업	재고
a: 호황기	최고(인플레)	고수준	적다	아주 조금
b: 후퇴기	하강	하강	증대	증대
c: 불황기	최저(디플레)	저수준	격증	격증
d: 회복기	상승	상승	감소	감소

問 7 **13 ①**

태환이란 은행권 또는 정부 지폐를 액면 금액과 같은 가치의 정화(금은화 또는 금은 지금 등)와 교환하는 것이며 금본위제·은본위제라는 태환 제도 하에 실시되었다. 세계 공황 후에 각국은 금본위제를 정지하고 관리통화제로 이행했다. 제2차 세계대전 후 미국은 금 달러 본위제를 채용하고 있었지만 1971년에 금 달러 교환을 정지했다(닉슨 쇼크, 달러 쇼크). (제2회 7번 해설 참조)

② 예금 업무란 개인이나 기업으로부터 이자(예금 금리)를 지불한다는 조건으로 자금을 맡는 것이다. ③ 대부 업무란 개인이나 기업에 자금을 대여하여 이자를 받는 것이다. ④ 외환 업무란 현금을 이동시키지 않고 계좌 간에 자금을 이동하는 것이며 입금이나 송금, 공과금 등의 계좌이체 등에 의해 대금을 보내거나 지불하거나 하는 것이다. 외환 업무에는 국내(일본 엔화)의 외환 거래를 대상으로 하는 '내국 외환 업무'와 외화의 환전·외화 예금·외국으로의 송금 등 외국 외환 거래를 대상으로 하는 '외국 외환 업무'가 있다.

Point [경제] 고도 경제 성장

問 8 **14** ③

1964년 아시아 첫 도쿄(東京) 올림픽 개최에 발맞춰 도쿄~신오사카(新大阪) 간에 토카이(東海)도신칸센이 개통되었다. 또한, 고속도로 등의 인프라와 일본을 대표하는 스포츠 시설이 정비되는 등 건설 수요가 높아져 '올림픽 호황'을 맞았다.

① 한국전쟁이 시작된 것은 1950년이며 지문에도 있듯이 고도경제성장의 시작은 1955년이므로 오답이다. 한국전쟁에 의한 호황은 전쟁 특수라고 불린다. 전쟁특수란, 무기나 탄약의 제조, 자동차와 기계 수리 등 미군에 의한 방대한 특수가 발생했기 때문에 일어났다.

② 1968년 GNP(국민총생산)가 서독을 추월해 미국에 이어 자본주의 세계 2위가 되었다.

④ 고도경제성장으로 인한 공해문제가 심각해져 수은중독인 미나마타병(구마모토현)이나 카드뮴이 원인인 이타이이타이병(도야마현) 등 4대공해병에 의한 소송이 발생해 1973년까지 잇달아 원고측(피해자측)이 승소했다. 그 과정에서 1967년에 공해 대책 기본법이 제정되어 1971년에는 환경청이 설치되었다.

Point [경제] 국제수지의 계산

問 9 **15** ③

전제가 되는 계산식 '경상 수지 + 자본 이전 등 수지 − 금융 수지 + 오차 탈루 = 0'을 알아 두어야 한다. 계산할 때 금융수지를 뺀다는 점을 주의하자.

위의 계산식에 수치를 넣으면

10,000 + (−500) −X + (−5,000) = 0이 되고 X = 4,500이다.

이 문제에서는 경상 수지를 묻고 있으나 경상 수지 중 무역 수지의 계산에도 주의가 필요하다. 경상 수지는 무역·서비스수지와 제1차·제2차 소득수지를 합친 값이다. 이 문제에서는 10,000이라는 수치를 제시하고 있는데, 이 수치를 가지고 다음과 같이 나타낼 수 있다.

무역 · 서비스 수지	무역수지	수입	2,000
		수출	7,000
	서비스 수지		− 300
제1차 소득수지			5,500
제2차 소득수지			− 200

무역수지는 수출액 − 수입액이므로 7,000 − 2,000 = 5,000이다. 나머지 서비스 수지와 제1차·제2차 소득 수지를 합친 값은 (−300) + 5,500 + (−200) = 5,000이 되기 때문에 경상 수지의 합계는 5,000 + 5,000 = 10,000이 된다. 무역수지에 대해서는 제1회 11번 해설을 참조할 것.

問 10 **16 ②**

지형 A의 설명은 바르다. 선상지는 강이 산에서 평지로 나오는 곳에 상류에서 운반되어져 온 토사가 부채 모양으로 퇴적되어 생긴다. 선상지는 위에서부터 선정·선앙·선단으로 나뉜다. 강물이 지하수가 되어 흐르는 선앙은 밭이나 과수원 등에 이용되는 경우가 많으며 지하수가 지표면에 솟아나오는 선단은 취락이나 논(무논)으로 이용된다.

지형 B의 설명은 틀렸다. 지형 B는 삼각주(델타)이다. 평야 하구 근처에는 강에서 운반되어 온 토사가 퇴적되어 삼각주가 만들어진다. 삼각주는 논(무논)이나 취락에 이용되는 경우가 많아, 베트남 남부 메콩강 하구의 삼각주에서는 벼농사가 활발하며, 이집트 나일강 하구의 삼각주도 잘 알려져 있다. 또한, 방글라데시는 국토의 대부분이 삼각주 지대이다.

Point [지리] 열대 저기압

問 11 **17 ④**

열대 저기압은 해수면 온도가 높고 강한 상승 기류가 일어나기 쉬운 적도 부근의 해역에서 발생하며 장소에 따라 다양한 이름으로 불린다. 사이클론은 인도양과 남태평양에서 발생하는 최대 풍속 약 17m/초 이상의 열대 저기압이다. 사이클론 중 ④ 로 표시된 것은 6~11월경에 발생하고 적도에서 남쪽으로 향하는 화살표로 표시된 것은 1~3월경에 발생한다.

① ② 는 허리케인으로 8~10월경에 대서양 서부 멕시코만이나 태평양 동부에서 발생하는 최대 풍속 33m/초 이상의 열대 저기압이다. ③ 은 태풍이며 여름부터 가을에 걸쳐 북태평양에서 발생하는 최대 풍속 약 17m/초 이상의 열대 저기압이다. 일본은 매년 태풍에 의한 큰 피해를 입고 있다.

MEMO

問 12 **18** ②

하이더그래프란 월별로 세로축에 평균 기온, 가로축에 평균 강수량을 넣고 순서대로 점을 연결한 그래프를 말한다. 기후 구분마다 특징을 알아 두는 것이 중요하다. 온대 서해안 해양성 기후는 유라시아 대륙 서해안이나 호주 남동부 등에서 보이는 특징적인 기후이며 편서풍 등의 영향으로 여름은 시원하고 겨울은 따뜻하다. 또한 기온·강수량 모두 계절 변화가 작다. 이 특징에 맞는 하이더그래프를 찾으면 ② 이며, 장소는 런던이다.

① 기온이 1년 내내 20도 이상이므로 열대라는 것을 알 수 있다. 또한 매달 강수량 변화가 크고 비가 많은 우기와 건조한 건기의 차이가 분명하기 때문에 사바나 기후이며, 장소는 인도의 콜카타이다.

③ 기온이 높고 강수량이 극단적으로 적기 때문에 건조대의 사막 기후라고 판단할 수 있다. 장소는 사우디 아라비아의 리야드이다.

④ 겨울의 기온이 상당히 낮기 때문에 냉대(아한대) 혹은 한대 둘 중 하나라는 것을 알 수 있다. 강수량은 적지만 여름에는 기온이 비교적 높기 때문에 냉대이다. 냉대에는 습윤 기후와 동계건조(동계 소우) 기후가 있지만 여기는 습윤 기후이며, 장소는 모스크바이다.

자세한 기후 구분까지 암기할 필요는 없지만 대략적인 기후의 특징을 알아 두어야 하며, 기후마다 대표적인 도시를 지도로 확인하면서 학습하는 것이 중요하다.

열대	기온이 높고 옆으로 긴 막대 모양이 된다. 사바나 기후는 옆으로 길어진다. →①
건조대	그래프가 세로축에 접근해 세로로 길어진다. →③
온대	기온이 온난한 위치에 있지만 장소에 따라서 여러가지 형태가 있다. →오른쪽 그래프 참조
냉대	기온이 높은 점에서 상당히 낮은 점까지 있고 세로로 길어진다. →④
한대	기온은 상당히 낮고 왼쪽 아래 구석에 모인다.

▲ 기후구분마다의 하이더그래프 특징

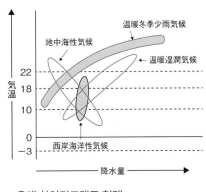

▲ 온대 하이더그래프 형태

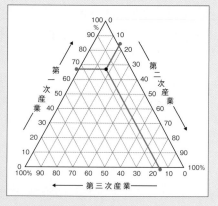

Point [지리] 각국의 산업별 인구 구성

問 13 **19** ④

이 산업별 인구 구조를 나타내는 삼각형 그림을 삼각도표라고 하며, 제1차 산업의 비율이 높은 발전도상국은 삼각형 위쪽으로, 제3차 산업의 비율이 높은 선진국은 삼각형의 왼쪽 하단에 위치한다. 이 사실에서 ① ② 는 선진국이라고 판단할 수 있다(① 은 미국, ② 는 일본). ③ ④ 의 구별은 1965년 시점의 위치에 있다. ③ 은 급속하게 경제 발전을 하고 있는 것을 알 수 있으므로 중국, ④ 가 필리핀이다.

중국을 예로 들어 삼각도표를 구체적으로 읽어 보자(그림과 같이 제1차 산업은 왼쪽 옆, 제2차 산업은 오른쪽 위, 제3차산업은 오른쪽 아래로 뻗은 곳에 있는 눈금을 읽는다).

▲ 삼각도표 보는 법

1965년에는 제1차 산업이 약 80%, 제2차 산업이 약10%, 제3차 산업 역시 약 10%였다. 이것이 2018년에는 제1차 산업이 약25%, 제2차 산업이 약30%, 제3차 산업이 45%가 되어, 제1차 산업 인구가 크게 줄어들고 제3차 산업 인구 비율이 상당히 증가한 것을 알 수 있다. 제1차 산업에서 제2차·제3차 산업으로 이동하는 것을 산업 구조 고도화라고 한다.

Point [지리] 신에너지 공급량

問 14 **20** ①

중국은 발전량 합계가 세계 1위이며, 풍력·태양광 발전량도 세계 1위이다. 이 점에서 공급량에 있어서 중국이 가장 많다고 추측하면 C를 중국으로 특정할 수 있다. 또한 지열에 주목하면 지열 발전은 주로 화산 활동에 의한 지열을 이용하는 발전이기 때문에 공급량 역시 화산이 많은 국가라고 예상할 수 있다. 여기에 해당되는 국가는 환태평양 조산대가 있는 미국과 일본이며 그것은 A나 D 중 하나이므로, 그 조합은 ① 이외에는 없다.

또한, 바이오 연료란 생물 자원(바이오매스)으로 만든 연료를 가리키며, 사탕수수나 옥수수, 목재 등을 발효시켜 제조하는 에탄올 연료 등이 있다. 미국이 옥수수 생산량 세계 1위라는 것을 알고 있다면, 이 점에서도 바이오 연료가 많은 A가 미국이라고 판단할 수 있다.

Point [지리] 세계 대도시권의 인구

問 15 **21** ②

세계에서는 인구가 도시에 집중하는 '도시화'가 급속히 진행되고 있다. 도시의 인구율은, 선진국은 높고 발전도상국이 낮은 경향이 있다. 그러므로 도시 인구율은 아시아·아프리카에서 비교적 낮다. 또한 선진국에서는 이미 도시화가 진행되어 향후 급격히 도시 인구가 증가할 일은 없다고 예상되지만 발전도상국에서는 향후의 경제 성장과 함께 인구율이 높아질 것이다. 표를 보면 A·C·D는 인구 증감이 별로 없지만 B는 급격하게 인구가 증가하고 있다는 것을 알 수 있다. 이것으로 B가 다카라고 판단할 수 있다. 참고로 A는 일본의 도쿄, C는 미국의 뉴욕, D는 프랑스의 파리이다.

발전도상국에서는 농촌 지역에서 인구 폭발이 일어나 취업 기회가 많은 도시에 인구가 유입된다(push형 인구 유입). 또한 인구 1위 도시(프라이메이트 시티, 수위 도시)가 인구 2위 이하의 도시에 비해서 압도적으로 인구가 많아지는 경향이 있다(방글라데시에서도 마찬가지로 인구의 절반이 다카에 집중되어 2위 도시와는 3배 가까운 인구 차이가 있다). 발전도상국에서는 빈부 격차가 크므로 빈곤층은 시가지 주변의 공터를 불법 점거해 슬램을 만들고 있다.

Point [지리] TPP 참가국

問 16 **22** ①

환태평양 경제 연계 협정(TPP) 참가 11개국을 지도로 확인하는 문제이다. 문제에 나온 국가 외의 TPP 참가국에 대해서도 장소를 알아 두자. TPP는 2006년 싱가포르·④ 뉴질랜드·칠레·브루나이를 원가맹국으로 하여 발족했다. 2010년에 ① 미국, ② 페루, ③ 베트남 등 5개국이 회합에 참가 했고, 2012년에는 멕시코·캐나다 이듬해에 일본이 참가해 12개국에서 협상이 시작되었다. 그러나 2017년에 미국이 이탈을 표명하였으며, 2018년에는 11개국이 협정에 서명해 발효되었다. 최근에는 EU를 이탈한 영국이나 중국 등이 참가에 의욕을 보이고 있다.

Point [정치] 신자유주의

問 17 **23** ③

1929년 세계공황 후 국가가 적극적으로 시장 경제에 개입해야 한다는 케인스 이론에 의한 '큰 정부'에 기초를 둔 정책이 실시되고 있었다. 그러나, 1973년에 제1차 석유파동에 의한 재정 악화 등을 배경으로(① 은 오답) 프리드먼 등이 '큰 정부'를 비판했다(② 는 오답). 1980년대에 영국의 대처 정권이나 미국 레이건 정권이 등장해(④ 는 오답. 오바마는 2009년~ 2017년 대통령) 규제 완화 및 경쟁 원리 도입, 재정 지출 삭감 등을 표방하는 '작은 정부'에 의한 신자유주의적 정책을 실시했다.

일본의 나카소네 야스히로(中曽根康弘) 내각에서도 신자유주의 정책을 시행하여 국철 민영화(현재의 JR) 등을 실시했다.

問 18 24 ④

의원내각제는 내각이 의회 신임에 근거하여 성립하고 의회에 연대책임을 지는 제도이며 영국에서 발달되었다 (① 은 오답). 내각 총리 대신(수상)은 국민으로부터 직접 선거로 뽑힌 의회에 의해 선출된다(② 는 오답). 일반적으로 의회 내에서 다수당의 당대표가 내각 총리 대신으로 선출되며, 내각은 단독이나 복수정당에 의한 연립에 의해 조직된다. 내각은 의회에 연대책임을 지기 때문에 하원이나 중의원(일본)에 있어서 내각불신임안이 가결 또는 내각 신임안이 부결될 경우에는, 의회(하원이나 중의원)를 해산시키거나 총사직해야 하며 거부권은 없다(③ 은 오답)(제1회 21번 해설 참조).

현재 의원 내각제를 채용하고 있는 나라는 영국·일본 외에 캐나다·독일·스페인·스웨덴·이탈리아·네덜란드·말레이시아 등이 있다.

Point [정치] 맥아더 3원칙

問 19 25 ②

1946년 2월 맥아더는 일왕제의 존속(일왕은 국가의 원수[the head of the state]일 것), 전쟁 포기, 봉건적 제도 폐지를 원칙(맥아더 3원칙)으로 하는 독자적인 방안을 제시하고, 이것을 바탕으로 GHQ민정국에 헌법 초안 작성을 지시했다. 이 초안은 일본 정부에 제시되었고 일본 정부는 초안에 기초하여 개정안을 작성했다. 대일본제국 헌법의 개정 수속을 취한 후 중의원에서 헌법 개정안의 수정 가결 등을 거쳐 일본국 헌법은 1946년 11월 3일에 공포, 1947년 5월 3일에 시행되었다. 맥아더 3원칙은 국민주권·기본적 인권의 존중·평화주의라는 일본국 헌법 3원칙으로 규정되었다.

공산주의자를 공직에서 추방하는 것은 기본적 인권과 상반된다는 점과 일본을 점령 통치하는 연합국에는 소련도 참가하고 있었다는 점에서 오답이라고 판단할 수 있다. 하지만, 동서 냉전이 동아시아까지 퍼지게 되자 1950년에 한국전쟁이 일어난 전후에 맥아더는 공산당원을 공직에서 추방하도록 지시했다(레드 퍼지 Red purge).

MEMO

問 20 **26 ②**

납세 의무는 교육의 의무, 근로 의무와 함께 국민의 3대 의무 중 하나로 국회의원도 납세 의무가 있다.

국회의원은 국민의 대표자로서 직책을 충분히 완수하기 위해 특별한 보장이 주어진다. ① 국회의 회기 중에는, 현행범일 경우는 제외하고 국회 동의가 없으면 체포되지 않는다(불체포특권). 또 회기 전에 체포된 경우에도 국회 요구가 있으면 회기중에는 석방된다. 이것은 경찰 등에 의한 부당한 간섭을 방지하고 국민의 대표라는 직무를 우선 시키기 위한 것이다. ③ 법률이 정하는 바에 따라 국고에서 상당액의 세비를 받는다. 월액 세비 외에 문서·통신·교통·체재비·공설 비서에게 국비 등이 지급된다. 이것은 금전적으로 외부의 압력이나 간섭을 배제하고 자유롭고 독립적인 활동을 보장하기 위함이다. 그러나 어려운 국가 재정 가운데 세비 삭감을 요구하는 목소리도 높아지고 있다. ④ 원내에서의 발언·토론·표결에 관하여 의원은 원외에서 책임을 지지 않는다(의원 발언표결의 면책특권). 이것은 국회 내에서의 자유로운 발언을 보장하기 위한 제도이다.

問 21 **27 ①**

사법권이란 사회에서 생기는 소송사건을 법률에 근거하여 재판하고 해결하는 국가 권한으로 일본국 헌법에서는 예외를 제외하고 사법권은 모두 재판소가 갖는다고 정해져 있다. 재판소(한국의 법원)에는 최고재판소와 그 외의 하급재판소(고등재판소·지방재판소·가정재판소 등)가 있으며 재판의 공정과 기본적 인권의 보장을 지키기 위해 타 권력이나 기관으로부터 지시·명령을 받지 않고 직권을 행사한다(사법권의 독립).

② 재판소에 관한 내부 규율은 국회가 아니고 최고재판소에 제정권이 있다. 국회가 제정하면 사법권의 독립이 되지 않는다.

③ 특별 재판소의 설치는 금지되어 있다. 재판관에 직무상 의무위반이 있는 경우에는 국회에 탄핵재판소가 설치되어 재판이 진행된다. 이것은 어디까지나 사법권의 독립에 대한 예외이다. 또, 최고재판소 재판관이 적임자인지 임명 후 첫 중의원 의원선거 때 국민심사가 실시된다. 그 후 10년을 경과한 뒤에 선거로 재심사를 실시하며, 그 후에는 동일하게 반복된다. 투표 과반수로 파면이 가능해 재판관은 파면되지만 과거에 국민심사에서 파면된 판사는 없다.

④ 위헌심사권은 최고재판소 뿐만 아니라 모든 재판소에 있다. 다만 합헌·위헌의 최종 결정은 최고재판소가 한다(제3회 22번 해설 참조).

問 22 **28 ①**

좌파와 우파로 분열되어 있던 일본사회당이 재통일하자 이에 자극을 받은 보수 측에서도 재계의 강한 요청을 배경으로 일본민주당과 자유당의 보수 합동에 의해 자유민주당(자민당)이 결성되었다. 그 이후 1993년까지 안정 다수를 확보하여 정권을 유지하는 자민당에 대해 일본사회당을 중심으로 하는 혁신세력이 대립하는 55년 체제가 성립되었다.

②55년 체제 하에서는 자민당과 일본사회당의 의석수의 비율은 거의 2대1이었기 때문에 형식적으로는 2대 정당제였지만 실제로는 안정적으로 정권을 유지하고 있는 자유민주당 우위였다.

③자민당과 일본사회당의 주장이 반대로 되어 있다.

④1976년에 민간항공기 도입을 둘러싸고 다나카 카쿠에이(田中角栄) 수상이 뇌물(수뢰) 용의로 체포되는, 2차대전 이후 최대의 록히드 사건이 일어나고 같은 해 총선거에서 자민당은 결당 이래 처음으로 중의원에서 과반수를 차지하지 못했다. 또한, 록히드 사건 발각을 계기로 자민당을 떠난 의원에 의해 신자유클럽이 결성되었다. 1990년대에 부패 사건이 잇따르고 1993년에는 내각 불신임안이 통과되었다. 자민당이 분열되는 가운데 총선거에서도 지고 오랫동안 지속된 자민당 정권은 붕괴되었다. 이 총선거에서 일본신당의 호소카와 모리히로(細川 護熙)를 총리로 하는 비자민 연립정권이 조직되어 55년 체제는 끝났다.

問 23 **29 ②**

a는 소선거구이다. 중의원 의원 총선거는 소선거구와 비례 대표로 실시되며(소선거구 비례대표 병립제) 소선거구에서 289명, 비례대표로 176명이 선출된다. 소선거구제는 하나의 선거구에서 한 명을 선출하는 것이고 비례대표제는 정당의 득표수에 따라 의석을 배분한다. 이 제도는 문제 22번 해설에서 다룬 호소카와 모리히로 내각이 정치 개혁의 일환으로 1994년에 도입했다.

b는 대정당이다. 소선거구제는 선거구가 작고 비용이 적게 들어, 후보자가 유권자에게 자신의 정책이나 주장을 호소하기 쉽다. 또한 큰 정당이 유리하며 정국 안정화로 이어진다.

c는 사표(死票)이다. 소선거구제는 지지자가 적은 작은 정당 후보는 당선되기 어렵고 하나의 선거구에서 한 명 밖에 당선되지 못하기 때문에 사표가 많아지며 유권자의 다양한 의견이 반영되지 않는다. 호소카와 내각은 비례대표제를 도입하여 소수 의견도 국정에 반영하려고 했다.

問 24 **30 ①**

SDGs란 '단 한 사람도 소외되지 않을 것', '더 나은 지구를 만들기 위해' 2030년까지 국제사회가 힘을 합쳐 해결해야 할 국제 목표로 2015년의 유엔 서밋에서 미국을 포함한 모든 가맹국이 합의한 '지속가능한 개발을 위한 2030 어젠다' 에서 내걸렸다(③ 은 오답). 2030년을 달성 기한으로 하여 빈곤·기아·교육·젠더·보건·환경·방재·에너지·경제 격차나 기후 변화 등 세계가 내세우는 과제에 대해 선진국·발전도상국이 함께 협력하면서 (② 는 오답) 지속가능한 세계를 실현하기 위한 17의 목표와 169의 타깃으로 구성되어 있다.
④ '평화와 공정을 모든 사람에게'란 '지속가능한 개발을 위해 평화롭고 포섭적인 사회를 추진하고 모든 사람에게 사법에 대한 액세스를 제공함과 동시에 어떠한 수준에서 효과적이고 책임 있는 포섭 제도를 구축한다'라는 테마 하에 11개의 타깃으로 구성되어 있지만 그 타깃 중에 핵무기를 금지하는 항목은 없다. 핵무기 금지는 2017년 유엔 총회에서 채택되었으며 2021년 1월 발효된 핵무기 금지 조약에 관한 것이다(제2회 2번(4) 해설 참조).
SDGs 이전에는 2000년 유엔 밀레니엄 선언에 근거하여 밀레니엄 개발 목표(Millennium Development Goals: MDGs)가 설정되었다. 그 내용은 '빈곤', '남녀의 격차', '지속 가능한 환경', '발전도상국을 중심으로 한 감염증 대책'과 같은 전세계가 안고 있는 과제를 2015년까지 해결하자는 것이었다. 그러나 MDGs에서는 일정한 성과는 있었지만 위생면이나 교육면에서 과제를 남겼고 전면적인 해결에 이르지 못했다. 그래서 '지속가능한 개발을 위한 2030 어젠다'가 채택된 것이다.

問 25 **31 ④**

1789년 합중국헌법을 토대로 연방정부가 발족하여 독립전쟁에서 총사령관으로 임명된 워싱턴이 초대 대통령이 되었다.
① 프랑스 혁명이 일어난 것은 1789년으로 합중국헌법 제정 이후이다. 또 제퍼슨은 1776년에 나온 독립선언을 기안한 인물이다. ② 세계에서 최초로 사회권을 보장한 것은 1919년 독일에서 제정된 바이마르 헌법이다. ③ 합중국헌법에서는 각주(당시는 13주)에 대폭적인 자치를 인정하지만 중앙정부의 권한을 강화하는 연방주의를 채용하고 있다.
합중국헌법은 1787년 필라델피아 헌법 제정 회의에서 만들어졌다. 합중국헌법에서는 연방주의 외에 인민주권을 기초로 한 공화정 채용, 권력 남용을 막기 위한 삼권분립 원칙을 규정하고 있다.

Point [역사] 비스마르크

問 26 32 ②

비스마르크(1815~98년)는 프로이센 국왕 빌헬름 1세 아래에서 군비 확장 예산을 둘러싸고 의회와 대립하여 "독일의 문제는 철(무기)과 피(병사)로 해결해야 한다" 라고 연설하며 반대를 무릅쓰고 군확 예산을 강행한 것으로 인해 '철혈재상'이라고 불렸다.

① 빈 회의(1814~15년)를 주재한 것은 오스트리아 외무장관 메테르니히이다(제3회 2번(2) 해설 참조).

③ 1870년에 나폴레옹 3세를 도발하여 프로이센·프랑스 전쟁(보불전쟁, 普仏戦争)에 승리한 다음 해(1871년) 빌헬름 1세가 베르사유 궁전에서 황제의 자리에 올라 독일 제국이 성립되었다. 비스마르크는 재상으로서 이 이후 20년 가까이에 걸쳐 독재적인 권력을 누렸다. 1878년에 사회주의 진압법을 내고 사회주의 정당을 탄압하는 한편 재해보험·질병보험·양로보험 등의 사회보험 제도를 실시하며 '당근과 채찍'을 나눠 사용했다.

④ 1888년 빌헬름 2세가 황제로 즉위하고, 스스로 정치를 지도하려고 하는 황제와 대립하여 결국 1890년 사임에 내몰렸다.

이 밖에 비스마르크에 관해서는 '문화투쟁'을 시작해 가톨릭 교도를 억압한 것(실패함), 보호관세 정책을 실시해 산업 자본 육성을 도모한 것, 1878년에 베를린 회의를 열어 아프리카 분할에 관한 이해 조정에 나섰던 것 등도 알아 두자.

Point [역사] 청일전쟁과 러일전쟁

問 27 33 ③

청일전쟁 후 열강에 의한 중국 분할이 진행된 것 등을 배경으로 1900년에 의화단이 베이징에 있는 열강의 공관을 포위하는 사건이 일어났다(의화단 운동). 중국 정부도 의화단 움직임에 밀려 열강에 선전 포고했지만(북청 사변), 일본과 러시아 등 8개국 연합군이 의화단을 진압했고 중국은 항복했다. 북청 사변은 만주에도 확산해 러시아는 그 진압을 계기로 사실상 만주를 점령하고 사변 후에도 만주에서 철퇴하지 않았던 것뿐만이 아니라 더 남하하려고 했다. 만주가 러시아의 지배하에 들어가는 것은 일본이 한국에서의 권익을 위협받게 되는 것과 동시에 영국 입장에서도 위협이었기 때문에 1902년에 영일 동맹협약이 체결되었다.

① 청일전쟁 강화 조약은 1895년에 일본과 중국 사이에서 맺어진 시모노세키 조약이다. 미국의 중개로 체결된 포츠머스 조약은 1905년의 러일전쟁의 강화조약이다.

② 홍콩이 아니라 요동반도(랴오둥반도)가 맞다. 시모노세키 조약에서 일본은 중국에서 요동반도와 대만 등을 획득했지만 만주 진출을 노리는 러시아는 일본을 경계하며 프랑스, 독일과 함께 일본에 요동반도 반환을 권고했다(삼국 간섭). 일본은 전략적인 판단 등으로 이 권고를 수락했다.

④ 영국이 아니라 미국이 맞다. 러일전쟁 후 미국은 일본에 의한 남만주 권익의 독점에 문호 개방 유지를 호소해 반대했다. 미국 국내에서도 일본인 이민 배척 운동이 확산되어 샌프란시스코에서 일본인 학동 입학 거부 사건이 일어나는 등 미일 관계는 악화하였다.

Point [역사] 오스만제국

問 28　**34** ②

러시아의 니콜라이 1세는 남하 정책을 추진하기 위해 오스만 제국의 그리스 정교도 보호를 구실로 크림전쟁 (1853~56년)을 일으켜 오스만 제국과 개전했다. 그러나 영국과 프랑스(나폴레옹 3세)가 오스만 제국을 지원했기 때문에 패퇴하고 파리 조약을 맺고 강화했다. 그 후에도 오스만 제국과의 러투전쟁(1877~78년) 등을 일으켰지만 결국 러시아의 남하정책은 좌절됐다. 크림전쟁에서는 영국의 나이팅게일이 부상병 간호에 활약하였으며 러시아 소설가 톨스토이도 종군했다.

① 1821년 그리스가 독립전쟁을 일으키자 영국과 프랑스, 러시아는 그리스의 독립을 지원했다. 오스만 제국은 1829년 그리스 독립을 받아들여 다음 해(1830년)에 국제적으로 승인받았다.

③ 제1차 발칸 전쟁은 1912~13년에 일어난 발칸 동맹과의 전쟁이다. 러시아는 오스트리아의 발칸 반도 진출에 대항하여 1912년에 불가리아·그리스 등 4개국을 발칸 동맹으로 결속시켰다. 같은 해 발칸 동맹은 오스만 제국에 선전하였고 다음 해에 승리했다. 패배한 오스만 제국은 발칸 반도의 대부분의 영토를 잃었다.

④ 제1차 세계대전에 패배한 오스만 제국에서는 1922년에 무스타파 케말(케말 파샤)이 술탄(이슬람 세계의 군주의 칭호)제를 폐지하고(오스만 제국의 멸망), 이듬해(1923년)에 튀르키예 공화국 성립을 선언해 초대 대통령이 되었다(튀르키예 혁명). 더욱이 1924년에 칼리프(무함마드 후계자)제도도 폐지하고 헌법을 발포했다. 튀르키예 공화국은 정교(政敎) 분리·여성 해방·문자 개혁 등 서구화 정책을 추진했다.

Point [역사] 스페인 내전

問 29　**35** ②

1936년에 시작된 스페인 내전에서는 1939년에 프랑코 장군이 이끄는 반란군이 인민전선 정부에 승리를 거두었다. 그 후 스페인에서는 프랑코가 사망하는 1975년까지 독재 정권이 이어졌다.

스페인에서는 1931년에 왕정이 쓰러지고 나서 정국은 혼란했다. 1936년 선거에서 공화파·사회주의자·공산당 등으로 구성된 인민전선파가 승리하여 인민전선 내각이 성립하자 군인이었던 프랑코는 보수파의 지지를 등에 엎고 반란을 일으켰다. 영국과 프랑스는 불간섭 정책을 취했지만 독일과 이탈리아는 프랑코 측을, 소련은 인민 정부 측을 각각 지원했다. 또한 서구의 사회주의자나 지식인이 국제의용군으로 내전에 참전했다. 헤밍웨이가 내전 경험을 바탕으로 쓴 소설은 『누구를 위하여 종은 울리나(For Whom the Bell Tolls)』이며 이 외에도 프랑스의 말로, 영국의 오웰 등 저명한 작가도 참전해 각각 내전을 그린 소설을 남겼다.

問 30 **36 ①**

약 10년이라는 짧은 기간의 일이므로 첫 번째 사건을 알면 풀 수 있게 되어 있다. 제1차 세계대전이 끝난 1918년과 가장 가까운 사건으로 1921~22년에 걸쳐서 제1차 세계대전 후의 아시아·태평양의 새로운 질서를 구축하기 위해 열린 A의 워싱턴 회의에 주목하자(제3회 30번 해설 참조). B의 세계 공황은 1929년의 일로, 그 다음 해에 일본에 파급되어 쇼와공황이 일어났다. C의 관동대지진(간토대지진)은 1923년에 일어난 대지진으로 10만명이 넘는 사망자와 실종자가 발생했다. D의 파리 부전 조약은 1928년의 일이다(제2회 30번 해설 참조). 제1차 세계대전 후 일본에서 잇따라 발생한 공황은 전후 공황(1920년) →지진 공황(1923년) →금융공황(1927년) →쇼와 공황(1930년)이다.

Point [역사] 흐루쇼프의 평화 공존 정책

問 31 **37 ①**

코민포름(공산당 정보국)은 1947년 소련을 중심으로 조직된 국제적인 공산당 정보 교환 기관으로 소련을 봉쇄하려는 트루먼 독트린이나 유럽 부흥 원조 계획(마셜 플랜)에 대항하여 결성되었다. 코민포름은 사회주의국가의 결속을 굳혔지만 스탈린 비판 이후 흐루쇼프가 평화 공존 정책의 일환으로 해산하였다. 흐루쇼프는 1955년에 유고슬라비아와 화해했고, 서독과의 국교도 회복했다. 또한 제네바 4자 회담이 열려 이를 계기로 냉전의 '완화' 시대가 찾아왔다.
② 비동맹 제국이란 미국과 소련의 어느 진영에도 속하지 않는 나라들이므로, 그 회의에 흐루쇼프가 참가할 리가 없다(제1회 32번 해설 참조).
③ 중거리 핵전력(INF) 전폐 조약의 조인은 1987년에 고르바초프가 합의했다(제2회 문제 31번 해설 참조).
④ 발트 3국이란 에스토니아·라트비아·리투아니아이며 1990년에 소련으로부터 독립을 선언했다. 이에 대해 고르바초프는 무효를 선언했지만 이듬해 1991년, 소련에서 쿠데타가 일어난 뒤 독립이 승인되었다. 그후 발트 3국은 대서양 조약 기구(NATO) 및 유럽 연합(EU)에 가맹했다.

問 32 **38** ③

2010년 말 튀니지에서 민주화를 요구하는 대규모 시위가 일어나 민중의 봉기는 이집트·리비아 등에도 퍼졌다. 2011년 초부터 중동 및 북아프리카 지역 각국에서 본격화되었고 튀니지나 이집트, 리비아에서는 독재 정권이 무너졌다. 이것을 '아랍의 봄'이라고 한다. 그러나 시리아에서는 정부군과 반체제 파의 사이에서 발생한 내전에 러시아와 미국 등이 개입하여 상황이 복잡해져서 현재까지 내전이 계속되고 있다.

① 1980~88년의 이란·이라크 전쟁으로 21세기의 사건이 아니므로 오답이다. 1979년에 친미·독재 정권에 대한 이란 혁명이 일어나 시아파의 최고 지도자인 호메이니가 실권을 잡았다. 이 혼란을 틈타 옆 나라 이라크 후세인 대통령이 미국의 지원 하에 이란에 침공하여 이란·이라크 전쟁이 시작되었다.

② 다국적군이 잘못이다. 2001년 9월 11일 미국에서 아프가니스탄의 탈레반 정권의 보호 하에 있던 이슬람 급진파 무장 조직 알카에다의 오사마 빈 라덴을 수모자로 하는 동시 다발 테러 사건이 일어났다. 이에 대해 부시 (아들) 대통령은 빈 라덴을 숨기는 탈레반 정권을 무너뜨리기 위해 아프가니스탄을 침공했다. 다국적군이 편성된 전쟁으로는 1991년에 미국과 영국에 더해 아랍 국가도 참전한 걸프전쟁이 있다.

④ 우크라이나는 NATO에 가입하지 않았기 때문에 오답. 2013년 우크라이나에서 친 러시아파 정권이 붕괴하자 러시아는 그 다음 해(2014년)에 러시아계 시민이 많은 우크라이나 남부의 크림 반도에 군을 파견하고 크림 반도를 일방적으로 병합했다. 이와 동시에 우크라이나 동부 지역에서는 러시아를 아군으로 한 친 러시아파 세력과의 사이에서 내전이 시작되었다(2014~15년). 그 후 2019년 우크라이나에서 젤렌스키가 대통령이 되었고 2021년 미국에서 바이든이 대통령이 되자 우크라이나는 NATO나 EU 가맹을 향해 움직이기 시작했다. 이에 대해 러시아의 푸틴 대통령은 NATO의 동방 확대를 저지하기 위해 2022년 2월 우크라이나에 침공했다(NATO의 동방 확대에 대해서는 제3회 31번 그림 참조).

MEMO

문제 Q	문제 번호	정답	문제 Q	문제 번호	정답
問 1 (1)	1	②	問 14	20	①
問 1 (2)	2	③	問 15	21	④
問 1 (3)	3	④	問 16	22	①
問 1 (4)	4	①	問 17	23	③
問 2 (1)	5	④	問 18	24	①
問 2 (2)	6	②	問 19	25	③
問 2 (3)	7	④	問 20	26	④
問 2 (4)	8	②	問 21	27	③
問 3	9	②	問 22	28	①
問 4	10	③	問 23	29	③
問 5	11	③	問 24	30	①
問 6	12	②	問 25	31	③
問 7	13	③	問 26	32	④
問 8	14	②	問 27	33	③
問 8	15	①	問 28	34	③
問 10	16	③	問 29	35	②
問 11	17	④	問 30	36	③
問 12	18	①	問 31	37	②
問 13	19	③	問 32	38	①

Point　[정치] 근대 인권 보장

問 1 (1)　1 ②

A의 미국 독립 선언은 1776년이다. 1775년에 영국 본국과 미국 13주 식민지 사이에서 독립전쟁이 시작되자 이듬해(1776년) 식민지 측은 제퍼슨 등이 기초한 독립선언을 냈다. 거기에는 기본적 인권 존중과 압정에 대한 저항권이 제시되었다.

B의 권리 장전은 1689년(제3회 문제 26번 해설 참조)이다. C의 프랑스 인권 선언은 1789년으로, 기본적 인권의 존중과 국민 주권, 소유권의 보장 등이 포함되었다(제5회 문제 17번 해설 참조). D의 바이마르 헌법은 제1차 세계대전 이후인 1919년으로, 처음으로 사회권이 규정되었다(제2회 문제 20번 해설 참조).

Point　[정치] 4개의 자유

問 1 (2)　2 ③

미국의 F. 루스벨트 대통령이 1941년에 의회에 내놓은 연두 교서에서 제창한 것이다. 4가지 자유란, 언론과 표현의 자유, 신앙의 자유, 결핍으로부터의 자유(건강하고 평온한 생활을 확보하는 경제적 합의), 공포로부터의 자유(군축으로 인한 침략 수단의 상실)이다. 이 4가지 기본적 자유는 후일의 대서양헌장(1941년에 루스벨트 대통령과 영국의 처칠 수상의 회담으로 민족자결·영토의 불확대·공포와 결핍으로부터의 해방·평화 기구의 재건 등 8항목으로 구성된 공동 선언이며, 이 구상은 국제연합 성립에 대한 기초가 되었다)·얄타 협정(제6회 문제 1번(4) 해설 참조)·세계인권선언 등의 토대가 되었다.

MEMO

問 1(3) 3 ④

1979년에 국제연합에서 비준국에 입법 조치를 의무화하는 여성차별철폐협약이 채택된 것을 받아들여 일본에서도 1985년에 남녀 고용 기회 균등법이 성립되어 여자 차별 철폐 조약을 비준했다. 당초 남녀 고용 기회 균등법에서는 차별을 없애는 것은 기업의 노력 의무였으나 1997년에 개정되어 노력 의무에서 금지 규정으로 바뀌었다(제1회 문제 8번 해설 참조).

① 기본적 인권의 존중, 국민주권, 소유권 보장 등을 담은 것이 프랑스 인권 선언이다. 세계 인권 선언은 제2차 세계대전에 의한 인권 무시 등의 반성에서 유엔 인권 위원회가 기안했다. 자유권과 사회권을 규정하고 있지만 법적 구속력은 없다.

② 국제 인권 규약은 1966년에 채택되어 세계 인권 선언을 조약화하여 실시를 각국에 의무화지어 법적 구속력을 갖게 했다.

③ 인종 차별 철폐 조약은 1965년에 채택되었지만 아파르트 헤이트의 철폐는 1991년의 일이기에 양자는 직접적으로 연결되지 않는다(제4회 문제 2번(1) 해설 참조).

1948	제노사이드 협약	집단 살해를 국제법상의 범죄로 한다
1951	난민의 지위에 관한 협약	제6회 문제 24번 해설 참조
1984	고문 방지 협약	고문을 범죄로 하며 형벌 대상으로 한다
1989	아동 권리 협약	어린이 생존과 발달을 권리로서 보장한다
	사형 폐지 조약	사형을 폐지한다
2006	장애인 권리 협약	장애인 권리를 지키고 차별을 금지한다
2007	유엔 원주민 권리 선언	제2회 문제 10번 해설 참조

▲ 주된 인권조약(해설에서 다루지 않은 것)

MEMO

Point [정치] 사형 제도

問 1 (4)   **4** ①

2021년 현재 사형을 법률상·사실상 폐지한 국가는 144개국(이중 모든 범죄에 관해 폐지한 국가는 108개국), 폐지하지 않은 국가는 일본과 미국을 비롯해 중국·인도·태국·이라크·이집트·북한·베트남 등 55개국이다. 폐지하지 않은 국가 중 2021년에 사형을 실제로 집행한 국가는 18개국에 불과하다. 선진국 중에서 사형제도가 있고 아직도 계속해서 사형 집행을 하는 국가는 일본과 미국뿐이다. 다만, 미국에서는 사형을 폐지하는 주가 계속 증가하고 있으며 2021년 시점에서 사형을 폐지한 주는 23개 주이다. 주지사가 사형 집행 정지를 선언한 주 등도 있다. 또한 바이든 대통령은 국가 수준에서 사형을 폐지하겠다고 선언했다. 참고로 ② 한국은 '사실상 폐지'(사형제도는 있으나 과거 10년간 사형 집행이 없었으며, 사형 집행을 하지 않는다는 정책·확립된 관례를 가지고 있다고 생각되는 국가) 28개국 중 하나이다.

사형 제도의 문제점은 범죄자에게도 인권이 있으며, 잘못된 판단에 의한 억울한 처벌(무죄인 사람을 처벌하는 것)이 일어날 경우 돌이킬 수 없다는 것이다. 하지만, 일본에서는 사형이 범죄 억제로 이어진다, 흉악범죄자를 사형으로 처벌하는 것은 정의라는 등의 생각으로 사형 제도를 용인하는 일본 국내 여론이 80% 가까이 된다.

Point [역사·경제]미일 수호 통상 조약

問 2 (1)   **5** ④

1858년에 맺어진 미일 수호 통상 조약에서는 가나가와(神奈川)(나중의 요코하마(横浜)·나가사키(長崎)·니가타(新潟)·효고(兵庫)의 개항(러시아와의 조약에서는 하코다테(函館)도 개항)과 무역은 개항장에 설치된 외국인 거류지에서 하는 것(일반 외국인의 국내 여행 금지)이 정해졌다. 또한 일본 측에 외국인 범죄를 심판할 권리가 없다는 영사 재판권을 인정하고(① 은 오답), 관세 자주권이 없다는 등 불평등한 조약이었다. 다만 아편의 수입은 인정하지 않았다(② 는 오답). 미국에 이어 네덜란드·러시아·영국·프랑스와도 같은 조약을 맺었다(제2회 문제 29번 해설 참조).

1859년부터 무역이 시작되었지만(당초에는 요코하마·나가사키·하코다테), 무역품 취급량은 요코하마항이 중심이었으며, 무역 상대국은 영국이 1위였다(③ 은 오답). 미국은 1861년에 일어난 남북전쟁으로 충분히 무역을 할 수 없었다. 수출품으로는 생사(80%)나 차 등의 반제품·식료품이 중심이었으며 수입품으로는 모직물(40%)·면직물(33%)·무기·함선 등 공업 제품이 많았다.

問 2 (2) 6 ②

a는 사라예보이다. 1914년 6월, 오스트리아의 제위 계승자 부부가 보스니아 헤르체고비나의 주도(州都) 사라
예보에서 세르비아인에게 암살된 것을 계기로 오스트리아가 세르비아에 선전포고를 하자, 다른 국가들도 동
맹·협상관계에 따라 참전하여 독일·오스트리아·오스만 제국 등의 동맹국 측과 프랑스·러시아·영국·일본 등의
협상국(연합국)측으로 나뉘어 싸웠다(제1차 세계대전).

b는 미국이다. 당초 미국은 중립을 취하고 있었지만 1917년에 독일이 무제한 잠수함 작전을 시작하자 윌슨 대
통령이 연합국 측에 서서 참전했다.

c는 레닌이다. 러시아에서는, 1917년 3월(러시아력 2월)에 수도 페트로그라드(현재의 상트페테르부르크)에서
빵과 평화를 요구하는 민중의 대규모 시위와 파업이 일어났다. 이에 군 일부가 가담하여 각지에서 혁명을 조직
화하기 위해 멘셰비키(소수파)등의 지도에 의해 노동자와 병사로 구성된 소비에트(평의회)가 결성되었다. 이
에 관해 국회에서는 부르주아 등 자유주의자를 중심으로 임시 정부를 성립시켰다. 황제 니콜라이 2세가 퇴위
하고 로마노프 왕조가 무너졌다. 이것을 2월 혁명(3월 혁명)이라고 한다.

임시 정부는 전쟁을 계속했지만 볼셰비키(다수파)의 지도자인 레닌은 전쟁 중지와 사회주의 혁명의 단행을 지시
하며 멘셰비키를 대신하여 소비에트 내의 주도권을 잡았다. 그리고 1917년 11월(러시아력 10월)에 임시 정부를 무
너뜨려 세계 최초의 사회주의 정권인 소비에트 정권이 탄생했다. 이것을 10월 혁명(11월 혁명)이라고 한다.

Point [역사·지리] 포츠담 선언

問 2 (3) 7 ④

포츠담은 독일의 베를린 교외에 있는 도시이다. 독일 항복 후, 1945년 7월에 트루먼(미국 대통령)·처칠(영국
수상, 이후에 애틀리가 참석함)·스탈린(소련)이 포츠담에서 회담을 갖고, 미국·영국·중국의 이름으로 일본이
무조건 항복할 것을 요구하는 포츠담 선언을 발표했다(소련은 소일 중립 조약을 맺고 있었기 때문에 대일 선전
포고 후에 선언에 참가하기로 하여, 미국·영국·중국 3개국 공동 선언의 형태로 나왔다).

① 이란의 테헤란이다. 1943년 11~12월에 걸쳐 루스벨트(미국 대통령)·처칠·스탈린에 의한 테헤란 회담이 열려
미국·영국이 북프랑스(노르망디) 상륙 작전을 실행한다는 것과 소련이 독일 항복 후의 대일 참전을 약속했다.

② 얄타이다. 현재의 우크라이나(당시는 소련) 크림 반도에 있다. 독일 항복 전인 1945년 2월에 루스벨트·처
칠·스탈린에 의한 얄타 회담이 열려 독일의 전후 처리 문제를 이야기하는 것과 함께 비밀협정으로 대독일 전
쟁 종료 후 3개월 내에 소련의 대일 참전이 결정되었다(얄타 협정).

③ 이집트의 카이로이다. 1943년 1월에 루스벨트·처칠과 중국 국민정부 수석의 장제스(장개석)가 카이로 회담
을 열어 일본에 대한 철저한 공격과 만주·대만·펑후 제도(팽호 제도)의 중국 귀속, 조선의 독립 등을 결정한 카
이로 선언을 냈다.

問 2 (4) 8 ②

1950년에 한국전쟁이 시작되는 등 냉전이 격화되는 가운데 미국은 일본을 아시아에 있어서의 공산주의로의 방파제, 자유주의 진영의 거점으로 하기 위해 대일 강화를 서둘러 1951년 9월에 샌프란시스코에서 강화회의가 열렸다. 강화회의에는 52개국이 참가했지만, 중화인민공화국과 중화민국(대만)은 회의에 초청되지 않았으며, 인도·버마(현재의 미얀마)·유고슬라비아는 불참, 소련·폴란드·체코슬로바키아는 조인을 거부했다. 이 때문에 9월 8일 미국을 중심으로 하는 자유주의 진영 48개국과의 사이에서 평화 조약이 조인되었다. 이듬해(1952년) 4월 조약이 발효되어 연합국에 의한 점령은 종료하고 일본은 독립을 회복했다. 하지만, 오키나와 등은 미국의 시정권 아래에 놓이게 되었다.

Point [경제] 기업의 사회적 책임

問 3 9 ②

메세나란, 학술 문화 지원을 의미하는 프랑스어이다. 기업이 사회적 책임을 완수하기 위해서 예술문화 활동 뿐만이 아니라 교육과 복지 등을 포함한 사회 공헌을 하는 것을 말한다.
① 은 디스클로저(기업 정보 공개). ③ 은 컴플라이언스(법령 준수). 코퍼레이트 거버넌스(기업 통치)는 스테이크홀더(주주나 종업원 등 이해 관계자)를 존중한 후에 투명하고 신속한 의사 결정과 경영 감시를 행하는 구조이다. 이를 기반으로 기업은 사회적 책임(CSR: Corporate Social Responsibility)을 다한다. ④ 는 필랜스로피(자선 활동)이다.
사회적 책임을 다하는 기업에 투자하는 것을 사회적 책임 투자(SRI: Socially Responsible Investment)라고 하며 특히 환경(Environment)·사회(Social)·기업 통치(Governance)를 배려하는 기업을 선택하여 투자하는 것을 ESG 투자라고 한다. 투자에 ESG의 시점을 넣는 것은 유엔의 지속가능한 개발목표(SDGs)와 함께 주목받고 있다.

Point [경제] 수요 곡선 이동

問 4 **10** ③

이 그림에서는 수요 곡선이 오른쪽으로 이동하고 있기 때문에 수요량이 증가하고 가격도 같이 오르고 있다는 것을 알 수 있다. 그 요인으로, 대체재 가격의 상승이 있다. 대체재란 예를 들어 커피를 대체하는 것으로 홍차, 빵을 대체하는 것으로 쌀이 있다. 커피나 빵의 가격이 오르면 홍차나 쌀의 가격이 상대적으로 저렴해지기 때문에 수요가 증가한다. 그 외의 요인으로서는 가처분 소득의 상승, 상품의 유행, 보완재의 가격 인하(보완재란 빵을 먹을 때 필요한 버터, 커피를 마실 때 필요한 설탕이나 밀크 등 그 상품과 세트가 되는 것을 말한다. 버터나 설탕의 가격이 내려가면 빵이나 커피의 수요가 증가한다) 등이 있다. 반대 경우에는 수요 곡선이 왼쪽으로 이동하므로 ② 는 오답이다.

① ④ 는 공급 곡선이 이동하는 요인이다. 오른쪽으로 가면 공급량이 증가하고 가격은 떨어진다. 그 요인으로 원재료비의 인하, 기술혁신, ④ 의 농산물의 풍작, 노동 임금의 감소, 법인세율의 인하와 같은 경우가 있다. 반대 경우에는 공급 곡선이 왼쪽으로 이동하므로 ① 은 오답이다.

Point [경제] 시장의 실패

問 5 **11** ③

③ 은 시장 경제 그 자체로 시장 실패의 예시로서는 부적절하다. 시장의 실패란, 시장이 가지는 기능의 한계로 인해 수요와 공급의 불균형이 조절되지 않고 시장 메커니즘이 기능하지 않는(즉, 자원의 적정 배분을 할 수 없는) 것이다(시장 기구의 한계). 구체적으로는 ① 공공재의 공급에 관한 문제, ② 외부 불경제, ④ 독점·과점시장이 있다. 그 외에도 어떤 경제 주체의 활동이 시장을 통하지 않고 그 외의 경제 주체에 이익을 주는 외부 경제, 각 경제 주체가 가지고 있는 정보에 치우침이 생겨 정보 격차가 생기는 정보의 비대칭성이 있다.

問 6 **12 ②**

GDP(국내 총생산)는 일정 기간 내에 국내에서 새롭게 생산된 재·서비스 가치(부가 가치)의 합계로, 총생산 금액에서 이중으로 계산되는 중간 생산물의 총액을 뺀 것이다. 본 문제에서 총생산 금액은 100만엔 + 150만엔 + 200만엔 = 450만엔이고 여기에서 중간 생산물의 총액을 빼야 하는데, 여기에서 중간 제품은 밀과 밀가루이므로 중간 생산물의 총액은 밀의 100만엔 + 밀가루의 150만엔 = 250만엔이 되며, GDP 총생산 금액 450만엔 − 중간 생산물의 총액 250만엔 = 200만엔이다.

참고로 GDP에 해외로부터의 순소득을 더하면 GNI(국민 총소득) = GNP(국민 총생산)가 된다(반대로 말하면 GNP에서 해외로부터의 순소득을 빼면 GDP가 된다). 또한 GDP에서 고정 자산 소모(감가상각비)를 빼면 NDP(국내 순생산)가 된다. GDP와 GNP의 차이를 잘 알아 두자.

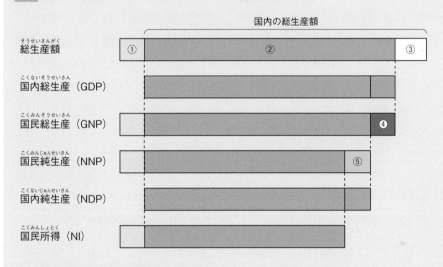

★国民総生産（GNP）＝国民総所得（GNI）

★국민 총생산(GDP) = 국민 순소득(GNI)

① 해외로부터의 순소득 = 해외로부터의 소득 수취 − 해외로의 소득 지불

② 국내 총생산

③ 중간 생산물의 총액 = 원재료비나 연료비 -> ② + ③ = 국내 총생산 총액

④ 고정 자산 소모(감모) (감가상각비) = 유형 고정 자산이 생산 과정에서 소모·멸실된 금액

⑤ 간접세 − 보조금

問 7 **13 ③**

인플레이션은 물가 상승을 초래하기 때문에 정해진 금액을 받는 연금 생활자 등의 생활은 힘들어진다. 또한 화폐 가치가 하락하기 때문에 예, 적금 등이 실질적으로 감소한다. 한편으로 빚의 부담이 실질적으로 가벼워진다는 특징도 있다.

① 심각한 불황에 빠지는 것은 디플레이션이 진행되는 경우이며 물가의 하락이 경제 축소를 초래한다 (물가 하락 → 기업 수익 악화 → 임금 저하·소비 침체 → 물가 하락 →… 의 악순환을 디플레이션 스파이럴(나선형 디플레이션)이라고 한다). 일반적으로 호황이 되면 물가가 상승해 인플레이션이 되고 불황이 되면 물가가 하락해 디플레이션이 된다. 또한, 불황이지만 물가는 상승하는 경우가 있는데 이것을 스태그플레이션이라고 한다.

② 엔고에 의한 수입 원재료 가격의 저하는 디플레이션의 요인이다. 이것은 엔저에 의한 수입 원재료 가격 상승이 가격에 얹혀져 가격이 상승하기 때문에 인플레이션(코스트 푸시 인플레이션)이 된다는 점을 이해해두자.

④ 통화공급량을 늘리는 것이 아니라 줄이는 것이 맞다. 인플레이션 대책으로는, 중앙은행에 의한 금융긴축 정책(중앙은행이 물가의 안정화 및 경기 가열을 억제하기 위해서 실시하는 금융 정책으로 단기 금리[유도 목표 금리]를 올리거나 내리는 정책 금리 조작이나 공개 시장 조작, 지불 준비율 조작 등에 의해 시장의 통화량을 감소시켜 금리 상승을 촉진하고 기업의 차용 등을 억제하는 금융 정책)이나 정부에 의한 증세 등의 재정 정책이 있다. (제3회 문제 4번 해설 참조)

	인플레 시=금융 긴축 정책	디플레 시 = 금융 완화책
공개시장 조작	매각 오퍼레이션	매입 오퍼레이션
지불 준비율 조작	지불 (예금) 준비율 인상	지불 (예금) 준비율 인하
정책 금리 조작	금리 인상	금리 인하

▲ 금융긴축책과 금융완화책
　주)정책금리의 금리란 '무담보 익일물 콜금리'를 가리킨다.

Point [경제] 국채 발행의 문제점

問 8 **14** ②

국채의 원본 상환비와 이자 지급비의 합계인 국채비가 세출 전체에서 차지하는 비율이 높아지면 국민이 필요로 하는 사회보장 관계비 등으로 사용할 수 있는 예산이 감소하게 되며 기동적·탄력적인 재정 운영에도 영향이 생긴다. 이러한 현상을 <mark>재정의 경직화</mark>라고 한다.

① 국채를 변제하기 위해서 대량의 통화가 발행되기 때문에 인플레이션이 될 가능성이 있다.

③ 국채가 대량으로 발행됨에 따라 정부가 민간으로부터 자금을 조달하면(금융시장에서 자금이 흡수된다) 금리가 올라 민간에 투자할 수 있는 자금이 감소하게 된다. 이것을 <mark>크라우딩 아웃(밀어내기 효과)</mark>이라고 한다.

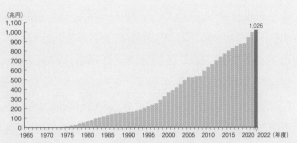

▲일본 보통국채 잔고 추이(재무부 홈페이지에서)

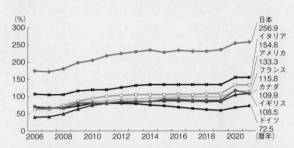

▲주된 국가의 채무 잔고(대GDP비교) (재무부 홈페이지에서)

④ 국채 잔고는 해마다 증가하고 있지만, 이를 변제하는 것은 미래의 국민이기 때문에 <mark>세대 간에 불공평</mark>이 생긴다. 제2차 세계대전 이후 첫 국채 발행은 1965년의 적자 국채였다. 제1차 석유파동 이후인 1975년에 대량 발행이 정착되었다(~1989년). 1990년대 거품 경제 붕괴 후 헤이세이 불황이 심각해짐에 따라 1994년 이후에는 매년 발행되게 되었다. 특히 1998년부터 국채 발행량이 급증하여 현재에 이르고 있다.

MEMO

問 9 **15 ①**

일본 경제는 1955년부터 1973년 제1차 석유위기에 이르기까지 연평균 10% 전후의 경제성장률을 기록했다. 이 것을 고도경제성장이라고 한다(제4회 문제 9번 해설 참조). 그 요인으로 그래프의 1955~70년까지 환율이 1달 러 = 360엔으로 고정되고, 엔화 약세로 국제경쟁력을 높여 수출이 확대된 것, 석유를 저렴하게 대량으로 수입 할 수 있게 된 것 등을 들 수 있다.

② 제1차 석유파동은 1973년으로 이듬해에는 확실히 실질 GDP는 마이너스가 되었다. 그러나 환율을 보면 약 간이지만 엔화가 약세라는 것을 알 수 있다. 1974년에는 불황과 인플레이션이 동시에 진행되는 스태그플레이 션이 세계 각지에서 발생했다(제1회 문제 31번 해설 참조).

③ 1980년대 후반에는 엔화 약세가 아닌 엔화 강세가 진행되어 불황이 심각해졌다. 미국은 '쌍둥이 적자'라고 불리는 거액의 재정 적자와 무역 적자 문제를 안고 있었기 때문에 1985년에 G5 프라자 합의로 달러화 강세를 시정했다. 그 결과 엔화 강세가 급격히 진행되어 일본이 불황에 빠졌다.

④ 2008년에는 실질 GDP가 지금까지 없었던 정도로 떨어졌다. 이것은 미국의 주요 투자 은행 리먼 브라더 스의 경영이 파탄하여 세계적인 금융 위기·세계 동시 주가 하락에 의해서 일어난 리먼 쇼크가 원인이다(제2 회 문제 9번 해설 참조). 그 때문에 달러화 매도 엔화 매입이 진행되어 엔화가 강세를 띠었다. 동일본 대지진은 2011년이다.

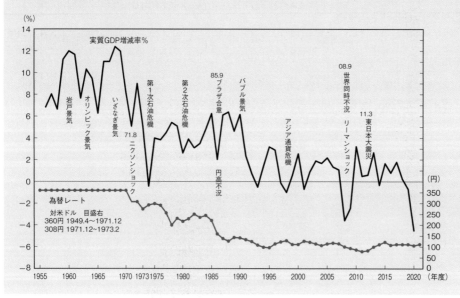

Point [경제] 유럽 지역 통합

問 10 16 ③

1992년 마스트리흐트 조약(유럽연합 조약)이 맺어져 유럽 중앙은행 설립과 통화 통합 실현을 목표로 유럽 주의회의 권한 강화와 유럽 시민권 도입 등의 기본 합의가 맺어졌다. 이듬해에 조약이 발효되어 유럽연합(EU)이 발족했다(제1회 문제 12번 해설 참조).

① 리스본 조약이 아니라 로마 조약이 맞다. 1957년 프랑스·서독·이탈리아 등 6개국은 로마 조약을 맺어 다음 해에 유럽 경제 공동체(ECC)와 유럽 원자력 공동체(EURATOM)를 설립했다. 2007년에 조인(2009년 발효)된 리스본조약의 주된 내용은 상임 유럽 이사회 의장(EU 대통령)임명과 외교 실시 체제 강화 등이다.

② 영국과 덴마크의 가입은 유럽 공동체(EC) 발족 후인 1973년이다. 1967년에 EEC, EURATOM, 1952년에 발족했던 유럽 석탄 철강 공동체(ECSC)의 3개의 기관이 통합되어 EC가 발족됐다.

④ 2020년에 영국이 EU를 이탈했기 때문에 '가맹국은 계속해서 증가해'라는 내용은 바르지 않다. 또한 현재 EU에 가입되어 있는 27개국 중에서도 스웨덴과 동유럽의 6개국은 유로 비가맹국가이다.

1952	유럽 석탄 철강 공동체(ECSC) 설립
1957	로마 조약 조인 → 유럽 경제 공동체(EEC)·유럽 원자력 공동체(EURATOM) 설립(1958)
1960	유럽 자유 무역 연합(EFTA) 발족
1967	유럽 공동체(EC) 발족
1973	영국·아일랜드·덴마크가 EC 가입
1992	마스트리흐트조약(유럽연합 조약)→유럽 연합(EU) 발족
1999	공통 통화 유로 도입
2007	리스본 조약 조인
2009	회원국인 그리스가 거액의 재정 적자를 감추고 있었던 것이 발각 →그리스 위기
2020	영국이 EU 이탈

問 **11** **17** ④

한때 프랑스의 식민지였던 국가는 전세계에 있지만 여기에서는 섬나라라는 조건에서 아이티(히스파니올라 섬의 서쪽[동쪽은 스페인령 도미니카]) 또는 마다가스카르로 한정된다. 그리고 면적이 세계 제4위라는 점에서 마다가스카르라고 판단할 수 있다. 이 점은 프랑스의 아프리카 정책에서도 확인할 수 있다(제4회 문제 2번(2) 해설 참조). 경도와 위도가 나타내고 있는 것도 단서가 된다(18°S, 47°E는 남위 18도, 동경 47도를 나타낸다). 마다가스카르는 아프리카 대륙 남동부에 있는 모잠비크 앞바다 약 500km에 떠 있는 섬나라로 1896년에 프랑스의 식민지가 되어 1960년 '아프리카의 해'에 독립했다.

A는 남반구에 있고 북도와 남도로 나뉘어져 있다는 특징적인 형태에서 영국의 식민지였던 뉴질랜드라고 알 수 있다. 뉴질랜드는 1947년에 영국 연방 내 한 국가로서 독립했다.

B는 북반구에 있으며 동서로 긴 것이 특징적인 서인도 제도 최대의 섬인 쿠바섬이다. 스페인의 식민지였지만 1898년 미국·스페인 전쟁으로 미국의 보호국이 되었다(제6회 28번 해설 참조). 그 후 1902년에 공화국으로 독립했다.

C는 북반구에 있고 서경 6도라는 점에서 아일랜드라고 알 수 있다. 섬의 북쪽은 영국령의 북아일랜드이다. 영국은 EU를 이탈했지만 아일랜드는 EU 회원국이다.

問 **12** **18** ①

태평양의 열대 해역에서는 1년 내내 무역풍이 불고 있기 때문에 서쪽에 따뜻한 해수가 모인다. 무역풍이 약해지면 따뜻한 해수가 서쪽으로 운반되지 않게 되어 동쪽에서 해수온이 높아진다. 이렇게 태평양 동부에서 1년 가까이에 걸쳐 해수온이 평년보다 높아지는 현상을 엘니뇨, 그 반대의 현상을 라니냐라고 한다.

엘니뇨가 발생하면 평소 건조한 열대의 태평양 동부에서 페루와 에콰도르 부근의 남아메리카 북부에 걸쳐 폭우가 내리기 쉬워지며 해수온이 저하되는 동남아시아에서는 비가 적어진다. 엘니뇨의 영향은 중위도 지역까지 미치며 일본에서는 냉하·난동(여름에 시원하고 겨울에 따뜻함) 경향, 장마가 끝나는 시기가 늦어지고, 장마 말기의 집중 호우도 발생한다.

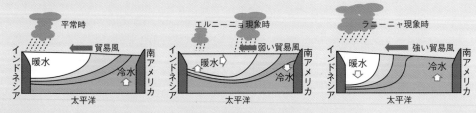

▲ 적도 부근의 동서단면으로 본 엘니뇨와 라니냐 현상(기상청 홈페이지에서)

Point [지리] 나일강 유역국

問 13 19 ③

아프리카 여러 나라의 대략적인 위치를 파악하고 있는지가 포인트이다. 지도로 확인해 두자. 나일강은 아프리카 동부를 남북으로 흐르는 세계에서 가장 긴 강으로(2위는 아마존강·3위는 장강(長江)) 길이는 약 6690km이며, 다수의 지류를 합친 유역 면적은 300만 7000㎢나 된다. 유역국은 10개국으로 하류에서부터 ④ 이집트·수단·에리트레아·① 에티오피아·우간다·② 케냐·탄자니아·콩고민주공화국·르완다·부룬디이다. 이집트 카이로 북쪽은 광대한 삼각주(델타)를 형성하여 지중해로 흐른다.

나이지리아는 서아프리카의 기니만을 마주보고 있는 나라로 아프리카 최대 인구를 보유하고 있다. 사하라 이남의 아프리카는 남아프리카공화국에 버금가는 경제대국으로 아프리카 최대의 산유국이기도 하다.

나일강 유역에서는 아프리카에서도 많은 인구가 있고 경제 성장도 현저한 에티오피아·이집트·수단이 나일강의 수원을 둘러싼 분쟁을 벌이고 있다.

Point [지리] 세계의 종교

問 14 20 ①

세계에는 다양한 종교가 있으며 그 중에서도 A의 불교(상좌 불교, 대승 불교), 기독교(B의 가톨릭, 프로테스탄트(개신교) 등), C의 이슬람교(수니파, 시아파 등)는 민족을 넘어 많은 사람들이 신앙하고 있으며 세계의 3대 종교이다.

이에 반해 D의 힌두교와 유대교 등은 특정 민족과 강하게 연결되어 있기 때문에 민족 종교라고 불린다. 각 종교의 특징이나 분포 지역 등에 주의하자.

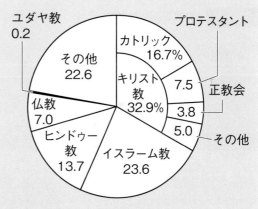

▲ 세계 종교별 인구 비율(2016년)
(World Almanac 2018을 토대로 작성)

問 15 **21** ④

A의 동광과 D의 자동차를 특정하는 것이 포인트이다. A는 남미 칠레와 페루로 50%를 차지하고 있으며 여기에서 동광으로 특정할 수 있다. 칠레는 광업이 최대의 산업이며 동광의 산출량은 세계 1위이다. 칠레의 북쪽 페루도 광업이 발달한 국가로 동광의 산출량은 칠레에 이어 세계 2위다. 참고로 중요한 광물 자원인 철광석의 산출량은 호주와 브라질이 세계 1위와 2위이며 일본은 주로 양국에서 철광석을 수입하고 있다. 밀의 생산량이 많은 나라는 중국·인도·러시아이지만 일본은 이 나라에서 거의 수입하고 있지 않다.

D는 독일이 30% 이상인 점에 주목하자. 자동차 산업은 독일의 기간 산업이기 때문에 D가 자동차라고 판단할 수 있다. 독일에는 다임러·BMW·폭스바겐(VW) 등 유명한 자동차 제조사가 있다.

또한 러시아가 유럽의 천연 가스 산출 대부분을 차지하고 있으며, 특히 독일은 파이프라인을 통하여 러시아에 수입을 의존하는 비율이 높아 이 점에서 D는 천연 가스가 아니라고 판단할 수 있다. 참고로 천연 가스 산출량 세계 1위는 미국, 2위는 러시아이다. 일본은 호주에서 수입을 가장 많이 하고 있고 이어 말레이시아·카타르가 뒤따른다. 카타르는 산유국의 이미지가 강하지만 천연 가스 매장량은 세계 3위로 액화 천연 가스 수출이 경제를 지탱하고 있다.

問 16 **22** ①

2022년 9월 현재 일본의 세계 유산은 25건이며, 그 중 자연 유산이 5건, 문화 유산이 20건이다. a~c는 모두 문화 유산이다. 세계 유산은 1972년 유네스코에서 채택된 세계 유산 조약을 토대로 각국이 국제적인 관점에서 가치가 있다고 생각하는 자국의 유산을 추천하고, 학술적 심사를 거쳐 세계 유산 위원회에서 가치와 보존 관리 체제가 인정되면 등록이 결정된다.

a는 후지산(등록명은 후지산(富士山) – 신앙의 대상과 예술의 원천). 후지산은 시즈오카현(静岡県)과 야마나시현(山梨県)에 걸쳐 있는 해발 3776m의 일본에서 제일 높은 산(화산)으로 오래전부터 분화를 반복해 와, 영산(靈山)으로서 많은 사람들이 공경하며 두려워해 왔다.

b는 교토(등록명은 고도(古都) 교토(京都)의 문화재). 교토는 일찍이 정치의 중심지였으며 수많은 대사원과 산장, 정원과 같은 문화재가 남겨져 있다.

c는 원폭 돔. 히로시마현(広島県)에 있고 한때는 산업 발전에 공헌할 목적으로 세워진 히로시마현의 물산 진열관(히로시마현 산업 장려관)이었다. 하지만, 1945년 8월에 미군이 투하한 원자폭탄(원폭)의 열선과 폭풍을 받고 대파·전소했다.

23 ③

인권 선언은 1789년에 혁명이 시작된 프랑스에서 채택된 것이다(프랑스 혁명에 관해서는 제6회 문제26번 해설을 참조할 것). 이 선언은 라파예트들이 기초해 국민 주권·기본적 인권의 존중·사유 재산의 불가침을 규정했다.

① ④ 는 제3회 문제 26번 해설을 참조할 것. ② 마그나 카르타(대헌장)는 1215년에 존 왕이 인정한 영국 입헌 정치 최초로 기초를 만든 문서이다. 1215년 존 왕이 프랑스에 출병했지만, 패배하고 대륙에 보유하고 있던 영토를 잃었다. 이에 관해 귀족이 단결하여 과세에는 귀족들의 동의를 필요하다는 것, 부당한 체포를 금지한다는 것 등 63개조로 구성된 마그나 카르타를 존 왕에게 인정하게 했다.

24 ①

호주처럼 투표를 의무화하고 위반자에게 벌금을 부과하고 있는 나라는, 호주 이외에도 벨기에나 브라질 등이 있다. 벌금 이외의 벌칙이 적용되는 국가는 그리스(금고), 싱가포르(선거인 명부에서 말소) 등이 있다.

② 미국에서는 일부 지방에서 외국인 참정권이 인정되고 있지만 국정 선거에서는 인정되지 않는다. ③ 세계에서 최초로 국정 수준에서 여성의 보통 참정권을 인정한 것은 뉴질랜드이다(1893년). 프랑스는 세계에서 최초로 남자의 보통 선거권을 인정했다(1848년). ④ 일본은 2015년에 선거권 연령이 20세 이상에서 18세 이상으로 내려갔다. 덧붙여 전세계 약 90%의 국가에서 18세 이상에게 선거권이 주어지고 있다.

25 ③

1946년 11월 3일에 공포하고, 이듬해(1947년) 5월 3일에 시행된 일본국 헌법의 큰 특징은, 제9조 제1항에서 '국제 분쟁을 해결하는 수단'으로서 전쟁을 포기하는 것, 제2항에서 전력을 보유하지 않을 것과 교전권의 부인을 규정하고 있어, 전세계에서도 전례가 없는 내용이라는 점이다. 다만 제2항에는 '전항의 목적을 달성하기 위해라는 문구가 있어 이에 의해 자위(自衛)권을 유지할 수 있다는 해석도 가능하다.

일본에는 자위대가 존재하며, 일본 정부는 자위를 위해 최저한도의 무력을 행사하는 것은 헌법에 위반되지 않는다는 입장이다.

問 20 **26** ④

일본 국회는 의회 운영을 효율적으로 하기 위한 심사 조직으로 위원회 제도가 마련되어 있다. 위원회에는 예산 위원회 등의 상임위원회와 특별한 안건이 발생할 경우에 설치되는 특별위원회가 있으며 국회의원은 반드시 어느 한쪽의 위원회에 소속해야 한다. 국회의 최종적 의결은 본회의에서 이루어지지만 행정 내용의 전문화·복잡화에 따라 효율적인 심사를 목적으로 위원회 제도가 발달되었다. 본회의에서는 위원회의 의결 내용이 그대로 가결되는 경우도 많아 본회의가 형식적인 것이 되는 등의 단점도 있다.

① 행정 기관은 내각이며 국회는 유일한 입법 기관이다. ② 중의원과 참의원은 대등하지만 중의원에는 예산 선의권이나 내각 불신임 결의권이 있어 권한에 있어서는 중의원이 우월하다(제2회 문제 21번 해설을 참고할 것). ③ 이것은 특별국회(특별회)가 아니고 통상국회(상회)의 설명이다. 특별국회는 중의원 해산 총선거 후 30일 이내에 열리며 내각 총리 대신의 지명이 실시된다. 그 외에는 긴급으로 필요한 경우에 열리는 임시국회(임시회)가 있다.

Point [정치] 정당 정치

問 21 **27** ③

2대 정당제·다당제(소당 분립제·복수 정당제) ·1당제의 장점과 단점을 잘 정리하고 이해해 두자.

① 『시민정부이(二)론』은 로크의 저서이다. 로크에 관해서는 제1회 문제 18번 해설 참조할 것. 브라이스의 대표적인 저서로는 『근대 민주정치』가 있지만 브라이스가 "지방 자치는 민주주의의 학교이다"라고 주장하며 지방 자치의 중요성을 강조한 것을 알아두자.

② 일본은 2대 정당제 국가가 아니다. 일본에서는 2009년 민주당이 중의원 의원 총선거에서 압승하여 2차대전 이후 최초로 정권 교체가 이루어지고, 2당 정당제에 대한 기대가 높아졌으나 민주당 정권은 불과 3년여만에 붕괴했다. 그 후 현재까지 자유민주당을 중심으로 하는 연립정권이 이어지고 있다.

③ 러시아는 1당제 나라가 아니고 현재 여당인 통일 러시아를 비롯해 공산당 등이 있는 다당제 국가이다. 1당제의 국가로는 중국 외에 북한·쿠바와 같은 사회주의국가가 있다.

問 22 **28 ①**

민주정치는 민의(국민 여론)에 의해 행해지는 정치이다. 여론이란 대다수 국민이 공통으로 가지는 의견이며 여론은 국가의 정책 결정에 큰 영향을 미친다. 여론 형성에는 매스 미디어(대규모 정보 전달 수단)가 큰 역할을 하고 있어 그렇기 때문에 입법·행정·사법의 3권에 이은 '제4의 권력'이라고도 하며(② 는 오답) 사회에 미치는 영향이 크다.

매스 미디어는 정부와 권력의 압력을 받아 특정 정치적 입장으로 여론을 유도하는 여론 조작이나 사실을 왜곡하거나 숨기거나 하는 정보 조작을 하게 될 위험성도 있다(③ 은 오답). 그렇기 때문에 국민의 알 권리(국가나 지방 공공 단체가 가지고 있는 정보를 공개하게 하는 권리)가 보장되어 국민이 적극적으로 반론·접근할 수 있는 액세스권 확충이 요구되고 있다(④ 는 오답). 청구권에 관해서는 제1회 문제 20번 해설을 참조할 것. 또 정보를 받는 입장인 국민은 정보를 주체적으로 선택하고 판단하기 위한 미디어 리터러시(정보 선택 능력)를 높일 필요가 있다.

Point **[국제사회] ODA**

問 23 **29 ③**

정부 개발 원조(ODA)는 개발 도상국의 경제 개발이나 복지 개선을 목적으로 선진국이 개발 도상국·지역에 대한 지원을 제공하는 것이다. ODA는 증여(상환 의무가 없는 무상 자금 협력이나 기술 협력) 와 정부에 대출(차관)하는 양자간 원조, 국제기관으로의 출자·각출이 있다. ODA 총액과는 별도로 1인당 국민 총 소득(GNI) 대비로는 스웨덴, 노르웨이가 1위·2위를 차지하고 있다.

일본의 ODA 총액은 1991년부터 2000년까지 세계 1위였지만 그 후에는 재정난도 있어서 2019년에는 4위로 떨어졌다. 일본 ODA의 주된 지원 국가는 인도·방글라데시·필리핀 등 아시아 국가들이며 차관 비율이 높다는 특징이 있다.

단위 백만 달러

	2018			2019		
	총액	순액	증여 상당액	총액	순액	증여 상당액
2국간	13 285	6 099	10 756	14 677	7 477	11 794
증여	5 278	5 278	–	5 278	5 278	–
무상자금협력	2 631	2 631	–	2 556	2 556	–
기술협력	2 648	2 648	–	2 722	2 722	–
정부대출 등	8 006	820	5 478	9 399	2 199	6 516
국제기관	3 965	3 965	3 407	4 243	4 243	3 794
ODA 합계	17 250	10 064	14 164	18 920	11 720	15 588
對GNI비율(%)	–	0.20	0.28	–	0.22	0.30

▲일본 ODA 실적 ('일본국세도회2022/22년판'을 참고로 작성)

問 24 **30 ①**

캐나다는 영국으로부터 독립했으나 18세기 중반까지는 프랑스의 식민지였다. 따라서 캐나다에서는 영어·프랑스어 모두 공용어이다. 동부의 퀘벡 주에서는 약 90%가 프랑스어계열 주민이며 분리·독립을 요구하는 운동도 일어나고 있다.

② 유대인이 아니고 쿠르드인이 맞다. 쿠르드인 전체 인구는 3000만명이라고도 하며 국가를 갖지 않는 최대의 민족이기도 하다. 쿠르드인의 주된 거주 지역은 튀르키예·이라크·이란·시리아 등으로 제1차 세계대전 후에 그어진 국경선에 의해 분단되었다. 이들 국가에서 자치를 요구하고 있으며 튀르키예에서는 쿠르드인이 많이 사는 동남부의 분리·독립을 요구하는 움직임이 이어지고 있다.

③ 벨기에 남부는 영어가 아닌 프랑스어계열 주민이 많다. 벨기에에서는 네덜란드어·프랑스어·독일어가 공용어이며 경제적으로 풍부한 북부의 네덜란드어권, 경제적으로 가난한 남부의 프랑스어권이 대립하고 있다.

④ 카슈미르는 인도 북부와 파키스탄 북동부의 국경 부근에 펼쳐지는 산악 지역이다. 카슈미르의 귀속을 둘러싸고 인도와 파키스탄 간의 분쟁이 이어지고 있다(최근에는 중국도 영유권을 주장하고 있다). 네팔은 인도, 파키스탄과 국경을 접하고 있지 않기 때문에 오답이라고 판단할 수 있다.

Point [국제사회] UN의 공용어

問 25 **31 ③**

UN은 제2차 세계대전 말기인 1945년 6월에 샌프란시스코회의에서 국제연합 헌장이 채택되어 발족했다. UN은 United Nations 라는 이름에서 알 수 있듯이 그 본래의 의미는 독일·일본·이탈리아와 같은 추축국에 대립하는 '연합국'이다. 이 때문에 UN의 공용어에 독일어는 들어 있지 않다. 영어·중국어·프랑스어 외의 다른 공용어는 러시아어와 스페인어이다.

그 후 총회·안전 보장 이사회·경제 사회 이사회에서는 위의 5개 언어에 아랍어가 더해져 6개 언어로 확장되었다.

問 26 **32 ④**

막스 베버는 근대 사회가 관료제의 원리를 토대로 하고 있다는 것을 분석했다. 『지배의 사회학』에서 관료제를 체계화하고 관료제는 합리적인 규칙에 의한 지배, 명확한 피라미드형의 상하 관계(히에라르키)에 근거하는 권한 구조, 문서 주의, 직무 및 기술 전문화 등을 특징으로 한다고 논했다(제3회 문제 18번 해설 참조). 이 외에 『경제와 사회』에서, 지배란 사람들이 권력의 정당성을 인정하는 것에 의해 성립한다고 주장한 뒤, 정당성의 유형에 따라 지배를 3가지(합법적 지배·전통적 지배·카리스마적 지배)로 분류했다. 또한 『프로테스탄티즘의 윤리와 자본주의 정신』에서 근대 자본주의 사회 성립이 프로테스탄트의 근면함이나 금욕적 생활 태도와 어떻게 연관되어 있는지를 논했다(제3회 18번 해설 참조).

① 리카도에 관해서는 제3회 문제 11번 해설을 참조할 것. ② 프롬은 독일의 사회학자이며 『자유로부터의 도피』 속에서 대중은 강력한 지도자가 나타나면 자유를 버리고 따라간다고 경고했다. ③ 리스트는 독일의 경제학자로 19세기 전반의 공업화가 늦어지고 있던 독일은 국내 유치 산업을 육성하기 위해 보호무역이 필요하다고 논했다.

Point [역사] 산업혁명의 영향

問 27 **33 ③**

영국에서 시작된 산업혁명은, 기계의 발명에 의한 생산 기술상의 큰 변혁과 그에 따른 경제·사회의 큰 변혁을 말한다. 산업 혁명에 의해 영국은 '세계의 공장' 지위를 획득했다. 한편 산업혁명은 다양한 노동·사회 문제도 발생시켰다.

런던 등의 도시에서는 농촌에서 유입되어 인구가 급증함에 따라 슬럼이 형성되어 노동자는 비위생적인 생활 환경에 놓였다(면공업의 중심도시는 맨체스터이므로 ① 은 오답이다). 또한, 토지와 공장 등의 생산 수단을 갖는 자본가와 노동자 간의 계급 대립이 일어나기 시작하고 장시간 노동, 저임금, 여성과 젊은 노동자 혹사 등의 문제도 발생하였다. 그래서 정부는, 1802년에 공장법을 제정하여 노동 조건 개선을 도모했다. 그리고 실업을 두려워한 수공업자나 장인들은 기계 파괴 운동(러다이트 운동)을 일으켰다(③ 은 옳다).

이러한 문제를 배경으로 노동자가 단결하여 지위 향상을 요구하는 노동운동이 활발해지면서 자본주의를 비판하고 사회적 불평등을 시정하자는 사회주의 사상도 싹트기 시작했다. 1848년 마르크스는 엥겔스와 함께 『공산당 선언』을 발표하고 노동자에 의한 정권 획득을 호소했다(② 는 공산당 결성 부분이 틀리다). 산업 혁명에 관해서는 제1회 문제 26번 해설을 참조할 것.

나폴레옹 몰락 후 영국이 기계 기술 수출을 시작하자, 19세기 초 벨기에나 프랑스, 19세기 중반에 미국 등에도 산업혁명이 전파되었다(④ 는 오답이다). 일본에서는 19세기 후반에 산업혁명이 일어났다.

[현대 사회] 19세기의 사건

問 28　**34 ③**

A의 이탈리아 왕국 성립은 1861년이다. 이탈리아는 오랫동안 몇 개의 작은 국가로 분열되어 있었다. 1848년 2월 혁명 후, 로마 공화파 시민은 '청년 이탈리아'를 지도해온 마치니도 참가하여 로마 공화국 건국을 선언했지만 프랑스군의 간섭으로 무너졌다. 그 후 북이탈리아의 작은 왕국인 사르데냐가 통일 운동의 중심이 되어, 국왕 에마누엘레 2세와 수상 카부르가 1859년 프랑스의 지원을 받아서 이탈리아 통일의 장애가 되고 있던 오스트리아와 개전해 승리했다(이탈리아 통일 전쟁). 게다가 청년 이탈리아에 속한 가리발디가, 정복한 시칠리아와 남이탈리아를 에마누엘레 2세에 헌상해 1861년에 이탈리아 왕국이 성립되었다.

B의 크림 전쟁은 1853~56년이다(제4회 문제 28번 해설 참조).

C의 빈 회의 개최는 1814~15년이다(제2회 문제 28번 해설 참조).

D의 아편 전쟁은 1840~42년이다. 18세기 후반 이후 영국은 유럽의 중국 무역을 거의 독점하게 되었다. 영국의 동인도회사는 자국의 면제품을 인도에 수출하고, 그 대금으로 인도산 아편을 매입해 중국(청)에 수출해 중국에서 차와 비단을 수입하는 삼각무역을 했다. 그렇기 때문에 중국 국내에는 아편 흡입이 유행하고 은이 대량으로 유출되었다. 그러자 중국이 아편의 무역을 강력히 단속했기 때문에 1840년에 영국이 선전 포고하여 중국을 이겨 1842년에 난징조약을 맺었다. 이에 따라 중국은 홍콩을 영국에 할양하고, 상하이 등 5개 항구의 개항을 승인했다.

Point **[역사] 식민지의 영유면적**

問 29　**35 ②**

제1차 세계대전 이전의 4개국의 본국 면적과 해외 식민지의 영유 면적을 나타낸 것이며 본국 면적에서 C가 미국임은 바로 알 수 있다. A·B·D는 본국의 면적에 큰 차이는 없지만 가장 많은 식민지를 가지고 있었던 것이 A의 영국임도 알 수 있을 것이다. B·D는 본국의 면적이 완전히 같지만, 프랑스와 독일을 비교할 경우 프랑스가 아프리카나 동남아시아 지역에 많은 식민지를 보유하고 있는 한편, 독일은 다른 유럽 국가들에 비해 식민지가 적다. 독일은 영국과 프랑스가 식민지를 넓혀 갔던 1870년대에는 해외 진출에는 힘을 쏟지 않았고, 1890년에 빌헬름 2세가 대외 팽창 정책인 '세계 정책'에 착수한 것으로 인해 식민지 획득 경쟁에 늦게 참가했다. 그러나 제1차 세계대전에 패해서 해외 식민지를 모두 잃었다. 따라서 B는 프랑스, D는 독일이다.

[역사] 영국의 인도 지배

問 30 **36 ③**

제1차 세계대전 중 영국은 인도의 자치를 약속했다. 그러나 제1차 세계대전 후인 1919년에 제정한 인도 통치법에서는 주 행정 일부를 인도인에게 맡기는데 그치고, 자치는 인정하지 않았다(③은 오답이다). 이와 동시에 반영운동을 탄압하기 위해 롤래트 법을 제정했다. 이러한 압정에 관해 간디는 비폭력·불복종이라는 이념을 제시하고 식민지 지배에 저항했다.

① 플라시 전투에서는 1757년에 영국 동인도회사군이 프랑스군을 격파했다. 그 후 프랑스는 인도차이나 진출로 전향했다. ② 1877년에 빅토리아 여왕이 인도 황제가 되어 인도 제국이 성립했다(~1947년). ④ 1947년에 인도 독립법이 제정되어 힌두 교도를 주체로 하는 인도 연방(수상은 네루)과 이슬람 교도에 의한 파키스탄의 2국으로 나뉘어 독립했다. 이듬해 간디는 급진적인 힌두 교도에게 암살당했다.

Point **[역사] 독일과 일본의 전후 처리**

問 31 **37 ②**

1945년 4월 말 소련군이 베를린을 포위하는 가운데 히틀러가 자살해, 5월 독일이 무조건 항복했다. 같은 해 11월에 연합국 협정을 토대로 뉘른베르크에 설치한 국제 군사 재판소가 열려 나치당·독일의 전쟁 지도자 24명에 의한 범죄 행위를 추궁하였다. 이듬해 10월에 판결이 나와 12명이 사형 판결을 받았다.

① 독일은 미국·소련·영국·프랑스 4개국에 의해 분할 점령되어 수도 베를린도 4개국에 의해 분할 관리되었다. 동서 대립이 격화되자 미국·영국·프랑스의 점령 지구와 소련의 점령 지구 분단이 진행되어 1949년 서쪽에 독일 연방 공화국(서독), 동쪽에 독일 민주 공화국(동독)이 성립했다. 또한 베를린도 동서로 분단되어 1961년에 베를린 장벽이 세워졌다(제6회 문제 2번(3) 해설을 참조할 것).

③ 일본은 1945년 8월 포츠담 선언을 수락하고 연합국에 무조건 항복하여 미군에 의한 사실상 단독 점령하, 도쿄에 연합국군 최고사령관 총사령부(GHQ/SCAP)가 설치되었다. 그후 GHQ의 지령·권고 하에 일본 정부가 통치를 하는 간접 통치에 의한 점령 정책이 진행되었다(제2회 문제 8번 해설을 참조할 것). 또한 오키나와(沖縄) 등에서는 미군에 의한 직접 군정이 진행되었다(제6회 문제 32번 해설 참조).

④ 1946년 5월부터 전승국 11개국이 참가하여 극동 국제 군사 재판(도쿄(東京) 재판)이 열렸다. 재판에서는 전쟁 지도자 28명이 '평화에 대한 죄'의 A급 전범으로 기소되어 도조 히데키(東条英機) 전 수상 등 7명이 사형 판결을 받았다. 또한 소련 등은 일왕의 전쟁 책임을 물을 것을 주장했으나 미국은 원활하게 점령 정책을 진행시키기 위해 일왕제를 점령 지배에 이용하려 하고 일왕을 전범 용의자로 지정하지 않았다.

問 32 **38 ①**

존슨 대통령은 ③ 의 케네디 대통령이 1963년에 암살된 뒤를 이어 부대통령에서 대통령이 되었다. '위대한 사회'의 건설을 목표로 '빈곤에 대한 전쟁'을 선언하여 빈곤 대책법을 성립시켰다. 그러나 1965년에 북폭을 시작해 베트남 전쟁의 개입을 확대한 것으로 인해 군사비가 증가하였으며, 전쟁을 둘러싼 심각한 분열(반전 운동)을 초래했다.

② 레이건 대통령에 관해서는 1987년에 소련의 고르바초프와 사이에서 미소 정상회담을 열어, 중거리 핵전력(INF) 전폐(제2회 문제 31번 해설 참조), 엄격한 금융 긴축 = '작은 정부'에 의한 신자유주의적 정책(제4회 문제 7번 해설 참조), 군사비를 증액한 것을 잘 기억해 두자.

③ 케네디 대통령에 관해서는 1962년 쿠바 위기(제2회 문제 2번(2) 해설 참조)나 '뉴 프론티어' 정책을 내걸고 국내의 인종 차별·빈곤 문제 등에 착수하려고 한 점을 기억해 두자.

④ 닉슨 대통령에 관해서는 1971년에 금과 달러의 교환을 정지한 것(닉슨 쇼크, 달러 쇼크)(제2회 문제 7번·9번 해설 참조), 1972년에 중국을 방문하여 미·중 관계 개선을 도모한 것, 1973년에 파리 평화 협정을 맺고 베트남에서 철수한 것이 중요하다. 또 워터게이트 사건에 의해 하원에서 대통령 탄핵이 결의되어 미국 역사상 최초로 임기 도중에 사임에 내몰렸다.

MEMO

MEMO

문제 Q	문제 번호	정답	문제 Q	문제 번호	정답
問 1 (1)	1	②	問 14	20	③
問 1 (2)	2	④	問 15	21	②
問 1 (3)	3	①	問 16	22	①
問 1 (4)	4	②	問 17	23	③
問 2 (1)	5	①	問 18	24	②
問 2 (2)	6	②	問 19	25	①
問 2 (3)	7	①	問 20	26	①
問 2 (4)	8	②	問 21	27	④
問 3	9	④	問 22	28	③
問 4	10	①	問 23	29	③
問 5	11	②	問 24	30	④
問 6	12	④	問 25	31	①
問 7	13	③	問 26	32	③
問 8	14	④	問 27	33	③
問 8	15	④	問 28	34	③
問 10	16	①	問 29	35	②
問 11	17	④	問 30	36	③
問 12	18	④	問 31	37	③
問 13	19	④	問 32	38	①

Point　[국제사회] 이산화탄소 배출

問 1 (1)　1 ②

지구 온난화의 주된 원인은 석탄·석유 등 화석 연료가 연소될 때 배출되는 이산화탄소(CO_2)이다. 이산화탄소는 지구에서 우주로 열을 내보내는 적외선을 흡수하여 지구의 온도를 높게 유지하게 하는 효과가 있는 온실효과 가스 중 하나이다. 따라서 지구 온난화를 막기 위해서는 이산화탄소 배출량을 삭감할 필요가 있다. 2019년 시점의 각국 온실 효과 가스 배출량 비율은 중국이 28.2%로 가장 많고 그 뒤를 이어 미국이 13.9%, 인도 6.4%, 러시아5.9%, 일본 2.8%이다.
(2020년 시점, 중국 31.8%, 미국 13.4%, 인도 6.6%, 러시아 4.9%, 일본 3.1%)

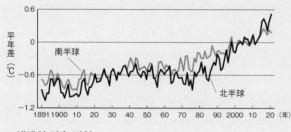

▲ 세계의 기후 변화

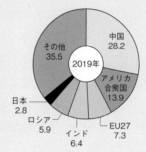

▲ 주된 나라·지역의 온실 효과 가스 배출량 비율
(<일본의 모습 2022>를 참조로 작성)

Point　[지리] 해면 상승

問 1 (2)　2 ④

'폴리네시아에 있는 섬나라'라는 내용을 힌트로 투발루를 선택해야 한다. 폴리네시아는 태평양 하와이 제도, 뉴질랜드, 이스터 섬의 세지점을 잇는 해역에 있는 섬들의 총칭으로 대부분이 화산섬과 산호초이다. 투발루는 9개의 환초(고리 모양으로 발달한 산호초 지형)로 구성된 작은 나라로 섬에서 가장 높은 곳도 5.6미터밖에 되지 않아 지구 온난화로 인해 해면이 상승하면 수몰할 위험성이 있다고 한다.

① 몰타는 지중해 중앙에 있는 섬나라이다. 1989년 12월 소련의 고르바초프와 미국의 부시(아버지) 대통령과의 사이에서 몰타 회담이 열려 냉전 종결이 선언되었다(제2회 문제 31번 해설 참조). ② 몰디브는 스리랑카 남서쪽 인도양에 점재한다. 투발루와 마찬가지로 수몰 위기에 처해 있다. ③ 아이티는 카리브해의 나라로 히스파니올라 섬 서쪽 3분의 1을 차지한다(동쪽은 도미니카). 1804년에 프랑스로부터 독립하여 세계 최초로 흑인이 건국한 공화국으로 라틴 아메리카에서 처음으로 독립한 국가이기도 하다.

Point [국제사회] 아마존의 산림 벌목

問 1 (3) **3 ①**

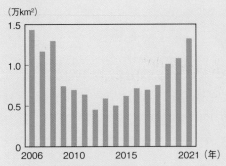

(万km²)
1.5
1.0
0.5
0
2006　2010　2015　2021 (年)

▲ 아마존 열대우림 소실 면적 (브라질 국립우주
　연구소 홈페이지를 토대로 작성)

브라질은 세계 최대 커피 원두 수출국이지만(2019년) 최근 대두의 수출이 대폭 증가해 생산량과 수출량 모두 세계 1위가 되었다. 생물체에서 기원한 연료인 바이오 연료의 세계적인 수요 증가에 따라 원료가 되는 대두 대규모 재배지를 만들어내기 위해 아마존강 유역을 개발하였다(② 는 옳음). 마찬가지로 바이오 연료 원료인 사탕수수 생산량·수출량이 세계 1위이며, 옥수수 생산량이 세계 3위, 수출량은 세계 1위이다.아마존 개발의 요인으로 이 외에 광대한 목초지를 필요로 하는 ③ 육우 사육 목장 개발을 들 수 있다. 이에 따라 브라질의 육류 생산이 증가하여 소고기의 생산은 미국에 이어 세계 2위이다. ④ 철광석 등의 광산 자원 개발도 맞다. 특히 세계 최대급인 카라자스 광산(철산) 개발이 진행됨에 따라 제철 공장에서 사용하는 연료용 목탄을 캐기 위해 대규모 산림 벌목이 진행되고 있다. 브라질은 철광석 산출량과 수출량 모두 호주에 이어서 세계 2위이다. 이러한 삼림 파괴는 급속한 건조화의 요인이 됨과 동시에 다양한 생태계 붕괴를 초래했다. 또한 이산화탄소 흡수량이 감소하여 온실 효과 가스가 증가하기 때문에 기후 변화에 큰 영향을 미친다. 지속 가능한 개발 목표인 SDGs의 목표 15에는 '육상 생태계 보호'가 내걸려 삼림 파괴에 대한 목표도 있다(24번의 해설을 참조할 것).

Point [국제사회] 환경 문제의 국제적 대처

問 1 (4) **4 ②**

a는 생물 다양성 협약. 1992년에 172개국 정부 대표와 NGO 대표가 모여 브라질의 리우데자네이루에서 유엔 환경 개발 회의(지구 서밋)가 열렸다. 이 회의에서는 '지속 가능한 개발'을 슬로건으로 내걸고 환경과 개발의 양립에 대해 토론하였다. 그리고 지구 사회의 환경 보전 방법을 제시하는 리우 선언이 채택된 외에 생물 자원의 보전과 지속적 이용, 유전자 자원에서 얻을 수 있는 이익의 공정한 분배를 목적으로 하는 생물 다양성 협약, 기후 변동을 일정한 범위 내에 억제할 것을 목적으로 하는 기후 변화 협약(지구 온난화 방지 조약), 지구 환경 보호를 위한 구체적인 행동 계획인 『어젠다 21(의제 21) (21세기를 향한 환경 보호 행동 계획)』도 채택되었다. 사막화 방지 조약(사막화 대처 조약)은 1994년 파리 유네스코 본부에서 채택된 국제 조약이다. 개발 도상국(특히 아프리카)에서 심각화 하는 사막화(가뭄 포함)문제에 대해서 국제사회가 해결하기 위해서 협력할 것을 규정하고 있다.
b는 파리 협정(제2회 문제 24번 해설 참조). 얄타 협정은 제2차 세계대전 말기인 1945년 2월에 맺어진 것이다. 미국의 루스벨트 대통령·영국의 처칠 수상·소련의 스탈린이 소련령 크림 반도의 얄타(현 우크라이나 남부)에 모여 제2차 세계대전 후의 처리에 대해 협의했다. 그 결과 프랑스를 포함한 4개국에서 독일을 분할 점령하는 것과 비밀 협정으로 독일 항복 후 3개월 이내의 소련이 대일 참전이 결정되었다.

問 **2(1)** **5** ①

러시아 국경선을 떠올리지 못하면 모스크바의 위치를 특정하는 것이 조금 어려울 수도 있다. 모스크바는 러시아 연방 서부에 있는 러시아 최대의 도시로 러시아 혁명 이후 1918년에 수도가 되었다.

② 상트페테르부르크는 모스크바에 이은 러시아 제2의 도시이다. 러시아 혁명 이전에는 수도였다. 제1차 세계대전이 시작되고 페트로그라드로 개칭되었고 1924년에는 레닌 이름을 따서 레닌그라드로 개칭되었다. 그러나 소련 해체 후에 다시 상트페테르부르크가 되었다.

③ 은 우크라이나의 수도 키이우(키예프), ④ 는 폴란드의 수도 바르샤바이다.

Point [지리] 소련의 경제 발전

問 **2 (2)** **6** ②

그래프가 세계 공황의 시기라는 점에 주의하며 생각해보자(1929년=100이라고 되어 있는 것에도 주목).

A는 세계 공황의 영향을 받지 않고 공업 생산이 급격히 증가하고 있기 때문에 계획 경제를 추진하는 사회주의 국가인 소련이라고 판단할 수 있다. 스탈린은 본격적으로 사회주의 경제 건설을 위해 1928년에 제1차 5개년 계획, 1933년에 제2차 5개년 계획을 개시하였으며, 이로 인해 공업이 급격히 발전했다. 1930년대에는 소련은 미국에 이어 세계 유수의 공업 국가가 되었다.

B는 일본이다. 일본은 엔화 약세를 이용한 수출 확대와 적극 재정 정책에 의한 중화학 공업의 발전 등에 의해 1933년쯤에는 타국을 앞서 공황 이전의 공업 수준까지 회복했다.

C는 미국이다. 미국은 세계 공황이 일어난 나라이기 때문에 큰 영향을 받았다고 예상할 수 있다. 1933년 대통령이 된 프랭클린 루스벨트는 세계 공황에 대응하기 위해 케인스 이론을 바탕으로 뉴딜을 실시했다. 뉴딜의 구체적인 내용으로는, 농업 조정법(AAA)과 전국 산업 부흥법(NIRA)에 의해 농산물 가격 조정과 산업 체제의 재검토를 진행한 것, 테네시강 유역 개발 공사(TVA)를 설립해 공공 사업을 실시한 것, 와그너법이라고 하는 전국 노동 관계법을 제정한 것 등이 있다.

독일에서는 히틀러가 대두했다(제1회 문제 30번 해설 참조). 영국에서는 1931년에 거국 일치 내각을 성립시켜 금본위제를 정지하고 다음 해에 영국 연방 내부의 무역 보호를 도모하는 블록 경제화를 추진했다.

Point [지리] 냉전하의 소련

問 2 (3) **7 ①**

1968년에 체코슬로바키아 공산당 제1서기 둡체크는 시장 원리의 도입 등 민주화·자유화 노선을 추진했다(프라하의 봄). 그러나 소련의 브레즈네프 서기장이 바르샤바 조약 기구군에게 체코슬로바키아 침공을 지시했고 둡체크 등은 체포되어 '프라하의 봄'은 끝났다. 또한 프라하의 봄 이전인 1956년 헝가리에서는 나지 정권이 복수 정당제·바르샤바 조약 기구 탈퇴 등을 표명했기 때문에 소련이 군사 개입하여 반소 세력이 일소되었다(헝가리 사건).

② 고르바초프는 1989년에 아프가니스탄에서 소련군을 철수시킨 인물이다. 1979년 브레즈네프 서기장이 아프가니스탄 지배를 둘러싼 내전에 군사 개입을 하였으나 1985년에 서기장에 취임한 고르바초프가 이를 철수시켰다(제2회 문제 31번 해설 참조).

③ '미군이 쿠바를 침공했다'라는 부분이 틀리다. 케네디 대통령은 쿠바에 대한 불침공을 약속하고 소련에 미사일을 철거하게 했다(제2회 문제 2번 (2) 해설 참조).

④ 독일의 동서 분열은 1949년, 베를린 봉쇄는 1948년, 베를린 장벽 건설은 1961년이다. 1948년에 미국·영국·프랑스가 서독 단독으로 통화 개혁을 하자 소련이 이에 맞서 베를린을 봉쇄했다. 그리고 이듬해(1949년) 독일은 동서로 분단되었다. 그 후 서베를린으로 가는 유출자가 증가하자 이를 막기 위해 1961년에 동독이 베를린 장벽을 건설했다.

Point [정치] 러시아의 대통령제

問 2 (4) **8 ②**

러시아 총리의 지명·임면(임명과 면직)권은 대통령이 갖는다. 단, 하원 승인이 필요하다.

① 대통령은 직접 선거로 선출된다. 간접 선거에서 대통령이 뽑히는 것은 미국이다. ③ 의회의 법안에 대하여 거부권을 가지는 것도 미국 대통령이다. 다만, 러시아 대통령은 법안 제출권을 갖는 한편 미국 대통령은 법안 제출권이 없다. ④ 임기는 6년이며, 2020년 헌법 개정으로 연속 3선이 금지되었다.

러시아는 프랑스나 독일과 마찬가지로 대통령과 수상이 있는 반대통령제인 국가이다. 러시아 대통령은 국가 원수이자 군의 최고사령관이기도 하며 수상 임명권이나 하원 해산권 등의 강력한 권한을 가진다. 프랑스에서는 대통령이 수상을 임명하고 그 밖의 내각 구성원의 임면권도 대통령이 갖는다. 수상은 하원(국민 의회)을 책임지며, 의회는 불신임 결의를 할 수 있다. 독일 대통령은 상징적 존재이며 정치적인 실권은 없다. 수상은 대통령의 제의를 토대로 연방의회 의원의 과반수 찬성에 의해 선출된다. 즉, 반대통령제 국가 안에서도 러시아와 프랑스는 대통령이 수상보다 권한이 강하고, 독일에서는 수상의 권한이 강하다는 차이가 있다.

	미국	프랑스	독일	러시아
임기	4년(3선 금지)	5년(3선 금지)	5년(3선 금지)	6년(연속 3선 금지)
선출 방법	간접 선거	직접 선거	연방회의 간접 선거	직접 선거
주된 권한	· 교서 송부권(해산권 없음) · 법안 거부권	· 총리 · 각료 임면권 · 국민의회 해산권	· 총리 후보 제의 　(상징적 존재)	· 총리 임면권 · 하원 해산권

▲ 각국 대통령 권한 비교

Point [경제] 경제 사상

問 **3**　**9** ④

<u>슘페터</u>는 20세기 전반에 활약한 오스트리아의 경제 학자이다. 후에 미국으로 이주했다. 기술 혁신(이노베이션)이 경제 발전의 큰 요인이 된다고 주장했다. 기술 혁신이란, 신제품·신생산기술·신판매방법·신조직 등의 도입을 말한다. 슘페터의 대표적인 저서로 『경제발전의 이론』이 있다.
① 말사스의 주장은 인구 억제에 관한 것이다. 말사스는 『인구론』에서 식량 생산은 산술급수적(1, 2, 3, 4, …)으로밖에 늘지 않지만 인구는 기하급수적(1, 2, 4, 8, …)으로 증가하므로 빈곤의 발생은 필연적이며 인구 증가를 도덕적으로 억제하는 것이 필요하다고 주장했다. ②의 리스트의 주장은 보호무역에 관한 것(제5회 문제 26번 해설 참조), ③의 리카도의 주장은 비교생산비설의 관한 것(제3회 문제 11번 해설 참조)이다.

Point [경제] 과점 시장

問 **4**　**10** ①

과점 시장에서는 유력 기업인 <u>프라이스 리더(가격 선도자)</u>가 설정한 가격에 다른 기업이 따르게 된다. 이 가격을 <u>관리 가격</u>이라고 하며(a), 수요와 생산 비용이 내려가도 가격이 떨어지기 어려운 가격의 하방경직성(b)이 발생한다. 그리고 가격 경쟁이 이루어지지 않는 대신 기업은 광고·선전·서비스를 통해 판매를 늘리려고 하기 때문에 가격 이외의 경쟁 = 비가격 경쟁(c)이 격해진다.
독점 가격이란 시장을 독점하는 기업이 자신의 이윤을 극대화하기 위해 결정한 가격으로 시장 가격보다도 높아진다.

問 5 **11 ②**

실질 경제 성장률을 구하는 문제는 먼저 실질 GDP를 계산해야 한다. 실질 GDP 계산에 필요한 것이 GDP 디플레이터이다. GDP 디플레이터란 기준이 되는 물가 수준(보통은 작년)을 100으로 해서 그해의 물가 수준을 지수화한 것이다. 여기에서는 물가 수준이 15% 상승했기 때문에 올해의 GDP 디플레이터는 115가 된다.
다음과 같이 표로 정리할 수 있다.

	명목 GDP	디플레이터
작년	120 억달러	100
올해	150 억 달러	115

다음으로 작년과 올해 각각의 실질 GDP를 계산한다. 그 계산 방법은 다음과 같다.

$$실질\ GDP = \frac{명목\ GDP}{GDP\ 디플레이터} \times 100$$

올해의 실질 GDP는 $\frac{150}{115} \times 100 = 130.43 \rightarrow 130$으로 계산

전년도의 실질 GDP는, $\frac{120}{100} \times 100 = 120$

실질 GDP를 사용한 올해의 실질 경제 성장률의 계산 방법은 다음과 같다.

$$실질\ 경제\ 성장률 \quad \frac{올해\ 실질\ GDP - 작년\ 실질\ GDP}{전년도의\ 실질\ GDP} \times 100\ (\%)$$

따라서 실질 경제 성장률은 $\frac{130 - 120}{120} \times 100 = 8.3\% \rightarrow 8\%$가 된다.

또한 이 문제에서는 요구되지 않았으나 명목 경제 성장률을 구하는 경우 계산법은 다음과 같다.

$$(명목)\ 경제\ 성장률 \quad \frac{올해\ GDP - 전년도\ GDP}{전년도\ GDP} \times 100\ (\%)$$

명목 경제 성장률 = $\frac{150 - 120}{120} \times 100 = 25\%$가 되어 실질 경제 성장률과는 큰 차이가 나오는 것을 알 수 있다.

問 6 **12** ④

세출과 세입에 해당하는 것을 명확하게 구별하는 것이 중요하다. 국채비와 사회 보장 관계비는 세출, 조세와 인지, 공채금은 세입이다. 또한, 국채비와 공채금을 혼동하지 않도록 하자. 국채비란 국가가 국채를 발행한 후 반환할 때까지 부담하는 비용으로 원금을 상환하기 위한 상환비와 발행된 국채의 이자 지불 비용이 포함된다. 공채금은 국가의 부채이다. 국가는 세수 부족을 보충하기 위해 채권(국채)을 발행한다(지방공공단체의 경우는 지방채를 발행한다). 공채금이 많아지면 국채비도 당연히 많아진다. 2022년도에는 공채금(건설 공채 + 특별 공채)이 약 37조엔(34.3%), 국채비가 약 24조엔(22.6%)이었다.

세출에서는 저출산 고령화가 진행됨에 따라 A의 사회 보장 관계비가 해마다 증가하고 있으며 세출의 30% 이상을 차지해 가장 많다. 다음으로 B의 국채비, 지방교부세 교부금(지방공공단체의 재원의 불균형을 국가가 조정하는 것을 목적으로 한 지방 재정 조정 제도)·공공 사업 관계비 등이 뒤따른다. 사회 보장 관계비·국채비·지방교부세 교부금의 3가지의 경비로 세출 전체의 약 70%를 차지하기에 그 외의 정책에 자유롭게 사용할 수 있는 재원이 적어지는 '재정의 경직화'라고 불리는 상황이 계속되고 있다.

세입은 C의 세수(소비세·소득세·법인세의 순서)·인지 수입이 가장 많으며 이어서 D의 공채금이다. 일본은 공채비에 대한 의존도가 높고 2022년도의 국채 의존도는 신규 국채 발행액을 전년도보다 억제했기 때문에 감소했지만 그럼에도 약 35%이다. 국채 발행 잔고는 1000조엔을 넘었다.

MEMO

問 7 **13** ③

일본 경제는 러일전쟁 이후 만성적인 불황에 빠져 있었지만, 제1차 세계대전이 일어난 것을 계기로 미국용 생사 수출이 급증하는 등 호황이 되었다. 또한, 세계적인 선박 부족으로 인한 해상 운임이나 선박 임대료의 급등과, 수출 급증으로 해운·조선업이 크게 발전해 미국·영국에 이어 세계 제3위의 해운국으로 성장했다. 또한 기계 공업과 화학 공업도 발전하여 공업 원동력의 증기력에서 전력으로의 전환이 진행되었다. 이러한 전쟁 특수 (1915~18년)의 결과 일본은 단기간에 채무국에서 채권국이 되었다. 또한 공업이 발전함에 따라 공업 생산액이 농업 생산액을 추월했다.

① 식산 흥업 정책은 주로 1870년대를 중심으로 메이지 정부가 서구 국가들의 경제 제도나 선진 기술을 도입하여 근대 산업 육성을 도모하기 위해 진행한 경제 정책이다. 후쿠오카현(福岡県)의 관영 야하타(八幡) 제철소는 철강의 국산화를 도모하기 위해 청일전쟁 후인 1901년에 조업을 시작했다. 식산 흥업기의 관영 공장으로서는 개항 이래 최대의 수출품이었던 생사의 품질 개량과 생산 확대, 기술 도입을 위해 1872년에 개업한 군마현(群馬県)의 도미오카(富岡) 제사장(세계유산에 등록되어 있음)이 있다.

② 석탄에서 석유로 에너지 혁명이 진전된 것은 20세기 중반 이후의 고도 경제 성장기(1955~73년)이다. 산업 혁명의 시기(19세기 후반부터 20세기 초의 청일·러일 전쟁 전후의 시기)에는 주로 수력과 증기력(증기기관)을 에너지로 했었다(일본의 산업혁명에 대해서는 제3회 문제 7번 해설 참조).

④ 전쟁 특수가 끝나자 일본은 잇따라 공황이 닥쳐왔다. 정부는 통화 공급량을 늘려 구세를 꾀했으나 인플레이션 경향이 강해져 공업 국제 경쟁력이 저하되었다. 또한, 금 수출 금지로 인한 환율 하락과 동요가 더해져 국제 수지도 악화했다. 그래서 정부는 1930년에 금해금(금수출 해금)을 실시해 재정 긴축과 산업 합리화를 도모하여 물가 인하로 인한 국제 경쟁력을 강화하려고 했다. 그러나 전년도에 일어난 세계공황의 물결에 휘말려 일본 경제는 심각한 타격을 입었다(쇼와 불경기).

따라서 1931년에 금수출이 (재)금지되어 일본은 관리 통화 제도로 이행했다. 관리 통화 제도란, 필요에 따라 정부나 중앙은행의 자유 재량에 의해 통화를 발행할 수 있는 통화 제도이다. 금본위제에 대해서는 제2회 문제 7번 해설을 참조할 것.

Point [경제] 세제의 구조

問 8 **14 ④**

세금 부담은 공평해야 한다. 세금 부담에 있어서의 공평이란, 높은 부담 능력이 있는 사람은 많이 부담해야 한다는 수직적 공평과, 같은 부담 능력을 가진 사람은 동일하게 부담해야 한다는 수평적 공평의 두 가지 개념이 있다. 소비세 등 상품이나 서비스 가격에 포함되는 간접세는 같은 금액의 소비에 같은 금액의 과세가 이루어지기 때문에 수평적으로 공평하지만, 소비세의 부담은 저소득자일수록 소득에서 차지하는 소비 지출의 비율이 높아진다는 수직적으로 불공평한 역진성 문제가 발생한다.

① 소비세는 간접세, 법인세는 기업이 납부하는 직접세이다. ② 직접세가 간접세보다 비율(직간 비율)이 높다. 2021년도 예산에서는 국세 + 지방세의 직간 비율은 64:36였다. 참고로 2018년의 일본을 포함한 각국 직간 비율은 아래 표와 같다. ③ 누진 과세 제도의 대상이 되는 대표적인 세금은 소득세·증여세·상속세이며 법인세는 대상이 아니다.

	일본	미국	영국	독일	프랑스
직간비율	68:32	76:24	57:43	55:45	55:45

▲ 각국의 직간 비율

	국세	지방세
직접세	소득세 · 법인세 · 증여세 · 상속세	주민세 · 고정자산세
간접세	소비세 · 주세 · 담배세	지방 소비세

▲ 주된 조세

問 9 **15 ④**

아프리카 연합(AU)은 아프리카에 있는 55개 국가·지역이 가맹하는 세계 최대급 지역 기관이다. 아프리카의 정치적·경제적 통합 실현과 분쟁의 예방·해결을 위한 대처 강화를 목적으로 2002년에 아프리카 통일 기구 (OAU)(1963년 5월 설립)에서 발전·개조되어 발족했다. 2019년에는 역내 자유 무역을 촉진하는 협정이 발효되었다.

① '자유 무역을 촉진하는 것이 결정되었다'라는 부분이 틀렸다. 미국·캐나다·멕시코의 3개국은 1994년에 관세의 단계적 철폐, 역내 무역과 투자의 자유화를 목표로 북미자유무역협정(NAFTA)을 맺었지만 미국의 요구로 내용이 재검토되어 2020년에 자유무역을 제한한 미국·멕시코·캐나다 협정(USMCA)이 새로 맺어졌다.

② ASEAN 자유무역 지역(AFTA)은 동남아시아 국가 연합(ASEAN) 회원국 10개국에 의한 것으로 일본이나 중국은 가입되어 있지 않는다. AFTA는 1992년에 태국·인도네시아 등 6개국에 의해 창설되었고 1999년에 캄보디아가 가맹해 ASEAN10이 되었다. 2015년 역내의 사람·물건·서비스 자유화를 추진하기 위해 ASEAN 경제 공동체(AEC)가 발족했다. 다만 각국의 주권이 존중되고 있으며 EU와 달리 통화 통합이나 대외 통일 관세는 실시하고 있지 않는다.

③ 남미 남부 공동 시장(MERCOSUR)에 쿠바는 참가하고 있지 않기 때문에 오답이다. 또 쿠바는 남미 남부의 국가가 아니라는 점에서도 오답이라고 판단할 수 있다. MERCOSUR는 1995년에 발족하여 역내의 관세나 비관세 장벽을 철폐해 대외 공통 관세를 두는 관세동맹이다. 장래적으로는 공동 시장을 목표로 하고 있다.

이 외에 아시아·태평양 지역의 다국간 경제 협력 관계를 강화하기 위해 1989년에 설립된 아시아 태평양 경제 협력 회의(APEC)도 알아 두자.

問 10 **16 ①**

위도와 경도로부터 쇼와(昭和) 기지의 위치를 구하는 문제이다. 지도상의 세 개 대양(태평양, 대서양,인도양)의 위치에서 경도를 알 수 있다. 인도양 측이 동쪽, 대서양 측이 서쪽이므로 동경의 위치에 있는 것은 ①과 ②이다. 남극점을 중심으로 세로 방향과 가로 방향으로 경선이 그려져 있고 ① 이 동경 0~90도 ② 가 동경 90~180가 되므로 ① 이 맞다고 판단할 수 있다. 위도에 관해서는 남위 60도의 라인만 그려져 있지만 이를 보면 ① 이 남위 60도에 가깝다는 것을 알 수 있다.

남극은 남극 대륙과 주변의 남극해(남빙양)를 가리키는 지역으로 거의 남위 60도 이남의 남극권에 포함된다. 남극 대륙은 1500~2500m의 대륙 빙상에 덮여 있으며 내륙에서는 4000m의 두께나 된다. 1959년에 일본을 포함한 12개국에서 남극의 평화 이용에 관한 남극 조약이 맺어졌다(1961년 발효. 2020년 시점에서 54개국이 서명했다). 1991년에는 과학적 조사 이외의 광물 자원 활동을 50년간 금지하는 환경 보호에 관련한 남극 조약 의정서가 채택되었다.

Point [지리] 4개의 섬나라

問 11 17 ④

겨울 일기도는 서쪽에 세력이 강한 시베리아 고기압(시베리아 기단, 한대 기단) 동쪽에 발달한 저기압이 있는 서고동저(西高東低) 기압 배치이다. 일본 부근의 등압선은 남북으로 밀집하여, 시베리아 고기압에서 불어오는 북서 계절풍이 분다. 그렇기 때문에 일본 부근에는 강한 한기가 흘러 들어 동해 쪽에서는 폭설이 내린다.

A는 가을, C는 봄의 일기도이지만 구별하기 어렵다. 가을은 태풍과 가을비 전선의 영향으로 동일본을 중심으로 폭우가 내린다. 봄에는 이동성 고기압이 일본 부근을 덮는다. 봄과 가을은 모두 일본 부근을 이동성 고기압과 저기압이 번갈아 서쪽에서 동쪽으로 통과하기 때문에 날씨가 바뀌기 쉽고 기온의 변화도 크다.

B는 여름 일기도이다. 태평양 고기압(오가사와라 기단)이 서쪽으로 돌출하고 유라시아 대륙의 저기압이 있는 남고북저(南高北低)의 기압 배치가 된다. 오가사와라 기단에서 고온 다습한 남동 계절풍이 분다. 겨울 일기도와 비교하면 등압선의 간격이 넓고 남쪽에 치우친 계절풍은 그다지 강하지 않다.

Point [지리] 미국의 도시

問 12 18 ④

미국의 중요한 도시에 대해서는 지도로 위치를 확인해 두자.

A의 뉴욕은 미합중국 최대 도시이며, 맨해튼 월 스트리트는 국제 금융 시장의 중심지이다. 1929년 세계공황은 월 스트리트의 주가 급락에 의하여 시작되었다. 또한, UN 본부가 있어 국제 정치의 중심적인 기능을 하고 있다.

B의 시카고는 5대호 중 하나인 미시간호 남쪽 해안에 위치한 합중국 제3의 도시이다. 광대한 평원인 프레리(제3회 1번(1) 해설 참조)를 보유한 세계적인 농축산물의 집산지, 식품 공업의 중심지이기도 하다.

C의 실리콘밸리는 샌프란시스코의 약 50km 남쪽에 있는 산호세시를 중심으로 하는 지대로 세계 최대의 첨단 기술 산업의 집적지가 형성되어 있다. 선벨트(캘리포니아주에서 노스캐롤라이나주에 이르는 북위 37도 이남의 온난한 지역)에 위치한다.

D의 휴스턴은 선벨트의 중심 도시 중 하나이며 미항공우주국(NASA)의 존슨 우주 센터가 있는 등 항공 우주 산업이 발전되어 있다. 또한 석유 정제·석유 화학 산업의 중심지이기도 하며 IT 산업과 의료 서비스 산업도 발전되어 있다.

問 13 **19 ④**

연령 3구분별 인구란 0~14세의 연소 인구, 15~64세의 생산 연령 인구, 65세 이상의 노년 인구를 말한다. 제3회 문제 1번(3)에서 다룬 인구 피라미드를 복습해 두자.

연소 인구를 보면 ③ 은 조금 감소하고 있지만 ① ② ④ 에 비해 굉장히 많다는 것을 알 수 있다. 이것은 발전도상국의 특징이기도 하기 때문에 이집트가 해당된다고 판단할 수 있다.

65세 이상의 노년 인구를 보면 2020년에는 ② 가 상당히 많다. ② 는 연소 인구가 적은 것에서도 저출산 고령화가 진행되고 있는 일본이라고 판단할 수 있다.

다음으로 ① 과 ④ 가 미국과 중국의 어느 쪽인지 생각해보자. 양자의 차이는 연소인구의 감소가 ④ 쪽이 더 크다는 점이다. 즉 저출산이 진행되고 있는 것을 나타내고 있으므로 ④ 는 출산 제한 정책을 해 온 중국이라고 판단할 수 있다. 중국에서는 1979년부터 2015년까지 인구 증가를 억제하는 출산 제한(한 자녀 정책)을 실시해 왔다. 하지만 노동 인구 감소나 급속한 저출산 고령화 등으로 인해 출산 제한이 점차 완화되고, 2015년에는 한 자녀 정책이 끝나 모든 부부가 둘째 아이를 가지는 것을 인정하는 방침이 나왔다. ① 은 미국이다(제3회 문제 1번(3) 해설 참조).

問 14 **20 ③**

세계의 3대 곡물은, 밀·쌀·옥수수이다. 각각 어떤 지역에서 주식이 되어 있는지를 기억해 두자. 또한 3대 곡물의 주요 생산지도 알아 둬야 한다.

밀은 열대나 한랭 지역 이외의 거의 전세계에서 재배되며, 가장 널리 주식으로서 소비되고 있다. 갈아서 밀가루로 만든 것을 빵이나 면류 등으로 가공하여 먹는 경우가 많다. 쌀은 주로 동아시아·동남아시아·남아시아에서 재배된다. 세계 총생산량 중 약 90%를 아시아 국가들이 차지하고 그 대부분을 아시아 사람들이 소비하고 있다. 옥수수는 미국과 라틴아메리카, 아프리카의 동부와 남부에서 주식으로 소비되고 있다. 옥수수는 식용 외에도 가축의 사료나 바이오 에너지의 원료로 사용되고 있다(제3회 문제 1번(1), 제6회 1번(3)·문제 14번 해설 참조).

그 외에 감자·고구마·카사바 등도 사하라 이남의 아프리카에서 많은 사람들이 주식으로 먹고 있다.

			ロシア	アメリカ合衆国		フランス5.3	
小麦 7.66億t	中国 17.4%	インド 13.5	9.7	6.8		その他	

			インドネシア	バングラデシュ		ベトナム	
米 7.55億t	中国 27.7%	インド 23.5	7.2	7.2	5.8	その他	

			ブラジル		
とうもろこし 11.5億t	アメリカ合衆国 30.2%	中国 22.7	8.8	その他	

▲ 3대 곡물 생산량 비율(2019년) (<세계국세도회 2021/2022년판>을 토대로 작성)

Point [지리] 화산의 혜택

問 15 21 ②

화력 발전이 아니라 지열 발전이 맞다. 화산 주변에서는 '마그마 굄(magma chamber)'을 열원으로 해서, 특히 고온의 지열 지대가 발달되어 있다. 지열은 다양하게 이용할 수 있는 재생 가능 에너지로 발전 외에도 난방·시설원예·목욕용 등 각 온도 단계에서 많은 이용 방법이 있다.

일본은 세계 유수의 화산국이면서도 지열 발전에 의한 발전 전력량 비율이 약 0.2%에 불과하다(발전량은 미국·인도네시아·튀르키예에 이어 세계4위이다). 그 이유로는 개발 비용이 높은 것(발전 비용은 낮음), 개발지의 대부분이 국립·국정 공원 내에 있기 때문에 법률에 의해 지열 발전소 건설이 어려운 점, 온천으로의 영향이 우려되는 점, 굴착 등으로 인해 지하에서 유해 물질이 나올 경우가 있다는 점 등을 들 수 있다.

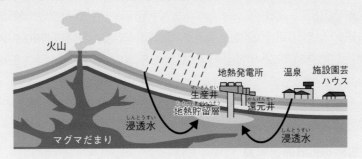

Point [지리] 현의 주요 생산물

問 16 22 ①

피아노와 차로 A는 시즈오카현(静岡県)이라고 판단할 수 있다. 시즈오카현은 도카이(東海) 공업 지대를 형성하고 있으며 그 중에서도 하마마츠(浜松)시는 악기·오토바이의 생산, 후지(富士)시는 제지산업으로 알려져 있다. 피아노 전국 출하량 비율 100%를 차지하고 있다. 또 차와 귤 재배가 활발하고 야이즈(焼津)항은 원양어업의 기지이기도 하며, 가다랑어의 어획량 일본 1위이다.

B는 가고시마현(鹿児島県)이다. 설탕의 원료인 사탕수수는 고온 다습한 지역에서 잘 자라기 때문에 4개의 부현 중에서는 가고시마현이 많다고 추측할 수 있다(1위는 오키나와현). 또한 시라스 대지(화산재가 수 미터 쌓인 대지)에서 칸쇼(고구마)를 재배하는 외에 축산업도 활발해 식용우(육용종) 및 돼지의 사육 마릿 수는 전국 1위이다.

C는 교토부(京都府)이다. 니시진오리(西陣織)는 고급 견직물로 알려져 있다. 그 밖에도 염색물이나 도자기 등의 전통 공업이 활발하다. 또한 전국 유수의 청주(일본주)의 산지인 것 외에 우지차는 시즈오카차 등에 견줄 수 있는 차로 알려져 있다.

D는 전국 1위(약 60%)의 사과 산지에서 아오모리현이라고 판단할 수 있다(2위는 약 20%의 나가노현). 하치노헤(八戸)항은 일본 유수의 어항이며 오징어류·고등어류의 어획량이 많다.

問 17 **23 ③**

베스트팔렌 조약은 독일을 전장으로 유럽 국가들이 참전한 30년 전쟁(1618~1648)의 강화 조약이다. 이 조약에 따라 스위스와 네덜란드는 독립국의 지위를 승인 받는 등 체약국은 서로 독립·평등의 입장을 갖는다는 원칙이 확립되어 주권 국가가 국제사회를 구성하는 단위로 명확해져 근대 국제사회의 원형이 성립되었다. 이 조약에 의해 성립된 국제 질서는 프랑스혁명(1789년)에 이르기까지 유럽 정치 체제의 토대가 되었다.

① 마스트리히트 조약은 1991년에 EC(유럽 공동체) 정상 회의에서 합의된 유럽 연합 조약이다. 1992년에 조인되었고 1993년에 모든 회원국이 비준하여 발효되었다. 이에 따라 EC는 EU(유럽 연합)가 되었다(제5회 문제 10번 해설 참조).

② 브레스트 리토프스크 조약은 1918년에 소련이 독일 등의 동맹국과 맺은 제1차 세계대전의 단독 강화 조약이다. 1917년의 10월 혁명(11월 혁명) 이후 소비에트 정권은 독일 측에 휴전을 제안해 이듬해(1918년) 조인했다.

④ 베르사유 조약은 1919년에 독일과 연합국 사이에서 맺어진 제1차 세계대전의 강화 조약이다(제3회 문제 30번 해설 참조).

問 18 **24 ②**

헌법 개정 절차에 대해서는 그림에 나타낸 것과 같다. 우선 (1)중의원 의원 100명 이상 또는 참의원 의원 50명 이상의 찬동으로 헌법 개정 원안이 국회에 제출되어 국회에 설치된 헌법 심사회(구성원은 국회의원)에서 개정 원안을 각각 심의한다(① 은 오답). (2)헌법 심사회가 과반수로 가결하고 국회 본회의에서 총의원의 3분의 2 이상이 찬성하면 개정안을 국민에게 발의한다(② 는 옳음). (3)발의 후 60일 이후 180일 이내에 국민 투표가 이루어져 유효 투표수인 과반수가 개정안에 찬성하면 개헌이 실현된다(③ 은 오답). (4)마지막으로 일왕이 국민의 이름으로 공포한다(④ 는 오답).

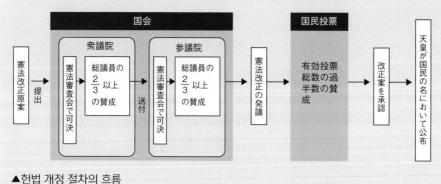

▲헌법 개정 절차의 흐름

Point [정치] 국정조사권

問 19 **25 ①**

국정조사권은 중의원뿐만 아니라 참의원에도 인정되며 각각 별도로 독립하여 행사할 수 있다. 주로 위원회에서 진행된다. 그 목적은 법률의 작성, 예산의 심의, 행정부의 감시 등이다. 국정조사의 수단으로서 ② ~ ④ 가 진행된다.

특히 ④ 증인 심문에 대해서, 증인은 정당한 이유 없이 출두나 증언을 거부하거나 증언 시에 거짓말을 하거나 했을 경우에는 처벌(위증죄) 받는다. 그 때문에, 종종 증인 심문 대신에 참고인 초치가 실시된다. 참고인 초치라면 출두를 거부할 수 있고 벌칙도 없기 때문이다. 또한 증인 심문에 대해서, 증인의 의견을 물은 후에, 증언 중에 촬영과 녹음을 할 수 있도록 되어 있다. 다만 이러한 국정조사권은 증인의 기본적 인권 침해로 이어지는 것이 아닌가, 삼권분립을 손상하게 하지 않는가 등의 의견도 있다.

Point [정치] 일본의 사법제도

問 20 **26 ①**

최고재판소 재판관의 국민심사는 심사받는 재판관의 정보가 적기 때문에 적절한 판단을 할 수 없어 형식적이라는 비판이 있다. 지금까지 국민 심사로 파면된 판사는 없다.

② 판결이 확정된 후의 재심 청구가 인정되어 있다. 삼심제는 동일 사건에 대해 지방재판소 → 고등재판소 → 최고재판소 등 원칙적으로 3단계로 재판을 받을 수 있는 제도이지만 판결이 확정되어도 누명(원죄)일 가능성도 있다. 그래서 새로운 증거가 발견되는 등 중대한 오류가 발생할 경우에는 유죄 판결을 받은 자나 검찰관(형사 사건에 있어서 재판소에 기소하여 재판의 집행을 감독함) 등의 청구로 확정 판결 취소와 사건 재심리를 요구하는 재심 청구를 할 수 있다. 실제로 재심에 의해 사형 판결이 취소되어 무죄가 난 경우도 있다.

③ 특별 재판소 설치는 금지되어 있다. 특별 재판소란 일반적인 재판소 체계로부터 독립하여 특정 신분인 자나 특정 사건을 다루는 재판소를 말한다. 대일본제국 헌법 하에서는 군법회의, 행정재판소, 황실재판소와 같은 특별 재판소가 있었다.

④ 재판원 재판은 지방재판소에서 살인 사건 등 중대한 형사 재판 제1심에 한해 실시된다. 2009년에 도입되어 18세 이상의 유권자가 무작위로 선출된다. 재판관 3명·재판원 6명이 재판에 참여해 유죄 여부를 판정해 형벌을 정한다. 그 밖에 국민 사법 참가의 하나로서 검찰심사회 심사원으로 선출되는 경우가 있다. 이것은 18세 이상의 유권자가 무작위로 심사원으로 선출되어(11명) 검찰관이 불기소 처분으로 한 사건에 대해 강제 기소할 수 있는 제도이다.

[정치] 2차대전 후의 정당 정치

問 21 **27 ④**

2009년 8월 중의원 의원 총선거에서 민주당이 480석 중 300석 이상을 확보해 압승했다. 그 결과 자유민주당 (자민당)에서 민주당 정권으로 2차대전 후 처음으로 정권 교체가 실현되었다. 그러나 민주당 정부는 불안정하고 국민의 기대에 부응하지 못해 2012년 12월 총선거에서 자민당에 대패했다.

① 2차대전 전에는 불법이었던 일본 공산당은 2차대전 후에 합법 정당으로 인정되었다.

② 55년 체제하에서는 자유민주당(자민당)과 일본사회당 의석 비율이 거의 2:1이었고, 의석 절반을 나눠 가진 것은 아니다(제4회 22번 해설 참조).

③ 일본사회당이 단독으로 정권을 잡은 적은 없지만 사회당 수반 내각은 두 번 있었다(가타야마 테츠 내각·무라야마 토미이치 내각).

Point **[국제사회] 국제연맹과 국제연합**

問 22 **28 ③**

안전 보장 이사회(안보리)는 전쟁을 방지하고 국제평화와 안전 유지라는 임무와 권한을 갖는 중요한 기관이다. 구성국은 5대국인 미국·영국·프랑스·러시아·중국의 상임 이사국과 지리적 배분 원칙을 토대로 총회에서 선출되는 임기 2년의 비상임 이사국의 10개국으로 구성된다. 상임 이사국에는 거부권이 인정되기 때문에 한 국가라도 반대하면 의결되지 않는다(기권·결석일 경우에는 거부권 행사라고 인정되지 않는다).

① 미국은 국제연맹에 가입하지 않았다(제1회 문제 30번 해설 참조).

② 국제연맹 총회·이사회에서의 표결 절차는, 모든 회원국에 의한 만장일치제를 채용하고 있기 때문에 한 국가라도 반대하면 아무것도 결정할 수 없다는 문제가 있다. 따라서, 국제연합(UN)에서는 전회원국으로 구성되는 총회 표결에 있어서 다수결제를 채용하고 있다. 일반 사항은 출석투표국의 과반수, 중요한 사항은 3분의 2 이상의 찬성으로 가결된다.

④ 유엔 분담금의 부담률은 GDP가 아니라 각국의 국민총소득(GNI)을 기준으로 산출된다. 각 회원국의 분담률은 3년에 1번 가맹국 간에서 협상을 해 유엔 총회에서 결정된다. 최대 부담국인 미국이 최대 미지불 국가이며 유엔 재정을 힘들게 하는 요인이 되고 있다. 2022~24년의 분담률 상위 3개국은 미국(22%)·중국(15%)·일본(8%) 순서다.

問 23 **29** ③

PKO(Peace Keeping Operations)는 분쟁 지역의 평화를 유지하기 위한 수단으로서 실제 관행을 통해 진행되어 왔다. 2차대전 후 동서 냉전 속에서 유엔 헌장이 예정하고 있었던 안전보장 이사회에 의한 국제 평화와 안전 유지가 충분히 기능하지 않았기 때문에 실시된 것이며 유엔 헌장에 규정은 없다(제6장 평화적 해결과 제7장 강제 조치의 중간에 위치한다는 의미에서 '6장반' 활동이라고 불린다). 냉전 종결 이후 국제 평화와 안전의 유지에 있어 유엔의 역할이 커지는 것과 함께 국제사회가 대응해야 할 분쟁 대부분이 국가 간 분쟁에서 국내에서의 분쟁 혹은 국내 분쟁과 국제 분쟁의 혼합형으로 변한 결과 PKO 임무 역시 다양해졌다. 즉, 정전이나 군부대 철수 등의 감시에 더해 무장 해제·정전 감시나 선거 감시 등의 지원, 치안 부문 개혁, 도로 등의 사회 기반 정비, 분쟁 하의 문민 보호 등이 더해졌다. 군사적인 제재가 필요한 경우에는 2003년 이라크 전쟁 때와 같이 다국적군이 편성되는 경우도 있다. PKO에는 병력 철거 등을 임무로 하는 경무장한 유엔 평화 유지군(PKF)과 비무장으로 민간인도 포함된 선거 감시단, 정전 감시단 등이 있다. 또한 PKO부대 파견에 있어서는 다음과 같은 4가지 원칙이 있다. (1)정전의 합의가 있을 것, (2)수용국의 요청이나 동의가 있을 것, (3)중립성을 유지할 것, (4)자위 외에 무력은 사용하지 않을 것(④ 는 오답. 자위의 경우에는 무기를 사용할 수 있음).

1990년에 시작된 걸프전쟁에서는 일본은 다국적군 등에 거액의 자금 원조를 한 것 외에 정전 후에 해상 자위대 소해정이 페르시아만에 파견되었다. 그러나 일본의 공헌은 전혀 평가되지 않았기 때문에 정부는 1992년에 PKO 협력법을 제정하고 자위대의 해외 파견을 가능하게 했다(① 은 오답). 다만 자위대 파견 조건으로 PKO 4원칙에 더해 (5)독자 판단에 의한 철수를 규정하고 있다. PKO 부대 파견은 유엔 등에서 요청을 받아 각의에서 실시 계획 등을 결정하고 국회에 대한 보고와 국회의 사전 승인이 필요하며, 업무 종료 후에는 실시 결과를 국회에 보고하게 되어 있다(② 는 오답). PKO 협력법에 의해 1992년에 캄보디아에 자위대가 파견되었다. 그 후 1998년에 PKO 협력법이 개정되어 자위대원 개인의 판단에 맡겨져 있던 무기 사용이 상관 명령이 되고, 게다가 2001년의 개정으로 PKF 본체 업무에 참여할 수 있게 되어 정전 감시나 완충지대 순회 등을 하는 것이 가능해져 무기 사용 범위도 확대했다. 또한 2015년 개정에서는 유엔이 직접 관여하지 않는 평화 유지 등의 활동에도 참여할 수 있게 된 것 외에 주민을 지키는 치안 유지 활동, 떨어진 장소에 출동해 타국군과 민간인을 경호하는 것(출동 경호), 임무를 수행하기 위한 무기 사용이 인정되었다.다만, 자위대의 해외 파견이 전쟁 포기를 규정한 헌법 제9조와 어떻게 절충될지, 예를 들어 '무기 사용'과 헌법 제9조가 금지하고 있는 '무력 행사'와 구별이 애매하다는 등 많은 문제를 안고 있다.

캄보디아	1992~1993년	1216명
모잠비크	1993~1995년	154명
골란 고원	1996~2013년	1501명
동티모르	2002~2004년	2304명
네팔	2007~2011년	24명
수단	2008~2011년	12명
아이티	2010~2013년	2196명
동티모르	2010~2012년	8명
남수단	2011년 ~ 현재	3959명

▲ 유엔PKO에 파견된 자위대원 수(방위청 <레이와3년판 방위자위백서 자료49>를 토대로 작성)

問 24 **30 ④**

난민이 발생하는 주된 이유는 문장에도 있듯이 국내 분쟁과 박해, 인권 침해 등이다. 이러한 일이 많이 일어나고 있는 지역이 어디인지 또 난민이 유입되는 곳 대부분은 그 주변 국가라는 점을 생각하면서 정답을 찾아보자. 특히 분쟁 발생 지역 대부분이 과거의 식민지 독립 때의 국경 부근이나 독재 체제 국가 내부와 그 주변이라는 점도 주목하자. 그렇다면 아프리카에서 가장 많은 난민이 발생하고 있다는 것을 알 수 있을 것이다. 2020년에는 남수단·에티오피아·콩고 민주공화국·나이지리아 등의 국가에서 많은 난민이 발생하고 있다. 다음으로 많은 곳은 내전이 계속되는 시리아나 아프가니스탄, 미얀마 등의 아시아 지역이다. 특히, 시리아 난민이 유럽 국가에 많이 유입됨으로써 유럽에 혼란을 야기하고 반이민·반이슬람 풍조가 높아졌다. 또한 최근 정치적 불안과 사회 경제의 혼란, 식량난, 인도 위기로 인해 남미 베네수엘라에서는 600만명 이상의 난민이 발생하여 근린 콜롬비아·페루·칠레 등으로 건너갔다. 유럽에서도 우크라이나 동부에서는 2014년부터의 분쟁으로 인해 이미 85만명 이상이 국내 피난민이 되었다. 그리고 그래프에는 반영되어 있지 않지만 2022년 2월에 일어난 러시아 우크라이나 군사 침공에 의해 국내 피난민·난민은 1000만명을 넘어 그 결과 세계의 난민·국내 피난민이 1억명을 넘었다.

이러한 난민의 인권을 보호하기 위해 1951년에 '난민의 지위에 관한 협약(Convention Relating to the Status of Refugees)' 1967년에 '난민 지위에 관한 의정서'가 유엔에서 채택되었다. 이 두 가지를 합쳐 난민 조약이라고 한다. 이 조약에서는 난민을 '인종, 종교, 국적, 특정 사회 집단의 구성원일 것 또는 정치적 의견을 이유로 박해를 받을 우려가 있기 때문에 고국을 떠난 자들'이라고 정의되어 이러한 사람들에 대한 보호를 각국에 의무화하고 있다(단 국내 피난민에게는 적용되지 않는다). 또 난민을 어떠한 이유가 있어도 다시 생명이나 자유의 위험이 있는 나라로 되돌려서는 안 된다는 농르풀망 원칙(강제 송환 금지의 원칙)을 정하고 있다. 1951년 조약 성립과 동시에 유엔 난민 고등 변무관 사무소(UNHCR)가 설치되어 난민 보호를 목적으로 활동하고 있다.

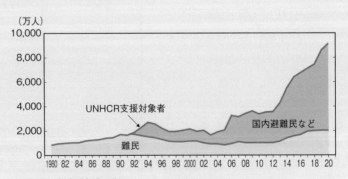

(万人)

▲ 世界の難民数等の推移（『世界国勢図会2021/22年版』より作成）

問 25　**31 ①**

리스먼은 현대의 대중사회를 날카롭게 분석하고 저서 『고독한 군중』에서 인간의 성격을 전통·권위에 복종하는 전근대적 '전통 지향형', 자신의 양심에 따르는 근대의 '내부 지향형', 그리고 20세기에 들어 나타난 '타인 지향형(외부 지향형)'의 3가지로 나누었다. 그 중에서 타인 지향형 인간은 타인의 의견이나 평판에 신경을 쓰고 타인과 똑같은 행동을 취하며 권위나 여론 등에 영향 받기 쉽다고 했다.
② 몽테스키외, ④ 루소에 대해서는 제3회 문제 18번 해설을 참조할 것. ③ 로크에 대해서는 제1회 문제18번 해설을 참조할 것.

Point [역사] 미국 독립 전쟁

問 26　**32 ③**

미국 독립 전쟁에서는 프랑스·스페인·네덜란드 등이 식민지 측을 지지·지원하고 러시아나 스웨덴이 영국 해군 활동에 저항하는 움직임을 보인 것도 있어 차츰 전쟁 국면이 식민지 측에 유리해졌다. 그리고 1781년에 요크타운 전투에서 영국이 패배해 1783년에 식민지 측과 파리 조약을 맺었다. 이로 인해 식민지의 독립을 인정하는 것과 동시에 미시시피강 동쪽의 루이지애나를 양도했다.
① 미국 독립 전쟁의 시작은 1775년 렉싱턴 콩코드 전투이다. 그 후 13개의 식민지가 참가하여 열린 제2회 대륙회의에서 독립 방침이 지지되어 워싱턴이 식민지군 총사령관에 임명되었다.
② '자유·평등·박애'는 1789년에 시작된 프랑스혁명의 슬로건. 1958년 헌법에도 명기되어 프랑스 국기의 파란색·흰색·빨간색의 3색은 자유·평등·박애를 나타내고 있다. 미국 독립선언에서는 모든 인간은 신에 의에 평등하게 만들어져 생명·자유·행복 추구 등 양도할 수 없는 권리를 갖는다고 했다. 독립선언에는 로크의 사상적 영향이 보인다.
④ 프랑스 인권 선언은 1789년(제5회 문제 17번 해설 참조)이며, 합중국 헌법은 그 2년전인 1787년에 제정되었다. 미국 독립전쟁 → 프랑스 혁명이라는 순서를 틀리지 않도록 주의하자.

問 27 **33** ③

동남아시아 대부분의 지역이 유럽 국가 식민지가 되어가는 가운데 태국만은 식민지가 되지 않고 독립을 유지했다. 국왕 라마 5세(쭐랄롱꼰)은 영국과 프랑스의 세력균형책을 교묘하게 이용하여 태국의 독립을 유지해 행정과 사법, 학교 제도의 근대화를 도모했다.

① 필리핀은 스페인에 의해 지배되고 있었지만 1898년의 미국·스페인 전쟁으로 미국 통치하에 들어갔다(문제 28번 해설 참조).

② 베트남은 프랑스 식민지였다. 프랑스의 베트남 진출에 대해 베트남 종주권을 주장하는 중국(청)과의 사이에서 1884~85년에 청불(清仏) 전쟁이 일어났다. 1885년에 강화를 위한 천진(天津) 조약이 맺어져 중국은 베트남에 대한 프랑스의 보호권을 인정했다. 이미 캄보디아가 1863년에 프랑스의 보호국이 되어, 캄보디아와 함께 1887년에 프랑스령 인도차이나 연방이 성립했다(1899년에 라오스 연방도 추가되었다).

④ 인도네시아는 네덜란드 식민지였다. 네덜란드는 1602년 자바 섬 바타비아(현 자카르타)에 동인도 회사를 설립했으나 19세기에는 자바 섬을 비롯한 인도네시아 전역에 식민지 지배를 확대했다.

이 외에 말레이 반도에서는 영국이 1826년에 페낭·말라카(현 말레이시아)·싱가포르를 해협 식민지로 하고 1895년에 영국의 보호국으로 했다. 또 버마(현 미얀마)는 1886년에 인도 제국에 병합되었다. 각각의 위치를 지도로 확인해 두자.

問 28 **34** ③

미국은 1890년대에 프런티어가 소멸되자 시장을 찾아 대외 진출을 시작했다. 1898년 매킨리 대통령은 쿠바의 독립 운동과 미국 군함의 폭침 사건을 구실로 스페인과 개전했다. 이 미국·스페인 전쟁에서 스페인에 승리한 미국은 쿠바를 사실상 보호국으로 하고 스페인으로부터 독립시켜 필리핀이나 괌 섬·푸에르토리코를 획득했다.

하와이는 독립 왕국이었지만 1893년에 친미계 시민이 중심이 되어 임시 정부를 수립해 미국과의 합병 운동을 진행했다. 그리고 1897년에 병합 조약이 맺어져 다음 해(1898년)에 하와이는 미국에 병합되었다.

Point [역사] 총력전의 영향

問 29 **35** ②

제1차 세계대전은 지금까지의 전쟁과는 달리 사람들의 일상생활을 끌어들이는 총력전이 되었다. 정부는 거국일치 하에 경제 활동을 통제하고 식량과 생활필수품의 가격 통제 등을 실시했다. 식민지 사람들도 대규모로 동원되어 병사나 노동력으로 이용되었다.

독일에서는 1918년에 킬 군항의 선원들이 즉시 강화를 요구하고 봉기하자 혁명 운동이 전국에 확산해 황제 빌헬름 2세가 망명했다. 이렇게 독일 제국은 붕괴하고 독일 공화국이 성립했다(독일 혁명).

① 인도는 프랑스가 아니라 영국의 식민지였다. 비폭력·불복종 운동에 대해서는 제5회 문제 30번 해설을 참조할 것.

③ 미국이 아니라 영국이다. 영국에서는 총력전을 이끈 국민, 특히 여성에 대한 정치 참여 평등을 실현하기 위해 1918년에 여성 참정권이 인정되었다. 그리고 1차대전 후의 선거에서 노동당이 약진하여 1924년 노동당 당수 맥도널드 내각이 성립했다.

④ 이탈리아는 당초 중립이었지만 1915년에 연합국 측에서 참전했기 때문에 전승국이다. 그러나 영토 확대를 실현하지 못해 강화 조약에 불만을 가졌다. 또한 인플레이션으로 인해 국민의 삶이 파괴된 것으로 인해 정부에 대한 불신이 높아져 사회 개혁을 요구하는 노동자가 공장을 점거하는 등 했다. 이러한 흐름 속에서 무솔리니가 이끄는 파시스타당이 세력을 확대해 1922년 정권을 장악했다.

Point [역사] 일본의 영토 확대

問 30 **36** ③

러일전쟁에서 승리한 일본은 한반도 진출을 본격화했다. 러일전쟁 중인 1904년에 제1차 한일협약을 맺어 일본 정부가 추천하는 재정·외교 고문의 채용을 강요했다. 이듬해(1905년) 포츠머스 조약에서 한국에 대한 지도·감독권이 인정되자 제2차 한일협약 체결을 강요하고 한국으로부터 외교권을 빼앗아 보호국으로서 한성에 통감부를 설치했다. 1907년에는 제3차 한일협약을 체결하여 내정권을 빼앗아 비밀 협정으로 한국군을 해산시켰다. 그리고 1910년에 한국병합조약(한일병합조약)을 체결하고 한국을 식민지로 삼아 통감부 대신 조선총독부를 설치했다.

① 시모노세키(下関) 조약에서는 대만·요동반도 등을 획득했다. 그러나 러시아 등에 의한 삼국간섭에 의해 요동반도를 반환했다. 만주는 일본 식민지가 된 적은 없지만 1931년의 만주사변을 계기로 이듬해(1932년) 건국된 만주국은 사실상 일본 지배하에 놓였다.

② 포츠머스조약에서 획득한 것은 사할린 남부이다.

④ 양도가 아니라 권익의 계승이다. 일본은 제1차 세계대전에서 산동성에서 독일의 근거지였던 청도와 산동성의 독일 권익을 접수해 1915년에 중국에게 21개조의 요구를 내세워 산동성의 구 독일 권익 계승을 인정하게 했다. 그리고 1919년의 베르사유 조약에 의해 일본의 산동반도 권익 계승이 인정되었다. 그러나 1922년에 중국과 맺은 조약에 의해 중국으로 반환되었다.

問 31 **37** ③

1960년대 후반 이후 특히 아시아의 발전도상국에서는 외국시장용 제품 생산에 중점을 두는 수출 지향형 공업화가 진전되었다. 그 배경에 있는 것이 관료와 군부가 결탁한 개발독재라고 불리는 국민의 정치적 자유 등의 기본적 인권을 제한하고 경제 발전을 우선시키는 독재 체제의 존재였다.

노동자 임금을 낮게 억제하고 외국 기업을 유치하는 등 외국 자본을 이용하여 노동집약적 공업제품(인건비 비율이 높은 섬유산업 등의 제품)을 선진국에 수출했다. 또한 냉전하에서 지도자는 반공정책을 취함으로써 서쪽 선진국으로부터 기술 제공이나 무상자금 원조를 받을 수 있었다.

주된 개발독재 정권으로는 한국의 박정희 정권(1961~79년), 인도네시아의 수하르토 정권(1965~90년), 필리핀의 마르코스 정권(1965~86년), 말레이시아의 마하티르 정권(1981~2003년), 싱가포르의 리콴유 정권(1965~90년) 등이 그 전형이다. 그러나 정권 내 부패를 초래하는 경우가 많았고, 부가 일부 특권적 집단에 집중되며, 대부분의 국민에게는 이익이 환원되지 않고 빈부 격차나 사회 불안 확대 등의 문제를 초래했다. 그로 인해 1980년대 중반부터 1990년대에 걸쳐 개발독재 정권에 대한 반대운동이 활발해지고 대부분의 정권은 붕괴했다.

Point [역사] 2차 대전 중·후의 오키나와

問 32 **38** ①

제2차 세계대전 말기인 1945년 4월 미군이 오키나와 본도에 상륙했다. 압도적인 군사력을 가진 미군의 공격 앞에 도민을 끌어들인 격렬한 지상전을 치뤘지만 6월에 조직적인 전투가 종료되었다. 사상자는 군인·민간인을 합쳐 18만명이 넘었다. 이 오키나와전은 미국과의 유일한 지상전이기도 했다.

② 오키나와(沖縄)전 종결로 오키나와는 미군의 점령하에 놓여 일본이 패전하자 직접 군정이 시작되었다. 간접 통치하에 놓인 것은 일본 본토(홋카이도·혼슈·시코쿠·큐슈)이다. 1946년에는 북위 30도 이남의 남서제도가 일본으로부터 분리되는 것이 선언되었고, 1949년에는 냉전을 배경으로 기지 건설이 본격적으로 진행되었다.

③ 1951년에 샌프란시스코 평화 조약이 체결되어 일본은 주권을 회복했지만 오키나와는 미국을 유일한 시정권자로 하는 시정권하에 놓이게 되었다. 오키나와가 일본으로 복귀한 것은 1971년의 오키나와 반환 협정 조인에 의해서다(이듬해(1972년)에 일본 복귀).

④ 오키나와가 일본으로 복귀해도 광대한 미군 기지의 대부분이 반환되지 않았다. 2021년 3월말 현재 일본 전국에 있는 미군 전용 시설의 약 70%가 오키나와현에 집중되어 있다. 오키나와현 내부에서 보면 섬 면적의 약 14%가 미군 전용 시설로 사용되고 있다. 현재 후텐마(普天間) 기지를 헤노코(辺野古)로 이전하기 위해서 헤노코 앞바다 매립이 진행되고 있다.

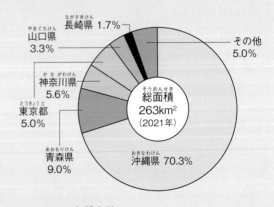

長崎県 1.7%
山口県 3.3%
その他 5.0%
神奈川県 5.6%
総面積 263km² (2021年)
東京都 5.0%
青森県 9.0%
沖縄県 70.3%

▲ 도도부현(都道府県)별 미군기지 비율(방위청 홈페이지를 토대로 작성)